金融法学文库

刘志云 主编

本书受山东政法学院金融风险法律防控
青年科研创新团队支持计划资助

影子银行监管研究

孟翔韬 著

FINANCIAL LAW

法律出版社 | 北京

图书在版编目(CIP)数据

影子银行监管研究 / 孟翔韬著. -- 北京 : 法律出版社, 2021
(金融法学文库)
ISBN 978-7-5197-5925-4

Ⅰ. ①影… Ⅱ. ①孟… Ⅲ. ①非银行金融机构—银行监管—银行法—研究—中国 Ⅳ. ①D922.281.4

中国版本图书馆CIP数据核字(2021)第183086号

金融法学文库	影子银行监管研究 YINGZI YINHANG JIANGUAN YANJIU	孟翔韬 著	责任编辑 屈 瑶 装帧设计 马 帅

出版发行 法律出版社
编辑统筹 学术·对外出版分社
责任校对 晁明慧
责任印制 陶 松
经 销 新华书店

开本 710毫米×1000毫米 1/16
印张 16.5 **字数** 229千
版本 2021年10月第1版
印次 2021年10月第1次印刷
印刷 三河市龙大印装有限公司

地址:北京市丰台区莲花池西里7号(100073)
网址:www.lawpress.com.cn
投稿邮箱:info@lawpress.com.cn
举报盗版邮箱:jbwq@lawpress.com.cn

销售电话:010-83938349
客服电话:010-83938350
咨询电话:010-63939796

书号:ISBN 978-7-5197-5925-4
定价:69.00元
凡购买本社图书,如有印装错误,我社负责退换。电话:010-83938349

总　序

金融作为现代经济的核心，具有优化资源配置，调节经济运行之功效，其资本运作的良善甚至关乎社会稳定的实现。基于此，金融业的发展成为各国政府关注的重中之重，而通过制度供给促进金融业的良好发展也成为普遍并可行的路径。在此背景下，金融法研究趁势而起，成为近世之显学。其兴起虽晚，却生机勃勃，在深入汲取相关部门法的理论积淀的同时，也广泛容纳各种跨学科知识与方法，并探求自身内省之品格，最终成就如今的这个底蕴深厚、逻辑自洽的新兴学科体系。

我国金融法的产生和发展伴随着改革开放的推进，经济体制转型的既有进路，型构了中国金融法制变迁之现实。虽然西方先验逻辑提供的立法技术素不匮乏，但我们真正所要面对的，却是如何让成熟的技术真正地契合本国的现实国情，发挥其应有的功效。内生金融交易秩序的制度根基的缺乏，曾使中国金融法制在本土化复归的路途中一再迷失。同时，全球化的推进，又敦促着中国必须及时完成经济转型，早日实现我国金融市场与国际金融市场的有效对接，从而更是加剧了国内金融法制的发展困境。对于从事金融法研究的学者而言，任务艰巨如斯，前路漫漫，任重而道远。当然，恰逢这一转型之历史路口的吾辈,能直面历史之转折,兢兢业业,矢志科研;鉴前世之兴衰,考当今之得失;博观而约取,厚积而薄发。显然,从另一个视角观之,这是一种幸运。

“千淘万漉虽辛苦,吹尽狂沙始到金。”厦门大学法学院是全国较早开展金融法教学和科研的单位之一。早在2005年,厦门大学法学院便开始挂靠其他专业博士点招收“金融法”方向的博士研究生;2006年,在厦门大学获得法学一级学科硕士、博士学位授予权的基础上,设立经济法博士点,金融法研究成为主要招生方向之一;2010年12月,厦门大学法学院正式成立金融法研究中心。近年来,金融研究中心的学术团队承担了大量的国家级与省部级科研项目,并相继出版与发表大量的学术专著与专业论文,在国内开始产生一定的影响。而今,金融法研究中心日益壮大,已经形成一支老中青相结合的优秀学术团队,并成为我国金融法高层次专门人才的重要培养基地之一。

“非学无以广才,非志无以成学。”为了进一步推动金融法研究中心的学科建设以及促进国内金融法研究的繁荣,我们于2014年起决定编辑出版连续性的“厦门大学金融法学文库”,期以“前沿意识、精品理念”为指导,以系列学术专著、译著的形式,集中展现我国金融法领域的专题研究成果,促进学术繁荣和理论争鸣。“盖文章,经国之大业,不朽之盛事。年寿有时而尽,荣乐止乎其身,二者必至之常期,未若文章之无穷。是以古之作者,寄身于翰墨,见意于篇籍,不假良史之名,不托飞驰之势,而声名自传于后。”诚如斯言,我们期以本文库作为思想传播之媒介,学术交流之平台,博学审问,慎思笃行,自由争辩,自察自省,通过严肃认真的学术讨论和学术批评,推动金融法研究的不断创新。

在法律出版社的支持下,2016年伊始,“厦门大学金融法学文库”正式更名为包容性更大的“金融法学文库”。本文库稿件来源不限于金融法研究中心的学者、校友,而以最大的诚意广泛征集海内外金融法专著、译著。当然,我们亦知,就整个金融法学研究而言,本文库仅为沧海一粟。庙廊之才,非一木之枝,希望能与学界同仁相濡相闻,砥砺共进。

是为序。

刘志云

2016年7月22日

目录

绪　论

一、选题的背景、目的和意义

（一）选题的背景

作为20世纪30年代“大萧条”以来最严重的一次国际金融危机，2008年国际金融危机给全球经济发展造成了严重冲击。其中，作为本轮国际金融危机的“导火索”或“震中区”的影子银行随即成为各方关注的焦点。危机之前，影子银行普遍处于不受监管或所受监管严重不足的状况，由此其业务经营中所伴生的风险得不到有效规制。于是，危机之后，如何有效监管影子银行以降低其自身风险和外溢效应，成为了一个国际性的关键议题。

就其业务实质而言，影子银行从事的是信用中介活动。对于信用中介，原本意义上，这属于传统银行特许经营权的范畴，即商业银行通过吸收存款、发放贷款这一流程完成了信用转换，以及相应的期限转换和流动性转换。由此，信用中介功能的发挥必然伴随着流动性风险、信用风险乃至系统性风险。正因如此，在世界各国范围内，一方面商业银行普遍属于特许经营行业，另一方面商业银行在经营过程中会受到严格的审慎监管。

而影子银行的出现，则意味着在传统银行之外，有其他的金融机构、金融活动事实上在从事信用中介活动。并且，影子银行从事的信用中介活动，是在缺乏有效监管的情况下进行的，由此给其自身和整个金融系统带来了严重冲击。

从国际层面来看，影子银行最早出现在20世纪70年代。当时，美国经济处于“滞涨”阶段，市场利率飙升，而商业银行提供的存款利率受到严格的管制，于是引发了大规模的“金融脱媒”现象。而承接这些“脱媒”资金的则是当时一系列带有创新性质的金融机构与金融业务形式。这其中就包括日后成为影子银行典型代表的货币市场基金、抵押贷款证券化等。随着“金融脱媒”愈演愈烈，美国金融管理部门在20世纪80年代逐步放松了金融管制。宽松的经营环境为金融创新提供了更大的空间，进而金融机构之间的差异化竞争日趋激烈。例如，投资银行作为个体化影子银行的典型代表，自20世纪90年代以来，其业务重点从代客交易转向自营交易、从股票市场交易转向金融衍生品交易。① 不过，真正奠定影子银行举足轻重地位的时期是2000年以后。在互联网金融泡沫破灭之后，美联储为防止经济衰退而采取了连续降息政策，由此直接刺激了美国房地产行业的快速发展，进而以抵押贷款证券化为核心，影子银行的规模不断扩大、交易结构日益复杂、风险暴露程度日趋严重，从而为其最终爆发危机埋下了伏笔。

具体来说，以美国式影子银行为代表的国际影子银行，其最大的特点是以住房抵押贷款证券化为主线，各种金融机构和活动围绕着住房抵押贷款证券化而展开，从而形成了一个影子银行体系。此外，作为这一体系的构件或关联方，一些非银行金融机构自身也发挥着信用中介功能，成为个体化影子银行。

其一，就体系化影子银行来说，住房抵押贷款证券化流程中的参与机构主要有抵押贷款发放机构、特殊目的实体及其设立机构、外部信用担保机构、信用评级机构等，而所涉及的金融工具主要有住房抵押贷款支持证券、债务抵押债券、债券保险、信用违约互换等。应当说，危机之前，上述参与机构和金融工具均存在严重的监管空白或监管不足，从而累积了大量的金融

① 参见辛乔利：《影子银行》，中国经济出版社2010年版，第34页。

风险。例如,美国国际集团(AIG)作为全世界最大的信用违约互换出售方,其可以不受监管地自主设计担保合约条款,导致其在危机期间遭遇了严重的流动性危机。并且,由于 AIG 与全球金融系统建立了千丝万缕的关联,其一旦破产,将引发严重的系统性危机。于是,纽约联邦储备银行和美国财政部在 2008 年和 2009 年不得不对其进行紧急救助。

其二,就个体化影子银行来说,国际影子银行实践中主要表现为"房利美"(Fannie Mae)和"房地美"(Freddie Mac)(以下简称"两房")、华尔街五大投资银行、对冲基金、货币市场基金等。同样地,这些金融机构在危机之前所受监管严重不足,逐利动机得以驱使它们过度承担了风险。例如,在流动性管理方面,货币市场基金所受监管不多,一直以来它都是依赖自行决定的主办者资金支持来维持基金净值的稳定性,从而埋下了发生流动性危机的隐患。[①] 又如,在资本金要求方面,"两房"所受到的监管非常宽松,如按照危机之前的监管要求,在投资住房抵押贷款和抵押贷款支持证券时,"两房"持有的资本须占总资产的 2.5%。与之形成鲜明对比的是,处于联邦存款保险之下的商业银行和储蓄机构持有住房抵押贷款的资本金要求至少要达到 4%。于是,从 2000 年到 2008 年,"两房"的杠杆倍数由 56 倍上升到 75 倍。[②]

危机之后,美国等西方金融发达国家着力强化了对影子银行的监管。其中,在美国集中体现为 2010 年 7 月颁布的《多德 - 弗兰克法》。并且,按照《多德 - 弗兰克法》的要求,美联储、美国证券交易委员会等美国金融管理部门随后又发布了一系列的评估报告和实施细则,由此构建起了预防影子银行风险的长效机制。

从国内层面来看,2008 年国际金融危机爆发之后,随着国内外宏观经济形势的变化,我国的影子银行活动进入了高度活跃期。例如,2009 年以来银行理财产品的规模不断递增,2013 年"互联网金融元年"开启。总的来说,我国的影子银行形式主要有银行理财产品、P2P 网络借贷、违规经营的

---

① See IOSCO, *Money Market Fund Systemic Risk Analysis and Reform Options*, Accessed October 11, 2015. http://www.iosco.org/library/pubdocs/pdf/IOSCOPD379.pdf.

② See The Financial Crisis Inquiry Commission, *The Financial Crisis Inquiry Report*, U. S. Government Printing Office, 2011, p. 42, 65.

非银行金融机构以及民间金融形式等。首先,在银行理财产品方面,因其业务经营过程中存在监管套利、“资金池”操作、刚性兑付等,而在2009年之后成为我国正规金融领域的一种主要影子银行形式。对此,监管机构从2010年开始治理银信合作通道业务、银证合作通道业务等以银行理财产品为主体的资产管理业务。应当说,在很长一段时期,有关的监管措施在相当程度上只是“头痛医头、脚痛医脚”。直到2018年4月,中国人民银行牵头并联合中国银保监会、中国证监会等部门联合发布了金融行业统一的“资管新规”①,银行理财产品的影子银行风险才开始真正得到化解。其次,在P2P网络借贷方面,虽然P2P网络借贷早在2007年就在我国出现,并且在2013年之后进入迅速发展期,但直到2015年监管部门才开始着手治理日趋严重的P2P借贷乱象。并且这一领域的乱象一直延续至今。再次,在违规经营的非银行金融机构方面,小额贷款公司、融资性担保公司等非银行金融机构在业务经营过程中往往会违规从事信用中介业务。对此,针对这些机构的影子银行活动,近年来各省都采取了一系列的合规经营检查行动,使得这一领域的影子银行活动得到了一定程度的遏制。最后,在民间金融方面,对于民间合会、地下钱庄等民间金融机构所从事的影子银行活动,实践中更一般的称谓为非法集资。一直以来,我国都以高压态势予以打击,集中体现为刑法上的“非法吸收公众存款罪”和“集资诈骗罪”。总之,目前我国的影子银行监管取得了一定的成效,但仍然存在一些不足之处,有待进一步加以完善。

(二)研究目的和意义

如前所述,影子银行可谓本轮国际金融危机的“导火索”“震源区”。因此,分析、理解本轮国际金融危机的一个重要视角就是影子银行问题。通过对影子银行问题的探讨分析,方能厘清影子银行的概念、本质、运作机制、产生原因以及可行的监管方法等,从而为监管行动提供可靠的政策建议,并最终化解影子银行风险,使金融系统更好地服务于经济发展。尽管我国的影子银行与以美国为代表的国际影子银行在表现形式、运作机制等方面存在显著差异,但二者在本质上却是完全一致的,即都是缺乏有效监管的信用

---

① 即《关于规范金融机构资产管理业务的指导意见》(银发〔2018〕106号)。

中介，并且从金融法的基本法理出发，金融法的价值取向基本上是以效率、安全、公平为主，金融监管旨在维护金融体系的秩序和稳定，因此通过对影子银行基础理论和国际影子银行监管实践的研究，能够为我国的影子银行监管提供丰富的、可资借鉴的经验，从而更好地化解我国的影子银行风险，进而使得我国的金融体制改革更加适应经济发展方式转变的现实需求。

二、国内外研究现状及存在的问题

（一）影子银行监管的国内外研究概况

从2007年美国太平洋投资管理公司执行董事保罗·麦考利（Paul McCulley）提出“影子银行”概念以来，影子银行的监管问题随即成为一个热点问题。实务界、学术界、金融监管部门纷纷投入了大量精力进行研究。时至今日，有关影子银行监管的研究文献可谓十分丰富，而研究视角主要集中于经济学、金融学和法学等学科。

在国外研究领域，相关研究成果主要涉及影子银行的概念、特征，影子银行的运作机制，影子银行与本轮国际金融危机的关系，影子银行的监管方法与具体措施等方面。

在影子银行的概念方面，“影子银行”这一术语的发明人保罗·麦考利将其应用到那些处于监管体系之外，与传统、正规及受中央银行监管的传统银行体系相对应的金融机构、工具、渠道等。[①] 2008年6月，时任美国财政部长蒂莫西·盖特纳（Timothy Geithner）在题为“*Reducing Systemic Risk in a Dynamic Financial System*”[②]的演讲中，将影子银行阐述为“平行银行体系”（parallel banking system），意指那些利用短期负债来购买高风险、流动性差的长期资产，并且又缺乏存款保险制度等保护的非银行融资安排。2008年

---

① See Paul McCulley, *Teton Reflections*, Accessed March 20, 2013. http://www.pimco.com/EN/Insights/Pages/GCBF%20August-%20September%202007.aspx.

② Timothy F. Geithner, *Reducing Systemic Risk in a Dynamic Financial System*, Accessed March 20, 2013. https://www.newyorkfed.org/newsevents/speeches/2008/tfg080609.html.

10月，国际货币基金组织（IMF）在其“*Global Financial Stability Report*”①中将影子银行活动以“准银行”（near-bank）加以代称，意指机构职能与传统银行类似，但主要依赖资本市场融资且不受监管和保护的金融机构，其中主要包括资产支持证券（ABS）发行商、政府资助企业、金融公司和投资银行等。美国经济学家保罗·克鲁格曼（Paul R. Krugman）在其2009年的著作“*The Return of Depression Economics and the Crisis of* 2008”②一书中，认为影子银行是无银行之名而有银行之实的银行体系，亦即一系列的融资安排尽管名义上不是银行，但却发挥着银行的功能。2010年7月，佐尔坦·鲍兹（Zoltan Pozsar）、托拜厄斯·阿德里安（Tobias Adrian）等在“*Shadow Banking*”③一文中，认为影子银行是进行期限、信用和流动性转换的金融中介机构，但其无法获得中央银行的流动性担保或公共部门信用担保。2011年4月，金融稳定理事会（FSB）在“*Shadow Banking：Scoping the Issues*”④报告中认为，广义上，影子银行是指正规银行系统之外的信用中介形式，包括实体和活动；狭义上的影子银行是广义影子银行体系范围中，易引发系统性风险和监管套利问题的非银行信用中介形式。2012年10月，托拜厄斯·阿德里安（Tobias Adrian）和亚当·B.阿什克拉夫特（Adam B. Ashcraft）在“*Shadow Banking：A Review of the Literature*”⑤一文中，把影子银行定义为所有能够隐性获得、间接获得、不能获得官方担保的信用中介活动，例如商业银行附属的对冲基金和货币市场基金、托管银行的证券借贷活动等。应当说，自FSB于2011年提出了关于影子银行的“广义狭义二分说”之后，国外

---

① IMF, *Global Financial Stability Report*, Accessed March 26, 2013. https://www.imf.org/zh/search#q=%E5%85%A8%E7%90%83%E9%87%91%E8%9E%8D%E7%A8%B3%E5%AE%9A%E6%8A%A5%E5%91%8A%202008%E5%B9%B410%E6%9C%88&first=10&sort=relevancy.

② Paul R. Krugman, *The Return of Depression Economics and the Crisis of* 2008, W. W. Norton & Company, Inc, 2009, p. 153, 161.

③ Zoltan Pozsar, Tobias Adrian, etc, *shadow banking*, Accessed March 26, 2013. https://www.newyorkfed.org/medialibrary/media/research/epr/2013/0713adri.pdf.

④ FSB, *Shadow Banking: Scoping the Issues*, Accessed April 9, 2013. http://www.financialstabilityboard.org/2011/04/shadow-banking-scoping-the-issues/.

⑤ Tobias Adrian, Adam B. Ashcraft, *Shadow Banking: A Review of the Literature*, Accessed April 16, 2013. https://www.newyorkfed.org/research/staff_reports/sr580.html.

有关影子银行概念的探讨逐渐趋于一致。此外,在影子银行的特征方面,不同于概念方面的较大分歧,大多数国外学者都认为影子银行具有期限错配、流动性错配、信用转换、过度创新、与金融系统其他领域高度关联以及所受监管严重不足等特点。①

在影子银行的运作机制方面,大多数国外学者都认为影子银行是一个体系,其以抵押贷款证券化为主线,包括抵押贷款公司、"两房"、投资银行、货币市场基金、对冲基金等金融机构,抵押贷款支持证券、债务抵押债券、债券保险、资产支持商业票据、信用违约互换等金融工具,以及信用评级机构等第三方金融服务机构。例如,2010 年 10 月,加里·戈顿(Gary Gorton)和安德鲁·迈特里克(Andrew Metrick)在"*Regulating the Shadow Banking System*"②一文中指出,传统商业银行的表内信用中介流程只需两个环节,即吸收存款和发放贷款,而影子银行系统中的表外信用中介流程则至少包括五个环节:一是商业银行向借款人发放贷款;二是商业银行将这一贷款资产转售给特殊目的实体;三是特殊目的实体基于贷款资产的现金流而发行抵押贷款支持证券,以及货币市场基金等机构投资者购买这些支持债券;四是特殊目的实体将出售债券的所得资金用于支付购买贷款资产的费用;五是散户投资者购买货币市场基金份额。

在影子银行与本轮国际金融危机的关系方面,许多学者在其著作、文章中对于二者的关系都有详细阐述,主要是认为影子银行的自身缺陷与本轮国际金融危机的爆发密切相关,而这些缺陷又与所受监管严重不足密切相关。例如,2009 年 11 月,理查德·J. 罗森(Richard J. Rosen)在"*Too much right can make a wrong: Setting the stage for the financial crisis*"③一文中认

---

① See Tobias Adrian, Hyun Song Shin, *The Shadow Banking System: Implications for Financial Regulation*, Accessed April 16, 2013. https://www.newyorkfed.org/research/staff_reports/sr382.html; Daniel K. Tarullo, *Comments on "Regulating the Shadow Banking System"*, Accessed April 16, 2013. https://www.federalreserve.gov/newsevents/speech/tarullo20100917a.htm.

② Gary Gorton, Andrew Metrick, *Regulating the Shadow Banking System*, Accessed April 18, 2013. http://ssrn.com/abstract=1676947.

③ Richard J. Rosen, *Too Much Right can Make a Wrong: Setting the Stage for the Financial Crisis*, Accessed April 18, 2013. http://citeseerx.ist.psu.edu/viewdoc/download?doi=10.1.1.969.1230&rep=rep1&type=pdf.

为，影子银行是提供传统银行融资之外的替代方案的金融机构。这些机构可以像银行一样在借方和贷方之间充当中介。然而，它们提供的产品种类比简单的贷款更为复杂，而且监管力度往往较弱。正是与影子银行所发行的金融工具有关的缺陷导致了金融危机的爆发。2018 年 2 月，富兰克林·艾伦（Franklin Allen）、伊塔·古德斯登（Itay Goldstein）等人在"*The Interplay Among Financial Regulations, Resilience, and Growth*"①一文中着重探讨了影子银行机构因其"大而不能倒"给金融系统造成了极大的负外部性的问题。从理论上讲，这一负外部性是市场失灵的一个重要来源；从实践上讲，这一负外部性导致了本轮国际金融危机的爆发。不过，也有学者持不同意见，2012 年 6 月沃利森（Wallison, P. W.）在"*Does Shadow Banking Require Regulation?*"②一文中称，金融危机是由政府的住房政策引起的，该政策主要通过政府支持企业执行。这一政策创造了一种金融环境，使得受监管的银行业和不受监管的影子银行体系均不堪重负。

在影子银行的监管方法与具体措施方面，FSB 于 2011 年 4 月和 10 月分别发布了两份研究报告，即"*Shadow Banking: Scoping the Issues*"③和"*Shadow Banking: Strengthening Oversight and Regulation*"④。可以说，这两份报告基本上奠定了国际影子银行监管的整体框架。其中，"*Shadow Banking: Scoping the Issues*"一文提出，任何针对影子银行的监管回应至少应当关注以下四个方面，即银行和影子银行实体之间的相互作用、影子银行实体、影子银行活动以及宏观审慎管理方面的措施。在此基础上，"*Shadow Banking: Strengthening Oversight and Regulation*"一文提出，还要重点关注货币市场基金的监管改革、抵押贷款证券化流程的监管改革，以及证券借

---

① Franklin Allen, Itay Goldstein, etc, *The Interplay Among Financial Regulations, Resilience, and Growth*, Accessed September 6, 2018. https://papers.ssrn.com/sol3/papers.cfm?abstract_id=3125302.

② Wallison, P. W, *Does Shadow Banking Require Regulation?*, Accessed April 26, 2013. http://www.aei.org/publication/does-shadow-banking-require-regulation/.

③ FSB, *Shadow Banking: Scoping the Issues*, Accessed April 26, 2013. https://www.fsb.org/wp-content/uploads/r_110412a.pdf.

④ FSB, *Shadow Banking: Strengthening Oversight and Regulation*, Accessed April 26, 2013. https://www.fsb.org/wp-content/uploads/r_111027a.pdf.

贷和回购等。此外,为有效监控影子银行系统,报告要求各国监管当局应当有权力收集所有必要数据和信息,以及有能力划定需要上报信息的监管范围。更为重要的是,该报告就国际影子银行监管提出了多达11项建议,比如银行对影子银行实体的风险敞口的规模和种类必须加以限制、化解证券化流程中激励不一致的问题、通过加强信息披露以提高透明度,以及降低对信用评级的依赖等。随后,按照这一报告的要求,巴塞尔银行委员会、国际证监会组织等机构陆续发布了相关类别的监管建议,例如"*Policy Recommendations for Money Market Funds*"①"*Capital requirements for banks'equity investments in funds*"②"*Global Developments in Securitisation Regulation*"③。除了国际金融监管机构,国外学者们也提出了大量有关影子银行监管的建议,例如有学者认为对于影子银行应当实施分类监管,如2012年9月,大卫·朗沃斯(David Longworth)在"*Combatting the Dangers Lurking in the Shadows: The Macroprudential Regulation of Shadow Banking*"④一文中指出,对于有些影子银行应当对其适用类似传统银行的资本和流动性监管,而对于另外一些影子银行,监管重点则应放在它们与传统银行之间的关系、在某些市场(如回购市场)的顺周期行为等方面。

在国内研究领域,时至今日,有关影子银行问题的研究同样十分丰富,例如在中国知网(CNKI)数据库中,以"影子银行"为篇名进行检索,截至2020年6月共检索到2913篇文献资料;以"影子银行"与"监管"为篇名,共检索到715篇文献资料。总的来说,目前我国在影子银行监管方面的研究成果呈现出"两多""两少"的状况,即论文多、论著过少;介绍国际影子银行情况的多、重点分析国内影子银行问题的过少。

论著方面,目前有20余本专著集中探讨影子银行的有关问题。这些专

---

① IOSCO, *Policy Recommendations for Money Market Funds*, Accessed April 29, 2013. https://www.iosco.org/library/pubdocs/pdf/IOSCOPD392.pdf.

② BIS, *Capital Requirements for Banks' Equity Investments in Funds*, Accessed February 24, 2014. https://www.bis.org/publ/bcbs266.pdf.

③ IOSCO, *Global Developments in Securitisation Regulation*, Accessed May 1, 2013. https://www.iosco.org/library/pubdocs/pdf/IOSCOPD394.pdf.

④ David Longworth, *Combatting the Dangers Lurking in the Shadows: The Macroprudential Regulation of Shadow Banking*, Accessed May 1, 2013. http://ssrn.com/abstract=2153205.

著可分为以下几类:一是以介绍美国影子银行的演变历程为主要内容。这方面的代表作主要有:辛乔利的《影子银行:揭秘一个鲜为人知的金融黑洞》[①]、隋平的《逍遥法外:金融危机后的影子银行监管》[②]和张化桥的《影子银行内幕:下一个次贷危机的源头?》[③]。应当说,这类著作在影子银行问题研究的早期,对于国内各界了解美国影子银行的运作机理起到了很大的知识铺垫作用。二是从金融学的角度探讨影子银行对传统银行、金融系统或实体经济的影响。这方面的代表作主要有:周莉萍的《影子银行体系:自由银行业的回归?》[④]、郭春松的《金融危机、影子银行与中国银行业发展研究》[⑤]、唐红娟的《影子银行体系金融创新功能研究》[⑥]和赵金鑫、王勇的《金融创新下的影子银行与利率市场化》[⑦]。应当说,对于影子银行监管来说,这类著作可以提供影子银行监管在金融学、经济学等方面的法理依据和实证依据。三是以中国影子银行的演变历程为主要内容。这方面的代表作主要有:张明、高海红等人合著的《透视中国影子银行体系》[⑧],阎庆民、李建华的《中国影子银行监管研究》[⑨]。这类著作对于可能诱发影子银行风险的金融领域进行了逐一介绍、分析,内容比较详实,为影子银行监管研究提供了有价值的线索和资料。四是综合国际、国内两方面影子银行实践,将影子银行的监管作为重点内容予以研究。这方面的代表作主要包括:唐红娟的《影子银行体系:功能、脆弱性与监管改革》[⑩],潘静的《中国影子银行体系监管的路径选择与制度构建》[⑪]和陈斌彬、原凯合著的《后危机时代我国影子银行监管法的反思和重构》[⑫]。

---

① 辛乔利:《影子银行》,中国经济出版社2010年版。
② 隋平:《逍遥法外:金融危机后的影子银行监管》,中国政法大学出版社2012年版。
③ 张化桥:《影子银行内幕:下一个次贷危机的源头?》,机械工业出版社2013年版。
④ 周莉萍:《影子银行体系:自由银行业的回归?》,社会科学文献出版社2013年版。
⑤ 郭春松:《金融危机、影子银行与中国银行业发展研究》,经济管理出版社2013年版。
⑥ 唐红娟:《影子银行体系金融创新功能研究》,中国社会科学出版社2014年版。
⑦ 赵金鑫、王勇:《金融创新下的影子银行与利率市场化》,清华大学出版社2019年版。
⑧ 张明、高海红:《透视中国影子银行体系》,中国社会科学出版社2014年版。
⑨ 阎庆民、李建华:《中国影子银行监管研究》,中国人民大学出版社2014年版。
⑩ 唐红娟:《影子银行体系:功能、脆弱性与监管改革》,知识产权出版社2012年版。
⑪ 潘静:《中国影子银行体系监管的路径选择与制度构建》,中国检察出版社2017年版。
⑫ 陈斌彬、原凯:《后危机时代我国影子银行监管法的反思和重构》,法律出版社2019年版。

期刊论文方面,围绕着影子银行监管,国内学者主要具体研究了以下问题:

一是影子银行的定义。在影子银行研究的早期,许多学者都是以美国影子银行实践为基础来定义影子银行。例如,龚明华、张晓朴和文竹在2011年发表的《影子银行的风险与监管》①一文中,将影子银行定义为行使商业银行功能却不受类似商业银行那样严格监管的非银行金融机构,包括抵押贷款公司、金融公司、资产证券化载体、结构投资载体等,并认为我国的影子银行风险也存在于资产证券化、银行表外业务、场外衍生品、私募基金等领域;贾俊生、杨传霄在《影子银行的运行特征与监管》②一文中虽然没有明确给出影子银行的定义,但从其所列举的我国影子银行的外延形式包括银信理财、私募基金、金融衍生品、资产证券化等可知,其将影子银行等同于非银行金融机构。

二是我国影子银行的表现形式。李蔚、苏振天在《我国影子银行体系及其监管研究》③一文中称,我国的影子银行体系包括机构和工具两个层面,其中机构层面主要有银行机构内部的影子银行、信托投资公司、监管机构批准的非银行业金融机构、民间金融机构等;工具层面主要有银行理财产品、委托贷款、资产证券化产品、私募基金产品等。康书生、董铁峰在《中国影子银行发展及监管问题研究》④中认为,影子银行等同于表外融资,因此我国的影子银行体系主要包括信贷资产证券化、银行理财产品以及民间融资。

三是影子银行的风险表现。柯伟在《我国影子银行发展过程中存在的风险及监管对策》⑤一文中,认为影子银行的危害体现在信贷关系不透明、信贷融资风险被加大、货币政策效果受影响;张佳、许华伟在《影子银行业

---

① 龚明华、张晓朴、文竹:《影子银行的风险与监管》,载《中国金融》2011年第3期。

② 贾俊生、杨传霄:《影子银行的运行特征与监管》,载《中国金融》2012年第22期。

③ 李蔚、苏振天:《我国影子银行体系及其监管研究》,载《学术界》2012年第4期。

④ 康书生、董铁峰:《中国影子银行发展及监管问题研究》,载《河北大学学报》2012年第5期。

⑤ 柯伟:《我国影子银行发展过程中存在的风险及监管对策》,载《山西财经大学学报》2012年第12期。

务的风险及监管对策》①一文中，认为影子银行的风险主要包括过度杠杆化、不透明、监管套利、缺乏有效监管等。

四是我国影子银行监管的顶层设计。李建军、田光宁在《影子银行体系监管改革的顶层设计问题探析》②一文中指出，顶层设计的基本框架是组建专门的影子金融监管协作委员会，并将“三会”合并为一个统一的金融监管部门，从而形成传统机构监管与影子金融功能监管的双元制模式；尹振涛在《影子银行监管更需顶层设计》③一文中认为，我国影子银行监管的顶层设计应当从框架和制度层面入手，即尽快完善影子银行监管的法律制度、强化监控和信息披露机制、对影子银行实施分类监管，以及优化监管机构和政策协调与配合。

五是影子银行的监管思路。潘静、柴振国在《中国影子银行的金融监管研究——运用市场约束优化政府监管》④一文中提出，优化政府影子银行监管的策略之一是实现有效市场约束。为此，在制度设计方面，应当加强影子银行信息披露和金融管理部门之间的信息共享机制；强化信用评级机构监管，以保护投资者利益；提高投资者风险意识等。于永宁在《我国影子银行监管法律制度的反思及重构——美国经验及其借鉴》⑤一文中提出我国影子银行的监管政策应从微观审慎监管向宏观审慎监管转变，并实现两种监管手段的综合运用，以防范系统性风险。

六是影子银行的监管路径。沈伟在《中国的影子银行风险及规制工具选择》⑥一文中，认为影子银行的出现导致了信息失灵、代理失灵和监管失灵，而针对这些失灵，应当适当选择监管工具予以应对，其中包括适度承认民间借贷的合法性、构建包容民间资金的金融体系、有效处理中小企业融资

---

① 张佳、许华伟：《影子银行业务的风险及监管对策》，载《经济纵横》2012年第10期。

② 李建军、田光宁：《影子银行体系监管改革的顶层设计问题探析》，载《宏观经济研究》2011年第8期。

③ 尹振涛：《影子银行监管更需顶层设计》，载《中国金融》2013年第17期。

④ 潘静、柴振国：《中国影子银行的金融监管研究——运用市场约束优化政府监管》，载《现代法学》2013年第5期。

⑤ 于永宁：《我国影子银行监管法律制度的反思及重构——美国经验及其借鉴》，载《法商研究》2015年第4期。

⑥ 沈伟：《中国的影子银行风险及规制工具选择》，载《中国法学》2014年第4期。

困境等疏解措施；陈斌彬在《境外影子银行监管制度的新进展及其启示》① 一文中，认为应当对影子银行实施分类监管、建立监控影子银行风险的宏观审慎监管框架、细化对影子银行的微观审慎监管安排，以及加快影子银行监管制度的制定和落实。

学位论文方面，可以说，围绕着影子银行监管，期刊论文所探讨的具体问题基本上涵盖了学位论文的研究方向。所以，在此部分，笔者主要就影子银行监管方面的学位论文的论文框架、研究思路等做一简要梳理和概括。通过检索中国知网（CNKI）数据库，笔者发现从2010年开始，影子银行的监管问题就成为研究生的论文选题方向，并且自2013年起，伴随着我国影子银行活动进入活跃阶段，影子银行的监管问题成为热门选题，一直延续至今。由此，有关影子银行监管的学位论文可被分为两大类别：一是在2013年之前，研究内容以美国影子银行运作为核心；二是在2013年及其后，我国影子银行的运作机制、监管完善等逐渐成为论文选题的核心。

（二）既有研究成果存在的问题

客观而言，随着2008年国际金融危机的爆发，影子银行监管成为一个热门问题。十余年来，国外、国内有关的研究成果可谓汗牛充栋。在体系庞杂的国际影子银行实践面前，即便研究者不免会陷入“盲人摸象”的境地，但众多的研究者相继投入到这一领域，使这一领域的全貌总会逐渐变得明晰起来。但是，在肯定成绩的同时，也要看到当前研究，尤其是我国的影子银行监管研究中尚存在一些不足之处。

首先，国际影子银行监管研究与我国影子银行监管研究未能很好地融合，“两层皮”现象突出。在很多研究者的论著、文章中，在谈论完国际影子银行实践，进入我国影子银行实践分析后，常常会发生逻辑断裂，比如要么反复强调我国影子银行表现形式与国际影子银行相比有很大的不同；要么按照国际影子银行的表现形式，在我国影子银行实践中强行找寻对应的形式。应当说，这与研究者在影子银行基础理论方面的研究薄弱密切相关。例如，在影子银行的概念方面，很多研究者直接采纳将影子银行等同于非银行金融机构、金融工具的定义方法，从而将影子银行的外延扩大化了。对

① 陈斌彬：《境外影子银行监管制度的新进展及其启示》，载《商业研究》2013年第2期。

此，可以看出，某些研究者对于国内外影子银行共同的本质、内涵等缺乏应有的认识。

其次，既有研究对国际影子银行的个性特点关注不足。很多研究者一提到国际影子银行，自然的联想就是国际影子银行是一个体系。尽管体系化是国际影子银行一大显著特点，但这不足以概括国际影子银行的全貌。实事求是地讲，国际影子银行以抵押贷款证券化为核心，而抵押贷款证券化链条使得国际影子银行呈现出体系化的特点。但是，除此之外，一些金融机构在业务经营过程中事实上在独自发挥信用中介功能，比如"不变资产净值"类型的货币市场基金、"两房"、对冲基金等。因此，国际影子银行的基本类型可分为体系化影子银行和个体化影子银行。相应地，金融管理部门对二者的监管方式也有诸多不同。另外，我国的影子银行基本上都属于个体化影子银行，因此出于学习、借鉴国际影子银行监管经验的需要，接下来我们需要加大对个体化影子银行的研究力度。

最后，既有研究对我国影子银行的个性特点关注不足。影子银行之所以会产生，并成为威胁金融系统安全的一大风险源，就国际影子银行来说，是过度创新导致的；而就我国影子银行来说，则是此前金融领域改革严重滞后、市场化严重不足所导致的。正是因为这一前提背景不同，决定了我国影子银行问题的治理除了需要强化监管、避免监管套利以外，还需要着重采取一系列疏导措施，使得合理的社会融资需求能够得到满足。对此，针对我国影子银行的监管完善，既有研究往往会简单化处理，即认为对国际影子银行监管的一般经验采取"拿来主义"，就能化解我国的影子银行风险。因此，接下来相关的研究需要深入分析我国金融领域供给侧改革与影子银行之间的互动关系。

三、研究方法与研究内容

（一）研究方法

"横看成岭侧成峰，远近高低各不同。"为了实现对研究对象客观、全面的认识和了解，学术研究中有必要综合运用多种研究方法，或者说多种研究视角。总的来说，本书主要选取了以下几种研究方法：

一是语义分析方法。"法律是以语言表达的行为规范，而语言中的词语和句子含义常是多义、不确定和变化的。因此,确定法律概念或定义就成为法学者的专业习惯和重要任务。"①一直以来,影子银行的概念都是模糊不清的。这给学界、业界的相互交流带来了极大的不便。由此,本书在一开始就对影子银行展开了语义分析,提炼了其本质和基本特征,由此为划定外延范围、展开后续研究打下了重要基础。

二是历史分析方法。所谓任何事物演变,都有其本原所在。作为一种信用中介形式,影子银行的产生和发展同样有赖于一系列因素的促使和支撑。其中,历史的考察可以表明,影子银行不是被人为地任意创造出来的,而是随着市场经济和货币信用的发展自发形成的。由此,本书在探讨影子银行产生原因时,着重从历史的角度进行了考察。

三是比较分析方法。所谓比较分析,对比的是事物之间的相似性或相异程度。本书通过考察国际影子银行和我国的影子银行,阐发了二者之间的共性和特性。从而,在学习、借鉴国际影子银行监管经验时,一方面要尊重金融法律的一般规律,另一方面要从实际出发,结合国情,采用"疏堵结合"的方式来化解我国影子银行风险。

四是价值分析方法。法律规则作为调整社会生活的规则体系,其存在本身并不是目的,而是实现一定价值的手段。② 金融法的价值取向一般以效率、安全、公平为主。相应地,在影子银行监管改革过程中,应以价值平衡为评价标准,以避免因过度追求某一价值而阻碍金融业的稳定发展。

五是跨学科研究方法。一般来说,"进行跨学科的交叉研究,既是各个领域的学者对自己所研究的学科范围之外但紧密相关领域的研究成果的必然反应,也是各个领域的学者保持自身领域研究的动态发展的需要"③。就法学研究而言,不能只是就制度谈制度,而应当关注到制度背后的法理依据。具体到影子银行监管来说,其制度背后的法理依据很大程度上来自经济学、金融学,因此在研究过程中,需要大量援引其他相关学科的基础知识和研究成果。

---

① 姚海放:《关于优化营商环境的几点审思》,载史际春主编:《经济法学评论》第 18 卷,中国法制出版社 2018 年版。

② 参见张文显主编:《法理学》(第 3 版),高等教育出版社 2007 年版,第 29 页。

③ 刘志云:《国际关系与国际法跨学科研究之路径》,载《世界政治与经济》2010 年第 2 期。

(二)研究内容

一般来说,研究内容的设置服务于研究目的的需要。本书的研究目的是通过对影子银行基础理论和国际影子银行监管实践的研究,为我国的影子银行监管提供丰富的、可资借鉴的经验,从而更好地化解我国的影子银行风险,进而使得我国的金融体制改革更加适应经济发展方式转变的现实需求。

因此,服务于上述目的,本书的具体研究内容设置如下:本书第一章对影子银行的基础理论展开研究,主要涉及影子银行的概念、内涵、外延、产生原因、正负效应、监管的理论依据,以及对影子银行进行分类监管的必要性。第二章和第三章分别对国际影子银行的两种基本类型展开研究,即基本的研究线索是风险表现——风险成因——监管改革实践——监管改革评析。最后一章是我国影子银行监管的完善思考,探讨了我国影子银行的风险表现及成因、监管述评,并在借鉴国际影子银行监管有益经验的基础上,提出了完善我国影子银行监管的相应路径。

四、创新之处与不足

(一)创新之处

其一,廓清了影子银行的基础理论。一直以来,影子银行的内涵和外延都处于模糊状态。很多学者在研究影子银行过程中,往往只是借用某个流行概念作为分析工具,并且常常面临着国内外影子银行无法被同一个概念、同一种分类所涵摄的尴尬。鉴于此,通过研究分析,本书将国内外影子银行归纳至同一个定义之下、同一种外延划分之下,由此提炼出了国内外影子银行的共性特征。

其二,详细评述了国际影子银行的两种基本类型。尽管国际影子银行一直以来给人以体系化的特点,但其某些组成部分或关联方事实上自身也发挥着信用中介功能,从而成为个体化影子银行。针对这两种基本类型,本书各用一章对它们的风险表现、风险成因、监管改革状况等进行了详细阐释,使得国际影子银行的面貌得以被完整揭示。

其三,针对我国影子银行的监管路径,本书通过着重强调我国金融抑制的客观事实,从而提出影子银行的风险化解依靠“堵”,更依靠“疏”。应当说,国际影子银行的风险爆发是过度创新的结果,而我国却恰恰相反,不是因为金融市场化过度,而是因为金融市场化远远不足。鉴于此,本书提出应当以市场化为导向来处置影子银行风险。

(二)存在的不足

第一,研究对象的范围方面存在不足。本书主要以美国影子银行的风险演变、监管改革作为国际影子银行的分析蓝本,相应地,对于其他国家或地区的影子银行发展状况、监管状况关注较少。

第二,实证研究方法运用不足。影子银行监管问题是一个跨学科问题,主要涉及法学、经济学、金融学等学科知识。本书在研究过程中,主要侧重于学理分析,相应地,一些有益的实证研究采用或援引的比较少。

第三,囿于本人科研能力方面、实务经验方面等都存在相当的不足,所以论文的框架结构、逻辑脉络、研究手段、行文习惯等方面还有进一步提升、深化的空间。

第一章　影子银行监管的基础理论

在本轮全球金融危机的孕育阶段、爆发阶段以及后危机时代，影子银行的风险应对问题始终是各方关注的焦点。而有效应对影子银行的风险，首先有赖于廓清影子银行的基础理论。毕竟，任何研究的出发点都是对象的本体论。唯此，相应的制度构建才能做到有的放矢、发挥实效。由此，本章主要是对涉及影子银行的概念、特征、产生原因、正负效应、监管理论依据等问题展开分析。

第一节　影子银行的界定

一般意义上讲，"当我们说一个东西'是怎样的'之前，必须要弄清楚它'是什么'，'是什么'的问题在任何意义上都是最根本的问题"①。"而一个事物'是什么'的问题，说到底就是这个事物的一般定义的问题。"②具

---

① 邓晓芒、赵林：《西方哲学史》，高等教育出版社2005年版，第60页。

② 赵林：《西方哲学史讲演录》，高等教育出版社2009年版，第106～107页。

体到法学研究领域，就概念界定的重要意义，分析实证主义法学家赫伯特·哈特(Herbert Hart)提到，“一个语词的定义可以提供这样的地图：它可以使导引我们使用该语词的原则变得清晰，并且同时可以展示出我们应用语词于其上的现象类型和其他现象间的关系”①。由此，如果要科学研究影子银行基础理论，应从影子银行的概念入手。

一、影子银行既有定义介评

自2007年美国太平洋投资管理公司执行董事保罗·麦考利提出“影子银行”概念以来，金融实务部门、监管部门和学术界关于“影子银行是什么”的观点纷至沓来，一时令人眼花缭乱、目不暇接。

为了厘清纷争，下面拟对最近几年有代表性的一些界定进行简要梳理并作出评析：

(1)“证券化说”。这种观点把影子银行等同于资产证券化流程。例如，易宪容认为，“影子银行(Shadow Banking)就是把银行贷款证券化，通过证券市场获得信贷资金、实现信贷扩张的一种融资方式”②。

“证券化说”是影子银行研究初期很有代表性的一种观点。它是借用影子银行这一术语对美国次贷危机和后续金融危机进行分析得出的认识结果。直观上看，美国次贷危机及后续的金融危机与信贷资产证券化密切相关，而证券化的信用扩张机制与影子银行这一术语内含的信用特征的确具有内在的相似性，因此在影子银行的研究初期，尤其是在对美国、欧洲实践的分析中，将影子银行等同于证券化有一定的必然性。但随着研究的推进，这种界定方式的不合理性日益突出。证券化作为一种融资手段自20世纪70年代在美国产生以来，前期主要在欧美一些地区得到了广泛应用，而在像中国这种银行主导型金融体制国家由于金融市场不够发达、金融抑制等原因，证券化应用程度在很长时间里相对有限且发展缓慢。尤其是，在交易结构的具体安排方面，各国的证券化活动也存在一定的差异。因此，如果将影子银行等同于证券化，那么将不能完全涵盖各国的影子银行活动形式。

① [英]哈特：《法律的概念》，许家馨、李冠宜译，法律出版社2006年版，第14页。

② 易宪容：《影子银行体系信贷危机的金融分析》，载《江海学刊》2009年第3期。

（2）“非银行金融机构说”。该观点认为，所谓的影子银行就是指非银行金融机构。例如，何德旭、郑联盛认为，“影子银行是指投资银行、对冲基金、私募股权基金、货币市场基金、债券保险公司、结构性投资等非银行金融机构”①。再如，国务院发展研究中心金融研究所副所长巴曙松称，“影子银行系统又被称为平行银行系统，它包括投资银行、对冲基金、货币市场基金、债券保险公司、结构性投资工具等非银行金融机构”②。

“非银行金融机构说”对其所称的影子银行的外延进行了罗列。通过列举，使人们清楚、具体地了解了影子银行所指称的一些对象。但是，影子银行作为一个集合概念，其外延是开放的，而列举法只能很有限地揭示一部分影子银行，并且所列对象之间的同质性没有得到反映，使人们面对“影子银行是什么”这一问题时依然困惑不已。

（3）“宽泛信贷说”。该观点认为，在各种信用活动中，除了商业银行的存贷款业务，剩余部分都属于影子银行。例如，李建军、田光宁认为，“影子银行体系是非银行金融机构以及非正式金融组织及其产品运营体系的总称，是以投资银行（证券公司）、对冲基金、货币市场基金、结构投资载体（SIV）等非银行金融机构、非正规金融组织和信用衍生品等非常规金融工具所构成的信用创造体系”③。又如，隋平认为，“影子银行系统更应该是指金融机构进行一切监管套利活动的综合，或者说是投资银行、结构投资载体（SIV）、货币市场基金、对冲基金、共同基金、保险机构、资产支持商业票据（ABCP）、证券化、金融衍生产品、回购协议市场、金融机构的公司治理等这些市场主体、工具、运行机制在监管套利的共同作用下牵连而成的系统”④。这一观点在实质意义上也属于“宽泛信贷”说。还有学者直截了当地认为，“只要涉及借贷关系和银行表外交易的业务都属于‘影子银行’”⑤。

① 何德旭、郑联盛：《影子银行体系与金融体系稳定性》，载《经济管理》2009年第11期。

② 巴曙松：《加强对影子银行系统的监管》，载《中国金融》2009年第14期。

③ 李建军、田光宁：《影子银行体系监管改革的顶层设计问题探析》，载《宏观经济研究》2011年第8期。

④ 隋平：《逍遥法外：金融危机后的影子银行监管》，中国政法大学出版社2012年版，第1页。

⑤ 方迎定：《监管之外》，载 http://www.ennweekly.com/2011/0905/3409.html，最后访问日期：2013年4月11日。

“宽泛信贷说”的不足类似于“非银行金融机构说”的不足。应当说,银行存贷款业务之外的信用活动在法律主体、权义关系、运作方式、风险特征等方面千差万别,笼统地将各种信用活动都纳入影子银行的范畴会模糊影子银行的真正风险之所在,并且会使监管政策、监管活动的重点出现错位和偏差。

(4)“高端金融创新说”。该观点认为影子银行体系是一种高端金融创新形式的信用中介,并且缺乏有效的金融监管。在国内较早研究影子银行的一本专著——《影子银行体系:功能、脆弱性与监管改革》中,作者认为影子银行体系是高端创新形式的、发挥信用中介功能但缺乏有效金融监管的非银行实体、金融产品及市场的有机整体。① 持“高端金融创新说”观点的还有中国社会科学院副院长李扬,他认为“影子银行就是金融体系中处于高端金融创新部分的机构与产品,是引领金融发展模式转变的力量,不应包括低端的民间金融或非正式金融体系”。②

“高端金融创新说”认为影子银行是一种高端金融创新,于是将那些民间草根式、非正规的金融活动排除在外。客观而言,这种观点未免武断,因为“高端金融创新”是一种历史范畴、地域范畴。例如,即便是对像我国这样的金融发展中国家而言可谓高端的以证券化为中心的美国式影子银行,自 20 世纪 70 年代出现以来,也已在欧美金融实践中被应用了四十多年。因此,对高端与否的认识会因时因地而不同。另外,这种观点反映了学术研究中存在的“唯美国是瞻”的倾向,易导致学术研究忽视本土问题真正之所在。

(5)“商业银行特征说”。该观点认为影子银行的核心要义是能够复制商业银行的核心特征。例如,保罗·塔克(Paul Tucker)认为,影子银行是“单独地或联合起来,能够或多或少地复制流动性服务、期限错配和杠杆等

---

① 参见唐红娟:《影子银行体系:功能、脆弱性与监管改革》,知识产权出版社 2012 年版,第 34 页。

② 参见李建军、徐赛兰、田光宁:《中国影子金融体系研究报告》,知识产权出版社 2012 年版,第 2 页。

商业银行核心特征的金融工具、结构、机构、市场”①。

以英格兰银行副行长保罗·塔克对影子银行的界定为代表的“商业银行特征说”是对欧美影子银行实践的理论概括和提炼，从宏观、整体的高度之上勾画了欧美影子银行的全貌。但值得注意的是，简单的“拿来主义”并不能解决中国的问题，因为“法律命题的形成不能脱离特定的语境……（需要）经受逻辑与实践的考验”②，银行主导和垄断整个金融体系的中国现实与金融市场高度发达、创新迭出的欧美图景可谓云泥之别，“如果完全忽视特定法律制度产生的背景、所要解决的问题以及在输出国的实施状况等问题，那法律移植在某些情况下可能就是盲目的，并很可能水土不服”③。

（6）“广义狭义二分说”。该观点将影子银行做了广义和狭义上的区分。金融稳定理事会（FSB）认为，“广义上，影子银行是指正规银行系统之外的信用中介形式，包括实体和活动；狭义上的影子银行是广义影子银行体系范围中，易引发系统性风险和监管套利问题的非银行信用中介形式”④。原中国银监会副主席阎庆民主编的《中国影子银行监管研究》一书对于影子银行的界定也采取了相同的方式，并从功能、监管、风险等方面对狭义层面的影子银行做了具体阐释。⑤

“广义狭义二分说”最大的优点是指明了影子银行的本质属性——非银行信用中介，其中“非银行”对应于“影子”，“信用中介”对应于“银行”。并且，在狭义定义中，金融稳定理事会指出了影子银行的风险所在——系统性风险和监管套利问题。应当讲，相比其他定义，“广义狭义二分说”为识别、分析、监管影子银行提供了更加有效的路径。尽管如此，这一定义仍然存在一些不足之处，即对影子银行中的“影子”揭示不足，并且“易引发系统

---

① Paul Tucker, *Shadow Banking, Financing Markets and Financial Stability*, Accessed September 21, 2013. http://www.bankofengland.co.uk/archive/Documents/historicpubs/speeches/2010/speech420.pdf.

② 黎四奇：《对后危机时代影子银行监管的冷思考》，载《暨南学报》2014年第8期。

③ 付子堂主编：《法理学进阶》，法律出版社2010年版，第300页。

④ FSB, *Shadow Banking: Scoping the Issues*, Accessed April 9, 2013. http://www.financialstabilityboard.org/2011/04/shadow-banking-scoping-the-issues/.

⑤ 参见阎庆民、李建华：《中国影子银行监管研究》，中国人民大学出版社2014年版，第48页。

性风险和监管套利问题”是一种结果状态。为更便于识别影子银行，宜在定义中将引发风险的原因，即“影子性”明确体现出来。

(7)“类似银行活动”加“缺乏有效监管说”。例如，杜亚斌、顾海宁认为，“所谓影子银行就是指履行银行职能、逃避银行监管的类似银行的实体。它们与传统银行最大的区别在于不吸收存款，不受监管”①。美国金融危机调查委员会认为，“影子银行是在传统银行系统之外从事的类似银行的金融活动，这些活动很多不受监管或只受很少监管”②。美联储前主席伯南克认为，“影子银行，按照通常的定义，包括一组不同的机构和市场，共同地发挥传统银行的功能——但是在受监管的存款机构的传统体系之外，或者与之只有松散的联系”③。

(8)“金融中介”加“缺乏金融安全网保护说”。纽约联邦储备银行工作报告认为，“影子银行的定义是在没有中央银行流动性或公共部门信用担保的情况下，进行期限、信用和流动性转换的金融中介”④。

(9)“缺乏有效监管”加“缺乏金融安全网保护说”。例如，欧盟议会在关于影子银行的一份决议中提到，“影子银行是一个中介机构、工具、实体或金融合约的体系，发挥着类似银行功能的组合，但是位于监管之外或缺少监管，并且不能获得中央银行的流动性担保或公共部门的信用担保”⑤。德勤会计师事务所的研究报告认为，“影子银行是通过证券化和担保筹资机制，由市场提供资金的信用中介体系，包括期限和/或流动性转换。它位于

---

① 杜亚斌、顾海宁:《影子银行体系与金融危机》,载《审计与经济研究》2010 年第 1 期。

② Financial Crisis Inquiry Commission, *Shadow Banking and Financial Crisis*, Accessed April 21, 2013. http://fcic-static. law. stanford. edu/cdn_media/fcic-reports/2010-0505-Shadow-Banking. pdf.

③ Ben S. Bernanke, *Some Reflections on the Crisis and the Policy Response*, Accessed May 6, 2013. http://www. federalreserve. gov/newsevents/speech/bernanke20120413a. htm#pagetop.

④ Zoltan Pozsar, Tobias Adrian, Adam Ashcraft, Hayley Boesky, *Shadow Banking*, Accessed February 3, 2014. http://www. newyorkfed. org/research/staff_reports/sr458_July_2010_version. pdf.

⑤ European Parliament, *European Parliament Resolution of* 20 *November* 2012 *on Shadow Banking*, Accessed May 27, 2013. http://www. europarl. europa. eu/sides/getDoc. do? type = TA&language = EN&reference = P7-TA-2012-427.

被监管银行体系之外,并缺乏政府担保/获得中央银行流动性支持”①。

与金融稳定理事会界定影子银行的思路相一致,前述第(7)(8)(9)种定义分别从“银行”和“影子”两个方面对影子银行进行了阐释。三种定义相较之下,第(9)种定义更为全面,即“银行”方面是指发挥类似银行的功能;“影子”方面是指缺乏有效监管和缺乏金融安全网的保护。这种定义方法明确了认定影子银行时需要遵循的两大标准,对于我们认识、理解影子银行具有重要的启示作用。但是,这一定义仍然是基于欧美金融实践做出的。因此,为了能够将欧美地区之外的影子银行活动囊括其中,需要对其内容表述做进一步的调整。

在对比、反思、借鉴以上各种观点的基础上,本书将影子银行界定为:在传统商业银行存贷款业务之外发挥信用中介功能,但是不能获得金融安全网②的保护,尤其是缺乏有效金融监管的信用中介形式。

对于这一定义,需要强调的是:第一,为了能够将国内外不同形式的影子银行都纳入一个统一的概念中,概念本身没有对影子银行的内容进行具体描述,而是阐述了影子银行的功能特征和形式特征。第二,关于金融安全网的范围,有广义、狭义等各种不同认识。本书采纳的观点是金融安全网包括存款保险制度、最后贷款人制度和金融监管制度。为了避免误解③,概念着重强调了影子银行普遍缺乏有效监管的状况。第三,这里的信用中介形式,既包括整体上发挥信用中介功能的影子银行体系,也包括单独发挥信用中介功能的个体化影子银行;既包括金融机构,也包括金融活动,当然,对“影子银行式”金融活动的监管落脚点最终还是相关金融机构。

---

① Deloitte, *The Deloitte Shadow Banking Index: Shedding Light on Banking's Shadows*, Accessed March 6, 2014. http://corporatecontrol. de/app/download/5784745558/US_FSI_The_Deloitte_Shadow_Banking_052912. pdf.

② 金融安全网(Financial Safety Net)是防止金融危机发生和在金融危机发生后尽量减少金融危机对金融制度和实体经济造成混乱和损失的一系列制度安排。金融安全网一般指政府存款保险制度、中央银行的最后贷款人制度和金融监管制度。参见王广谦主编:《金融中介学》(第二版),高等教育出版社2011年版,第347页。

③ 有观点认为金融安全网只包括存款保险制度和最后贷款人制度,不包括金融监管制度。参见曾筱清、杨益:《金融安全网法律制度研究》,中国经济出版社2005年版,第1~2页。

二、影子银行的内涵解读

概念是对事物本质特征的凝练和总结。因此，对影子银行这一概念进行语义分析是解读影子银行内涵的重要路径和必要方法。

从语法的角度来看，影子银行是一个偏正短语，中心语是“银行”，修饰语是“影子”，即“影子式银行”。影子银行这一事物既具有“银行”的本质特征，又具有“影子”的特点。下面主要从这两个方面对影子银行的内涵进行解读。

（一）影子银行之“银行”

在社会经济活动中，融资活动的开展体现为金融产品的买卖，无论这种金融产品是以书面还是口头、明示还是默示的方式做出。按照最一般的分类，金融产品分为权益类产品和信用类产品。“权益类资产表示对企业的资产和净收入（减去费用的税后收入）的索取权，是一个企业剩余所有权的对应物，股权是权益类工具的典型代表。”①信用类产品是贷款人与借款人之间以还本付息为条件的借贷安排，常见的信用类产品有贷款、债券等。

一般而言，金融产品的交易通常在金融中介机构的主导或协助下进行。随着金融业的演进发展，金融中介机构的组织形式、业务类型日趋多样化。但是，银行作为一种金融中介机构形式在其中始终扮演着最基本、最普通的角色。“商业银行就是以经营存款、贷款、办理转账结算为主要业务，以盈利为主要经营目标的金融企业。”②也就是说，商业银行是以贷款这种信用类产品为其主要业务类型的，其资金主要来自它吸收的储户存款。虽然在混业经营趋势下，银行的业务范围不断扩展，但是存贷款业务依然是其最传统、最本质的业务内容。

在存贷款业务中，存在两类信用关系，或者说两类债权债务关系：一是银行与储户之间的信用关系，储户把闲置资金存入银行，那么他与银行之间就形成了一种债权债务关系；二是银行与借款人之间的信用关系，银行把资金贷给借款人，那么银行与借款人之间也形成了一种债权债务关系。观察

---

① 阎庆民、李建华：《中国影子银行监管研究》，中国人民大学出版社 2014 年版，第 15 页。

② 彭兴韵：《金融学原理》（第五版），格致出版社 2013 年版，第 116 页。

整个存贷款业务链条,可以发现银行作为资金链条上的中转站,在其中发挥着信用中介的功能。这种信用中介角色不同于其他金融中介机构的中介活动。它是指"信用关系中借者(borrower)与贷者(lender)之间的中介:从贷者那里借入,再向借者那里贷出"①。虽然借款人获得的资金通常来自储户,但储户与借款人之间并不存在法律关系,他们只是分别与银行以债权人或债务人的角色建立债权债务关系。与之相对应,银行作为债务人负有对储户资金兜底、刚性兑付的义务,作为债权人享有要求借款人到期还本付息的权利。这就是银行的信用中介功能。因此,可以将商业银行直接界定为"通过存款、放款、汇兑、储蓄等业务,承担信用中介任务的信用机构"②。应当说,信用中介功能是商业银行最基本的功能,体现了银行的根本属性。

影子银行这一概念的提出意味着在传统商业银行存贷款业务之外,一些金融实体和金融活动能够复制银行的信用中介功能。例如,最早提出影子银行概念的美国太平洋投资管理公司执行董事保罗·麦考利将美国金融体系中出现的"通过发行不受保险的商业票据进行融资来购买期限较长的资产的非银行投资管道、载体和结构"③命名为影子银行。发行商业票据进行融资,意味着这些非银行投资管道、载体和结构与商业票据的购买方,如货币市场共同基金,建立了一种债权债务关系。商业票据到期时,这些机构有义务对商业票据持有人刚性兑付。另外,这些机构将通过发行商业票据获得的资金用来购买期限较长的资产,例如抵押担保债券(CDO),意味着这些机构与抵押担保债券等金融产品的发行人之间也形成了一种债权债务关系。在这些长期金融产品到期后,这些机构享有要求发行人还本付息的权利。因此,在整个资金链条中,这些投资管道、载体和结构对资金进行中转,事实上发挥着类似商业银行的信用中介功能。又如,2011 年之后国内快速发展的个体网络借贷(P2P 网络借贷)。在国外,P2P 平台为投资人和借款人提供信息交换、撮合、信用评估等居间服务,扮演着信息中介的角色。这种融资服务出现在中国之后,由于国内征信体系不够完善,投资人与

---

① 黄达主编:《金融学》(第三版),中国人民大学出版社 2012 年版,第 121 页。

② 刘志云主编:《银行法学》,厦门大学出版社 2013 年版,第 4 页。

③ Paul McCulley, *Teton Reflections*, Accessed December 10, 2012. http://www.pimco.com/en/insights/pages/gcbf%20august-%20september%202007.aspx.

借款人之间信息不对称问题非常严重，导致借贷活动很难发生。P2P 平台为了开展业务，一般都会自己直接或者通过第三方关联公司、担保公司为投资人提供担保。一旦借款人违约，无法还款，风险则由平台及其担保方承担。这样，P2P 平台由原本的信息中介变成了信用中介，与银行的功能没有本质差别，因此被认为是影子银行。

总之，影子银行之所以被认为是银行，是从功能角度而言的，其复制了银行的本质功能——信用中介功能。信用中介是影子银行的核心要义，是认定影子银行这种融资形式最核心的关键词。

（二）影子银行之"影子"

"影子银行"一词的中心语是银行，但影子特征使其银行的性质发生了些许变化。应当说，"影子银行"一词从被提出之时到现在为止时间尚短，但这种语词形式在现实生活中并非鲜见，如足球场上的"影子前锋"（Shadow Striker）[①]、国外公司法上的"影子董事"（shadow directors）[②]。这些语词形式都意指虽然名义上有所欠缺，但实质上发挥着某类特定功能的事物。

那么，哪些因素导致了影子银行并不是银行的呢？

第一，影子银行不能像传统商业银行那样获得金融安全网的保护。所谓金融安全网（Financial Safety Nets），是指维护金融安全的法律制度体系。广义的金融安全网通常包括存款保险制度、最后贷款人制度和金融审慎监管。[③] 鉴于存款保险制度、最后贷款人制度的事后性、被动性不同于金融审慎监管的预防性、主动性，此处先讨论存款保险制度和最后贷款人制度，金

---

① 影子前锋（Shadow Striker）是足球运动员场上位置的一种名称，场上位置介于前腰和前锋之间。影子前锋一方面具备一定的组织进攻能力，另一方面也具备一定的射门得分能力。影子前锋尽管发挥了类似前锋的射门得分的功能，但其兼具的组织进攻的角色使其不被直接认定为前锋，而是用影子前锋加以定义。

② 实践中，一些上市公司的大股东或实际控制人采取不直接担任董事职务而身居于公司治理机关之外，凭借持股优势或其他控制关系滥用控制权，进行利益输送和损害上市公司、中小股东利益的行为，而他们却处于法律责任或监管的"盲区"。为了遏制控股股东和实际控制人滥用控制权，英国公司法确立了"影子董事"（shadow directors）制度，具体而言就是让虽没有担任董事，却实际行使董事职权的大股东或实际控制人必须承担像董事一样的责任。参见蒋学跃：《上市公司影子董事制度研究》，载张育军、徐明主编：《证券法苑》第五卷，法律出版社 2011 年版。

③ 参见曾筱清、杨益：《金融安全网法律制度研究》，中国经济出版社 2005 年版，第 1～3 页。

融审慎监管由下文专门论述。“存款保险制度是指在银行或其他金融机构面临支付等危机或破产时,对受保护存款账户的本金与利息给予全额或部分支付保障的制度。”①在存款保险制度建立之前,当银行因经营不善、外在风险而出现危机时,存款人保护自己的方式就是挤兑,并且一家银行的挤兑容易引发挤兑风潮,导致整个银行业出现支付危机和倒闭连锁效应。针对这一状况,通过建立存款保险制度,为存款人提供直接的保护,增强储户的信心,由此大大降低了挤兑发生的可能性,维护了金融体系的安全与稳健。“存款保险制度产生以来,一些国家又将该制度由单一职能转向复合职能。像美国,除提供存款保险外,还有选择地向一些遇到麻烦的银行提供清偿能力紧急援助或紧急资金援助。”②除了存款保险制度之外,为阻止银行挤兑和金融恐慌蔓延的另一项制度安排是最后贷款人制度,“即规定专门的机构,负责在金融机构出现危机或者流动资金短缺的情况时扮演最后的资金提供者的角色。在实践中,中央银行并不是唯一的最后贷款人,其他机构也可以成为最后贷款人,如美国的财政部等”③。在本轮全球金融危机中,美联储和美国财政部通力合作,为陷入危机的一些美国金融机构提供了巨额流动性资金,使这些金融机构免于破产倒闭,有效地阻止了金融危机的进一步恶化和蔓延。

存款保险制度和最后贷款人制度的建立有效地增强了商业银行经营的稳健性。相较之下,缺乏金融安全网保护的影子银行暴露在显著的金融风险之下。例如,影子银行体系中最典型的代表——结构化投资载体(Structured Investment Vehicle,SIV),其经营模式是典型的借短贷长,资金来源主要是发行短期商业票据,投向与次级抵押贷款相关的债券。当资产端的债券大规模违约、资产价值大幅下降时,“SIV 新发行的商业票据基本无人问津,已发行的票据展期难以实现,SIV 供血中断,形成了对 SIV 的‘挤兑’”④。这种挤兑产生了类似银行挤兑的后果,导致 SIV 的流动性迅速枯竭。由于不能得到金融安全网的保护,其不得不变卖资产以偿还到期债务,

---

① 丁邦开、周仲飞主编:《金融监管学原理》,北京大学出版社 2004 年版,第 312 页。
② 黄达主编:《金融学》(第三版),中国人民大学出版社 2012 年版,第 179 页。
③ 刘志云主编:《银行法学》,厦门大学出版社 2013 年版,第 61 页。
④ 辛乔利:《影子银行》,中国经济出版社 2010 年版,第 178 页。

导致资产价格进一步下跌,从而加剧了金融市场的动荡。

第二,影子银行没有像商业银行那样受到严格的金融监管。商业银行发挥信用中介职能的过程面临着诸多风险,这是由它的特殊经营模式决定的。与一般企业相比,商业银行的负债程度显然更高,亦即它的运营资本主要是通过存款、金融债券等负债业务来获得,相应地,其自有资本率就会远低于其他行业。[①] 高负债意味着高杠杆,在放大银行可能收益的同时,也放大了银行潜在的风险。一旦出现借款人大规模违约的情况,银行将遭受巨额损失,而有限的自有资本使其在抵御经营风险方面非常脆弱。并且,银行的资产与负债的期限错配现象严重。在银行的资产负债表中,存款收入意味着负债,其中以即存即取的活期存款为主,而即便是定期存款,其期限也不过三五年;而在资产部分,准备金虽然具备高流动性,但在资产中占比甚小,可以说,银行的大部分资产是中长期贷款。因此,银行资产期限较长。[②] 期限错配使银行面临流动性风险、利率风险等多重风险。

另外,银行经营的顺周期性也是非常值得关注的问题,其容易引发系统性风险、放大经济波动。"严格意义上讲,顺周期性是指金融变量随着经济周期趋势而波动的偏好。增强的顺周期性因此意味着金融变量以更大的振幅波动。"[③]具体而言,银行的顺周期性行为意味着在经济上行阶段,银行对宏观经济基本面的风险评估处于一个比较低的水平,倾向于降低贷款标准和门槛,例如抵押品的品种扩大、质量降低,甚至不对抵押品作要求,由此扩大信贷的投放量;而在经济下行阶段,由于宏观经济基本面的整体风险上升,即便之前信用较好的借款人也很有可能出现违约情况。对此,银行会提高贷款标准和门槛,紧缩信贷的投放量。换言之,在宏观经济景气和信贷条件宽松的双重推动下,流动性出现过剩,经济过热,为信用风险和系统性风险的上升埋下了种子;而在宏观经济环境不景气和信贷条件收紧的双重压力之下,流动性陷入枯竭,经济紧缩,违约现象大幅增加,系统性风险逐步显现。

---

① 参见邹辉霞:《现代商业银行监管》,中央民族大学出版社 2000 年版,第 3 页。

② 参见韩龙主编:《金融法》,清华大学出版社、北京交通大学出版社 2008 年版,第 20 页。

③ Jean-Pierre Landau, *Procyclicality-what it Means and what could be done*, Accessed May 30, 2013. http://www.bis.org/review/r090805d.pdf.

总之,银行经营过程中的高杠杆、期限错配、顺周期性等问题使银行存在固有的内在脆弱性,一旦发生风险,会产生严重的负外部性,所以商业银行在经营过程中会受到严格的审慎监管,即需要满足一系列的监管指标。具体来说,银行业监管部门针对商业银行运营设置的具体监管指标有资本充足率、存款准备金、资产流动性、呆账准备金、贷款集中度等。除了市场运营受到严格监管之外,商业银行的市场准入和市场退出也受到严格监管,这为商业银行的安全、稳健运行提供了重要保证。

相比之下,影子银行在很长一段时间里基本上处于金融监管部门的视野之外,因为其本身在很大程度上就是规避金融监管的产物。这导致其信用中介职能犹如脱缰野马,得以野蛮、恣意、放纵地发挥,其存在的高杠杆、期限错配、顺周期性操作等问题与受到监管的商业银行相比有过之而无不及,最终这一领域爆发的风险演化成一场席卷全球的金融危机。

三、影子银行的外延划分

"要明确概念,除了依靠定义来揭示概念的内涵,揭示这个概念所反映的对象的特性和本质以外,人们还需要了解概念的外延,了解一个概念究竟反映哪些对象。"①因此,在提出了影子银行的定义并对其内涵进行解读之后,为进一步明确影子银行的概念,还需要对其外延所指称的对象范围进行揭示。如前所述,影子银行是一个集合概念,其外延是一类对象,并且随着金融实践的发展,影子银行的新形式不断涌现,因此不可能把影子银行的各种形式一一列举出来,而只能采用划分的方法,即按照一定的标准对概念的外延进行分类来进一步明确影子银行的概念。此外,由于在经济发展阶段、经济发展模式、金融体制状况、金融市场发育程度等方面,我国与欧美国家存在着巨大差异,由此导致影子银行的具体表现形式也不尽相同。鉴于此,为了体现出不同影子银行的独特性和相互关联性,下文拟分述国际影子银行的外延划分和我国影子银行的外延划分。

(一)国际影子银行的外延划分

国际学术界和国际金融监管部门对影子银行的认识普遍以美国的金融

---

① 彭漪涟主编:《逻辑学基础教程》(修订版),华东师范大学出版社2009年版,第36页。

实践为分析样本。之所以如此,一方面,因为美国是2008年国际金融危机的发源地和重灾区,从影子银行的视角解读本轮全球金融危机离不开对美国式影子银行的探讨;另一方面,借助于自由开放的创新环境、发达的金融市场等因素,美国式影子银行形成了一套相对完备的运作机制,可谓欧美影子银行的典型代表。

总体而言,美国式影子银行的最大特点是以住房抵押贷款证券化为主线,各种金融机构和活动围绕着住房抵押贷款证券化而展开,从而形成了一个影子银行体系。这一体系在整体层面上发挥着信用中介功能。此外,作为这一体系的构件或关联方,一些金融机构自身也发挥着信用中介功能,成为个体化影子银行。具体详述如下:

(1)体系化影子银行

之所以将住房抵押贷款证券化称为体系化影子银行,是因为住房抵押贷款证券化的流程安排在总体上发挥了类似商业银行存贷款业务的信用中介功能。为说明这一点,有必要对住房抵押贷款证券化的操作流程做简要分析。

"证券化是一种融资方法,即将贷款应收账款或其他现金流打包成证券并出售给投资者。"①其中,所出售证券的还款来源是抵押贷款、应收账款等基础资产的未来现金流。因此,"资产证券化的实质是,出售未来可回收的现金流从而获得融资"②。

具体到住房抵押贷款证券化,其简要流程是商业银行、储贷机构和抵押贷款公司等各类放贷机构将住房抵押贷款资产真实出售给银行或投资银行设立的特殊目的载体(Special Purpose Vehicle, SPV),由SPV以住房抵押贷款资产为基础发行各种支持类债券,所得收益用于支付购买住房抵押贷款的费用和其他相关费用。相应地,基础资产产生的现金流由SPV支付给资产支持证券的购买者。从这一简化版的住房抵押贷款证券化的操作流程来看,SPV无疑在形式上扮演着信用中介的角色,即一方面发行支持债券,相

---

① Michael Simkovic, *Competition and Crisis in Mortgage Securitization*, *Indiana Law Journal*, 2013, 88(1), p. 214.

② [美]扈企平:《资产证券化:理论与实务》,李健译,中国人民大学出版社2008年版,第2页。

当于负债业务,从而在基础资产的价值范围内与抵押贷款支持债券的投资者形成债权债务关系;另一方面,用发行抵押贷款支持债券的所得收益来购买抵押贷款资产,相当于资产业务,从而与抵押贷款人形成债权债务关系。SPV 在履行信用中介功能过程中会面临一些风险,如因抵押贷款人暂时不能及时还款而出现的流动性风险、抵押贷款人违约导致的信用风险。由于 SPV 是以所购买的资产为限来发行债券,体现为资产信用,"证券持有人的偿付只能孤立地依靠这些资产的收入或者清算价值"①。因此,为提高证券评级以吸引投资者和降低融资成本,需要有一系列的机制安排来为 SPV 提供流动性支持和信用支持,如商业银行等发起人为 SPV 提供流动性便利、保留支持证券分层结构中的权益部分、购买债券保险公司的信用保险等;投资者通过购买信用违约互换来转移信用风险。这样,SPV 只是起到破产隔离、资金通道的作用,至于其他风险管理事项则主要由各种私营机构来承担。② 由此,不同的私营机构协力配合,共同履行信用中介功能,使抵押贷款证券化成为体系化影子银行。

危机之前,流动性支持、信用担保等制度设计通常是备而不用或者只是被有限使用,但是次级抵押贷款违约事件的爆发触发了这些制度的大规模使用,而私营部门无力兑现先前承诺的流动性支持和信用支持,使得抵押贷款证券化的"影子银行性质"由"隐性"变为了"显性"。

(2)个体化影子银行

所谓个体化影子银行是指在业务运作过程中独自发挥类似商业银行存贷款业务的信用中介功能的一些金融机构或业务形式。

对此,以货币市场基金为例做一说明。货币市场基金是一种投资基金,其通过投资高质量、短期限的固定收益产品,而为投资者提供资金保存和日常流动性等服务。所以,货币市场基金被散户投资者和机构投资者广泛地

① 彭冰:《资产证券化的法律解释》,北京大学出版社 2001 年版,第 28 页。

② 在 2008 年之前,各种结构化金融产品之所以受到投资者的追捧,是因为这些证券产品大多拥有评级机构给出的高评级,而这些证券能够获得高评级的前提是其具有一系列内部和外部的信用增级安排。相应地,当市场发生逆转、结构化证券价值大幅缩水之时,为债券提供信用担保的债券保险公司和美国国际集团等机构遭受了严重损失。

用来作为一种有效率的多样化现金管理方式。①之所以将货币市场基金称作影子银行,是由其商业模式决定的。应当说,货币市场基金作为投资基金的一种类型,其既具有投资基金的一般共性特征,又具有自身的个性特征,而这两类特征则集中反映在货币市场基金的两种商业模式上——可变资产净值(variable net asset value)基金和不变资产净值(constant net asset value)基金。从资产负债表上来看,两种商业模式在资产端是相同的,都投资于货币市场工具,区别体现在负债端。在可变资产净值模式下,投资者购买的基金份额的资产净值是可变的、浮动的。换言之,投资者与基金管理人之间的法律关系与其他类型的投资基金相同,是一种委托投资关系,即无论是在本金还是在收益方面,基金管理人对投资者没有固定回报和保本的承诺,完全直接由投资者自担风险。因此,在可变资产净值模式下,货币市场基金只是一种普通的金融中介形式,而非信用中介。而在不变资产净值模式下,基金管理人一般将其基金份额的净值维持在1美元,即在任何情况下,投资者都可以以每份1美元的价格赎回其投资份额。这实际上就是基金管理人对投资者所做的保本承诺,亦即,在基金管理人与投资者之间形成了债权债务关系。因此,在不变资产净值模式下,货币市场基金不仅是一种金融中介形式,更是一种信用中介形式。由于其对投资者的保本承诺不受官方保护和有效监管,因此在本轮全球金融危机中遭受了大规模挤兑,从而被认定为一种重要的个体化影子银行形式。

(二)我国影子银行的外延划分

一直以来,我国影子银行的内涵和外延都处于模糊状态。无论是在监管层面,还是在学术层面,始终未能就影子银行的界定达成统一、公认的认识。从逻辑上讲,一项事物的外延范围决定于它的内涵设定。因此,按照前述本书对影子银行的定义方式,下文将试着对我国影子银行的外延进行划分。

一方面,应当明确的是,我国影子银行的外延划分不宜直接采用国际影

---

① See Technical Committee of the International Organization of Securities Commissions, *Money Market Fund Systemic Risk Analysis and Reform Options*(*Consultation Report*), Accessed April 6,2014. http://www.iosco.org/library/pubdocs/pdf/IOSCOPD379.pdf.

子银行的“体系化与个体化”的划分方式。这主要是因为体系化影子银行在我国并不典型，亦即我国目前尚未发展出类似美国抵押贷款证券化的影子银行形式。具体来说，目前我国影子银行的体系化程度不高，即便实践中客观存在着不同金融机构、市场组织形式之间相互协作、共同发挥信用中介功能的影子银行形式，但一方面参与机构的数量相对有限，另一方面其中较多的机构只是扮演资金通道的角色。相比之下，在美国的抵押贷款证券化流程中，参与机构的数量众多，且发挥着各自独特的功能。例如，商业银行、抵押贷款公司等机构负责基础资产的发起；投资银行、“两房”等机构负责特殊目的实体的设立和结构化证券的承销；债券保险公司、美国国际集团等机构负责担保结构化证券的信用价值；评级机构负责评估结构化证券的信用等级。而且，目前我国的信贷资产证券化尚不具备影子银行属性。我国的资产证券化自 2005 年启动试点以来，十余年间历经两次试点，并完成了由试点探索到常态化发展的过渡。具体就我国信贷资产证券化的交易结构来说，在信用增级机制的构建上，普遍以内部增信措施为主，基本不依赖外部增信措施，从而并不涉及第三方信用担保的情况，以及相应的信用风险的转移。[①] 由此，我国的信贷资产证券化目前只是单纯服务于信贷资产的出表，并不具有明显的影子银行属性。

另一方面，鉴于我国的各种影子银行形式，或者是在运作方式方面，或者是在产生动因方面，都与我国一直以来以商业银行间接融资为主的金融体制密切相关，所以理论上经常会把我国影子银行的外延划分为两大类，即银行系影子银行与非银行系影子银行，其中前者以商业银行理财产品为代表，而后者以 P2P 网络借贷为代表。此外，还有另外一种常见的表述方式，

---

① 在信用增级方面，之所以很少依赖外部增信措施，原因主要有：(1) 当前进入证券化流程的信贷资产，作为银行等金融机构所持有的信贷债权，一般能够产生较为稳定的回款现金流。所以，如果采用外部保证人担保等外部增信措施，会增加不必要的额外成本；(2) 银监会在 2014 年发布的《关于规范金融机构同业业务的通知》(银发〔2014〕127 号) 中，要求金融机构开展同业投资时，不得接受和提供任何直接或间接、显性或隐性的第三方金融机构信用担保。对此，由于我国资产证券化产品的主要投资者为商业银行和各类基金，由此直接影响到了信贷资产证券化的信用增级安排。参见胡喆、陈府申主编：《图解资产证券化：法律实务操作要点与难点》，法律出版社 2017 年版，第 82 ~ 83 页。

即将银行理财产品等称为“银行的影子”，将 P2P 网络借贷等称为“平行银行”。[①] 除了这种以主办主体为标准对影子银行进行分类的方式之外，为了更加突出监管因素在影子银行产生、发展中所扮演的角色，还可以将我国影子银行的外延划分为正规金融领域的影子银行形式与非正规金融领域的影子银行形式。具体来说，以是否受到金融监管当局的监管为标准，国际上一般将金融交易活动分为正规金融（Formal Financial Transactions）和非正规金融（Informal Financial Transactions）。[②] 其中，正规金融主要是指商业银行、证券公司、保险公司等受到国家金融监管当局正式监管的金融机构所从事的金融活动，而非正规金融则是指未受到国家金融监管当局控制的金融活动，在我国主要体现为由地方政府负责管理的各类金融机构及相关活动，如小额贷款公司、融资性担保公司等。相应地，在我国，正规金融领域的影子银行形式主要有银行理财产品、各类资产管理计划；非正规金融领域的影子银行形式主要有小额贷款公司等非正规金融机构、互联网借贷平台、民间合会。

第二节 影子银行的产生原因

事物的产生和发展普遍具有其自身的规律性和历史阶段性。作为一种信用中介形式，影子银行的产生和发展同样有赖于一系列因素的促使和支撑。要深入理解影子银行在社会经济发展过程中扮演的重要角色，有必要从历史的、逻辑的线索出发，对影子银行的产生原因做一分析。

历史的考察可以表明，影子银行不是被人为地任意创造出来的，而是随着市场经济和货币信用的发展自发形成的。逻辑的分析可以解释，影子银行的产生满足了金融活动中各方参与者的客观需要，是金融发展的必然

---

① 参见徐诺金：《我国影子银行的界定与监管思路》，载《清华金融评论》2014 年第 6 期；殷剑峰、王增武：《影子银行与银行的影子》，社会科学文献出版社 2013 年版，第 1 页。

② See World Bank, *Informal Financial Markets and Financial Intermediation in Four African Countries*, Accessed April 19, 2014. https://openknowledge. worldbank. org/bitstream/handle/10986/9945/570510BRI0Find10Box353745B01PUBLIC1. pdf? sequence = 1&isAllowed = y.

产物。

虽然中外影子银行的产生原因不尽一致,但从历史的、逻辑的分析视角出发,都可以将产生原因归结为宏观经济背景因素、市场需求端因素、机构供给端因素等方面。因此,下文拟从这三个方面对中外影子银行的产生原因做一整体分析。

一、宏观经济背景因素

1929～1933年资本主义世界的大萧条是资本主义发展进程中“放任自由时期”与“国家干预时期”的分水岭。此后,尤其是“二战”结束之后,在经济领域,凯恩斯的国家干预主义的主导地位被确立。以美国为例,对于银行业,国家干预体现为:为防止挤兑的发生,建立了联邦存款保险制度;为降低流动性风险,实施法定准备金制度、最后贷款人制度;为降低系统性风险,实施严格的分业经营制度;为防止过度竞争,实施利率管制;为防止道德风险和提高经营活动的稳健性,进行严格的审慎监管。这些政府支持措施和监管制度的实施,一方面从整体上增强了银行业的稳健性,降低了银行业发生危机的可能性;另一方面也极大地束缚了商业银行的经营活动,限制了其盈利能力。由此,严格的银行业监管埋下了影子银行产生的“种子”。

自20世纪60年代后期开始,西方资本主义国家陷入“滞涨”状态,即经济发展陷入通货膨胀和停滞的局面。在美国,“持续的高通货膨胀使市场利率上升,而银行受Q条例①的限制无法提高利率”②,这为以影子银行为代表的金融脱媒现象提供了强烈诱因。与此同时,面对“滞涨”局面束手无措的凯恩斯主义逐渐丧失了主流经济学派的地位,而主张减少国家干预、回归自由市场制度的新自由主义思想乘势而上,并在20世纪最后的20年里取代凯恩斯主义,成为主导政府决策的主流经济学思想。与理论相对应的实践层面,“自70年代中期开始,公众对管制所强加的经济负担的不满意

① Q条例是美国联邦储备委员会根据《1933年银行法》的授权制定的,在按字母顺序排列的一系列金融条例中被列为第Q项。其内容是禁止银行对于活期存款支付利息,并对储蓄存款和定期存款的利率设定最高限额。参见百度百科:《Q条例》,载https://baike.baidu.com/item/Q条例/5972853? fr=aladdin,最后访问日期:2015年11月10日。

② 臧慧萍:《美国金融监管制度的历史演进》,经济管理出版社2007年版,第132页。

状况,加上经济学家对各种具体的管制方案的批评,引发了一场强有力的,旨在废除许多特定的管制方案的政治运动"[①]。这场政治运动在金融领域的体现就是金融自由化,即放松管制。[②] 例如,美国《1980 年存款机构放松管制和货币控制法》《1982 年吸收存款机构法》等法律宣布逐步取消对存款机构的利率管制、扩大存款机构负债业务和资产业务的范围等。应当说,金融管制的放松在一定程度上缓解了金融"脱媒"的蔓延,但是宽松的经营环境也使得金融机构间的界限日益模糊。出于对效率、利润的追求,金融机构间的差异化竞争日趋激烈。尤其是美国在 2000 年互联网投机泡沫崩溃之后,为缓解经济衰退,美联储不断削减联邦基金利率,加上固有的金融监管缺失,导致了房地产市场的非理性繁荣,而在其中,以抵押贷款证券化为核心的影子银行大行其道,扮演了重要的角色。总之,随着放松管制的推进、技术的进步和国家宏观经济政策的调整,影子银行向着杠杆率不断提高、交易结构日趋复杂、市场关联更加广泛的纵深方向继续发展。

与以美国为代表的西方世界相比,我国影子银行的产生有着不同的时空背景。具体而言,一是金融抑制政策[③]塑造下的金融体制因素。众所周知,我国的市场经济体制是由高度的计划经济体制渐进转轨而来的。这就使得我国的市场经济体制建设不可避免地表现出明显的过渡性,即各领域的改革并不是齐头并进,而是遵循先易后难、先急后缓的原则。其中,金融体制以其在社会经济领域的核心性、影响范围的全局性,成为我国经济体制

---

① [英]约翰·伊特韦尔、默里·米尔盖特、彼得·纽曼:《新帕尔格雷夫经济学大辞典》(第四卷),经济科学出版社 1996 年版,第 141 页。

② "自由化"并非一般意义上的自由发展或者说在政策层面回归到国家干预时期之前的放任自由时期,因此,西方学者在论述自由化时较少使用 Liberalization,而更多地使用 Deregulation,即放松管制,意指减少国家干预,而非完全排除。参见林海涛:《金融自由化背景下商业银行的风险与风险管理》,南京大学 2011 年博士学位论文,第 45 页。

③ 金融抑制(financial repression)是 20 世纪 70 年代由爱德华·肖(Edward Shaw)和罗纳德·麦金农(Ronald I. McKinnon)分别在他们的著作中提出的一个术语,意指在经济发展落后的国家通过法律和政策来控制金融体系,以阻止它们发挥全部的能力。例如,对利率进行管制,即在这些国家,政府通常会牺牲储户的利益而操纵利率去补贴投资。See Simin Gao, *Seeing Gray in a Black-and-White Legal World: Financial Repression, Adaptive Efficiency, and Shadow Banking in China*, *Texas International Law Journal*, 2015, 50(1), p. 101. 金融抑制战略本质上是实行政府干预的一种经济发展战略,就是政府集中有限的金融资源以加速工业化进程、实现赶超战略。参见贾根良:《发展经济学》,南开大学出版社 2004 年版,第 182 页。

改革最后的“堡垒”。简言之,这座“堡垒”的特征是国家对金融业实施严格的管制,在市场准入、业务经营、市场退出等各个方面体现着强烈的国家干预色彩或者说计划经济色彩。这种计划经济管制思维塑造了我国以商业银行为主导的金融体系,并通过对商业银行的管制来实现政府主导经济发展的战略目标。对商业银行的管制“突出表现在商业银行信贷规模控制、贷款投向限制等方面,这些管制措施不仅直接干预了商业银行的市场化经营活动,还对整个金融体系资金配置效率产生了深刻影响”①。

二是宏观经济政策因素。如果说中国以商业银行为主导的金融体系的结构性问题是中国影子银行发展的内在原因,那么应对国际金融危机冲击的中国经济刺激政策为其提供了外部条件。② 2008 年中国政府推出“四万亿”救市计划,带动了信贷规模大幅增长。但在2010 年之后,出于对通货膨胀和金融风险的担忧,政府实施货币紧缩政策,导致实体经济旺盛的融资需求无法得到有效满足,进而导致了国内各种影子银行活动的激增。

二、市场需求端因素

宏观经济背景的变化首先给市场需求端带来冲击。其中,最直接也是最直观的体现就是当市场利率远远超过管制利率时,市场需求端将寻求更高收益的回报。除此之外,对安全投资渠道的需求、对信贷资源的需求等也是市场需求端因素的具体体现。概言之,金融领域中新的市场需求的出现表明原有金融体系的效率已不能满足金融消费者的需求。因此,以影子银行为代表的新的财富管理方式应运而生。

以美国的货币市场基金的产生为例,一方面,货币市场基金是针对美国联邦储备委员会《Q 条例》对利率进行管制的一种回应。③《Q 条例》禁止银行向活期存款支付利息,并限制对储蓄存款、定期存款所支付利息的最高额度。这不仅限制了存款类金融机构间的竞争,也使得这些机构获得了大量

① 雷薇:《“影子银行”规范与监管改革》,载《上海证券报》2014 年 2 月 28 日,第 A01 版。

② 参见吴晓灵主编:《中国金融政策报告(2014)》,中国金融出版社 2014 年版,第 14 页。

③ See Collins C. Ajibo, *Shadow Banking, MMF Runs Risk Regulation, and a Case for Regulatory Harmonization*, *International Company and Commercial Law Review*, 2015, 26(12), p. 398.

的廉价资金。这一时期金融监管的特征是稳定优先于效率。而到了 20 世纪 70 年代,随着通货膨胀高企、经济发展滞缓、市场利率上升等情况的出现,银行由于受制于《Q 条例》的限制而无法提高利率,导致大量资金从银行流出,寻求能够获得现行市场利率水平的投资途径。其中,出现于 1972 年的货币市场基金满足了投资者对安全、便利、相对较高收益的要求,即货币市场基金通过投资货币市场上流动性高、收益稳定、风险小的高质量证券,从而给投资者提供稳定的高于商业银行等存款类金融机构存款利率的利率水平。同时,由于不用像商业银行那样缴纳存款准备金,货币市场基金的运营成本较低,即使保持和商业银行大体相当的投资收益,其能够给投资者支付的利息也会高于商业银行支付的利息。①

另一方面,美国联邦存款保险制度建立之初,“存款人保险限额仅为 2500 美元,后经多次调整,1980 年将保险限额由 4 万美元提高到 10 万美元”②。尽管保险限额的显著提高基本上满足了散户投资者的需要,但是对于那些持有大量现金的机构——养老基金、共同基金、资金富余的非金融公司等而言,10 万美元的保险限额使得它们缺乏安全、短期、可获得利息的投资渠道。而货币市场基金则能够为这些机构的现金管理提供有效的解决方案。③ 总之,以货币市场基金为代表的影子银行的出现满足了市场各方对更高收益回报、安全投资渠道等方面的需求,有力地提高了金融体系的效率。

与美国的情况类似,市场需求端因素同样是我国影子银行产生的重要诱因,具体体现为:第一,负利率背景下,我国居民有在储蓄存款之外寻求更高投资收益的迫切需要。④ 长期以来,由于社会保障体系不完善、传统消费习惯等因素的制约,我国居民储蓄率一直居高不下,同时也受制于资本市场的不发达,储蓄存款一直以来都是我国居民实现财富保值增值的最主要

---

① 参见张亦春、郑振龙、林海主编:《金融市场学》,高等教育出版社 2013 年版,第 48 页。

② 刘明彦:《存款保险制度的美国实践及其局限性》,载《银行家》2015 年第 1 期。

③ See Gorton Gary, Andrew Metrick, *Regulating the Shadow Banking System*, *Brookings Papers on Economic Activity*, 2010, (fall), p. 263.

④ 负利率是指存款利率低于通货膨胀率,或者说存款利息不足以弥补物价上涨的损失,从而导致实际利率为负的情形。参见程俊:《中国正式进入“负利率”时代》,载 http://wallstreetcn.com/node/225136,最后访问日期:2015 年 11 月 15 日。

手段。但是,随着负利率阶段的长期化,储蓄存款不仅不能使居民的财富保值增值,反而使其出现不同程度的缩水,这就使得居民有强烈的动机将存款从银行中取出,投资到那些能够获得更高收益的金融产品上来。例如,中国人民银行的统计数据显示,2011 年 4 月人民币存款增量同比大幅回落,居民存款更是减少 4678 亿元。部分原因是在股市和房地产市场低迷的情况下,加上受到通胀预期和银行"负利率"影响,居民储蓄存款流向理财产品,使得储蓄存款变为银行同业存款,进而从货币统计中消失。① 此外,即便在没有进入负利率时代之时,由于我国长期以来金融抑制导致的"利率双轨制"的存在,尤其是 2010 年之后银根紧缩导致市场利率大幅上扬的现实背景,同样激励着居民出于对抗通货膨胀压力、提高投资回报的目的而将存款从银行撤离,投资于能够带来市场利率水平的金融工具。

第二,中小企业面临的融资难、融资贵问题。长期以来,由于金融抑制和中小企业自身信用状况较差等原因,正规金融机构的信贷资源普遍向国有企业、大型企业倾斜,导致中小企业普遍面临着融资难题。并且,在 2008 年国际金融危机和我国"四万亿"经济刺激政策的大背景下,银行"惜贷"和金融排斥现象更为普遍,使得中小企业融资难题在实践中表现得更为突出和尖锐。为了存续和发展,"无法获得足额正规金融市场融资的中小企业,不得不通过民间金融融资"②。

第三,受国家宏观调控政策限制的地方政府融资平台和房地产行业客观存在的巨大资金需求。2008 年爆发的国际金融危机给我国外贸出口带来巨大冲击,为了提振经济、缓解就业压力,国家推出了"四万亿"经济刺激计划,其核心是通过国内投资拉动经济增长。"在 4 万亿元投资中,新增中央投资共 11800 亿元,占总投资规模的 29.5%……其他投资 28200 亿元,占总投资规模的 70.5%,主要来自地方财政预算、中央财政代发地方政府债务、政策性贷款、企业(公司)债券和中期票据、银行贷款以及吸引民间投资

---

① 参见曹金玲:《对负利率说"不"? 存款"逃离"银行》,载《第一财经日报》2011 年 5 月 13 日,第 A10 版。

② 吕劲松:《关于中小企业融资难、融资贵问题的思考》,载《金融研究》2015 年第 11 期。

等。"[①]因为财政资金缺口巨大,没有发债权的地方政府只好退而求其次,采用设立地方政府融资平台的方式以从银行贷款,或者以平台名义发行债券进行融资。信贷政策收紧后,地方政府的投资仍然维持高增速,投资项目需要持续的资金支持。[②] 在这种情况下,融资平台开始寻求其他融资渠道以替代受到限制的银行融资。同样的情况也体现在受国家产业政策影响显著的房地产行业。为了抑制房价过快上涨、防止区域性金融风险,2010 年以来房地产行业的银行融资普遍受到限制。为了弥补巨大的资金缺口,房地产行业转而通过信托计划、民间借贷等多种形式来满足资金需求。

三、机构供给端因素

对应于市场需求端因素,机构供给端因素是从金融机构自身的角度解读影子银行产生的原因。

普通金融机构以服务资金融通为业务内容,虽然其商业模式不同于一般的工商企业,但仍然是以利润最大化为其经营目标。其中,作为沟通资金富余方与资金稀缺方的最为基础、最为重要的信用中介形式,商业银行在其存贷款业务中进行着期限转换、流动性转换、信用转换,并且资产负债结构具有高杠杆的特点,导致其商业模式具有高度的风险性,这构成了银行业监管的内在逻辑。于是,商业银行因其高度风险性所被施加的监管与其利润最大化的经营目标之间存在固有的张力。这种张力导致的后果之一就是影子银行的产生。"从本质上讲,影子银行产生与发展的动力,在很大程度上就是源于对日益强化的银行监管的规避。"[③]

以抵押贷款证券化的繁荣为例,为保障银行稳健经营、创造公平竞争环境,巴塞尔银行监管委员会(BCBS)于 1988 年构建起了以资本为核心的国际银行业监管框架,并因金融市场创新的大背景而不断对其进行强化完善。这一银行监管框架已为越来越多国家的金融管理当局所接受,其中对银行

① 范晓东:《发改委表示万亿新增中央投资有四大来源》,载《中国证券报》2009 年 5 月 22 日,第 A01 版。

② 参见刘西友:《影子银行体系与地方政府的隐性融资风险》,载 http://www.audit.gov.cn/n1992130/n1992210/n1994456/3352092.html,最后访问日期:2014 年 4 月 30 日。

③ 曾刚:《监管套利与中国式"影子银行"》,载《新金融评论》2013 年第 2 期。

施加的资本充足率监管成为最核心的金融监管指标，于是银行为满足资本充足率要求而不得不保有与其所持资产相对应的资本。但是，如果银行开展资产证券化交易，即将流动性较差的资产出售给第三方实体，则不但可以提前收回现金、缩减负债，而且由于将资产移到了表外，银行可以释放相应的资本。资产证券化的这种双重释放功能是其越来越受到银行青睐的主要原因。[①] 例如，在大萧条以来美国房价普遍不断上升以及商业银行和其他放贷机构面临着政府要求它们发放住房抵押贷款以增加房屋自有率的巨大压力的双重背景下，贷款机构向包括高风险借款人在内的借款者发放了大量的次级抵押贷款。[②] 毫无疑问，这些次级贷款占用了贷款机构大量的资本金，使它们面临着最低资本要求等监管压力。而当放贷机构将发放的次级抵押贷款证券化之后，“这些资产不再保留在放贷机构的表内，从而放贷机构有更多的流动性来发放新的贷款和进行投资。这对于发放高风险贷款的商业银行尤为重要，因为它们不希望这些贷款留在表内影响其法定准备金”[③]。总之，通过证券化，商业银行等放贷机构将信贷资产挪出表外，实现了满足最低资本要求、流动性要求等监管指标和利润最大化的双重目标。可以说，这是理解本轮全球金融危机爆发前证券化日益盛行的关键之所在。

同样地，近年来，通过影子银行业务来规避银行监管的情况在金融抑制严重的中国表现得尤为突出。政府为便于控制资金的筹集和流动而采取的金融抑制政策不仅仅体现为前面所谈到的利率管制，实际上“政府的金融抑制手段是非常复杂的，除了设置利率上限之外，还有汇率管制、信贷配给、对直接融资市场的抑制、对市场准入的严格限制、不同性质金融机构之间交易界限的严格限制（业界隔离），以及对于某些金融工具和中介机构的交易限制甚至取缔等”[④]。结合实践，不难看出，这些措施的实施必然导致的一个逻辑性结果是间接融资金融机构尤其是银行在“整个经济的资金运

---

① 参见何小锋：《资产证券化：中国的模式》，北京大学出版社2002年版，第119页。

② See Steven L. Schwarcz, *Securitization, Structured Finance, and Covered Bonds*, *The Journal of Corporation Law*, 2013, 39(1), p. 130.

③ John D. Martin, *A Primer on the Role of Securitization in the Credit Market Crisis of* 2007, Accessed June 17, 2014. http://papers.ssrn.com/sol3/papers.cfm? abstract_id = 1324349.

④ 王曙光：《金融发展理论》，中国发展出版社2010年版，第62页。

转中担负着重要的使命,它是政府战略的执行者,是筹集和分配资金的主要中介,因而银行也就合乎逻辑地受到政府的严格控制和保护"①。

对于中国的银行业,这种严格的控制和束缚部分地体现为:第一,偏高的资本充足率。2010 年 12 月 16 日正式公布的巴塞尔协议 III 针对监管资本的规定是"普通股一级资本充足率(普通股一级资本/风险加权资产)由原来的 2% 提高至 4.5%,一级资本充足率由 4% 提高至 6%,总资本充足率维持 8% 不变。在此基础上又提出了 2.5% 的资本留存缓冲要求,使得实际的总资本充足率要求达到 10.5%"②。为落实巴塞尔协议 III,2012 年 6 月 7 日中国银监会发布了《商业银行资本管理办法(试行)》,其中规定"核心一级资本充足率不得低于 5%,一级资本充足率不得低于 6%,资本充足率不得低于 8%。商业银行应当在最低资本要求的基础上计提储备资本。储备资本要求为风险加权资产的 2.5%,由核心一级资本来满足"③。由此,在正常时期,我国系统重要性银行的资本充足率为 11.5%,非系统重要性银行的资本充足率为 10.5%。对此,国务院总理李克强在 2014 年 3 月 13 日"两会"中外记者招待会上坦言,作为发展中国家,为求稳定,只能这样做。④

第二,过高的存款准备金率。为治理"四万亿"经济刺激计划引发的通货膨胀压力,自 2010 年 1 月到 2011 年 6 月,中国人民银行连续 12 次上调存款准备金率。针对大型金融机构和中小金融机构的存款准备金率最高分别达到了 21.5% 和 18%。这极大地束缚了商业银行的信贷投放能力。

第三,较低的贷存比⑤。贷存比(loan-to-deposit ratio),即银行贷款余额与存款余额之比。设置这一指标的初衷是为了控制商业银行的贷款规

① 王曙光:《金融发展理论》,中国发展出版社 2010 年版,第 62 页、第 70 页。

② 中国人民银行金融稳定分析小组:《中国金融稳定报告(2011)》,中国金融出版社 2011 年版,第 125 页。

③ 参见《商业银行资本管理办法(试行)》第 23 条、第 24 条。

④ 《李克强谈金融风险:总体可控 维持高资本充足率为求稳定》,载 http://economy.caijing.com.cn/2014-03-13/114005025.html,最后访问日期:2014 年 12 月 7 日。

⑤ 原《商业银行法》第 39 条第 1 款第 2 项规定"贷款余额与存款余额的比例不得超过百分之七十五"。2015 年 8 月 29 日第十二届全国人民代表大会常务委员会第十六次会议决定删去第 39 条第 1 款第 2 项,决定自 2015 年 10 月 1 日起实施,从而取消了贷存比指标。参见佚名:《全国人大常委会关于修改〈中华人民共和国商业银行法〉的决定》,载《人民日报》2015 年 8 月 30 日,第 2 版。

模和流动性。随着近年来商业银行资产负债业务的多元化,这一监管指标已越发不合时宜。不过,直至2015年10月,我国才正式取消贷存比作为刚性监管指标的地位,并将其作为衡量商业银行资产流动性的一个参考指标。

第四,信贷额度控制。商业银行每年的信贷额度和投放计划都需要经央行核准,这种僵化的行政控制显然是对商业银行资产负债管理的极大束缚。

第五,信贷资产的结构性缺陷。我国商业银行"投放的信贷资源带有很强的政府偏好,因此,这种配置方式决定了相当部分信贷资源,被不恰当地投向了本身并不具备市场自生能力的企业乃至产业,甚至还有相当部分,直接以平台贷款的形式转为了地方政府的'第二财政'"①,而当平台贷款受限后,自然又会衍生出其他规避监管的信贷渠道。

总之,在这些或僵化、或琐细、或严厉的政府管制之下,我国商业银行的业务经营无异于"戴着脚镣跳舞",其自身远非自主决策的市场主体。再加上表外融资高利润的诱惑,我国商业银行或独立、或与其他机构合作开展影子银行业务就再自然不过了。

第三节 影子银行的正负效应

从历史和逻辑的视角出发对影子银行的产生原因进行考察,可以得出影子银行是金融发展进程中的必然产物。黑格尔有言,"存在即合理"。但是,合理抑或合乎理性只是一种中立的判断,其中并无或褒或贬的评价。目前,在社会普遍对影子银行"一片喊打"和金融机构对影子银行这顶"帽子"唯恐避之不及的大背景下,客观地评价影子银行的功与过,有利于我们全面地看待和把握影子银行现象,以便在监管措施的制定中做到扬其所长、抑其所短,避免盲目和偏差。

---

① 葛丰:《防信贷风险重在"去政府干预"》,载《中国经济周刊》2013年第16期。

一、影子银行的正面效应

总体而言，影子银行属于金融创新的范畴，其正面效应可以概括为通过提供新的金融工具、新的运作机制、新的服务方式，提高了金融体系的效率，推动了金融体系的变革。

（一）丰富了居民投资渠道，有利于增加居民财产性收入

按照收入来源进行划分，一般将居民可支配收入分为工资性收入、经营性收入、转移性收入和财产性收入。其中，居民财产性收入是指“拥有财产的城乡居民，在不改变所有权的情况下，让渡财产使用权所获得的收入”[①]。一般来说，能够带来财产性收入的资产主要包括金融资产、知识产权资产以及自然资源。目前，财产性收入在我国居民可支配收入中的占比还比较小。例如，国家统计局的统计数据显示，2014 年财产性收入在居民人均可支配收入中的占比仅为7.9%，在居民收入四大来源中占比最小。[②] 而在发达国家，财产性收入是居民收入的主要来源之一。以美国为例，财产性收入所占比重达到40%，仅次于薪资收入，有90%以上的美国人拥有股票、基金等有价证券。[③] 对比之下，我国和美国在居民财产性收入方面的差距可谓悬殊。但是，悬殊的差距同时也表明我国居民财产性收入还有很大的上升空间，我们应当多渠道、多举措增加居民财产性收入。因此，继党的十七大报告提出“创造条件让更多群众拥有财产性收入”之后，十八大报告和十九大报告也分别强调要“多渠道增加居民财产性收入”“拓宽居民劳动收入和财产性收入渠道”。

从上述能够带来财产性收入的资产类别可以看出，增加居民财产性收入的主要着力点应当放在提高居民金融财产性收入上面，毕竟诸如专利、土地、矿产、水域等非金融性资产的获取和运营对于普通居民而言不具有广泛

---

① 国家发展和改革委员会宏观经济研究院编：《中国经济社会发展若干问题研究（2011 年度）》，中国计划出版社 2013 年版，第 417 页。

② 参见国家统计局：《2014 年国民经济和社会发展统计公报》，载 http://www.stats.gov.cn/tjsj/zxfb/201502/t20150226_685799.html，最后访问日期：2015 年 7 月 11 日。

③ 参见梁达：《增加居民财产性收入为扩内需打实基础》，载《上海证券报》2013 年 3 月 7 日，第 A08 版。

的可操作性。对此,2013 年 2 月国务院相关部委出台的《关于深化收入分配制度改革的若干意见》在提到增加居民财产性收入时,也主要是从提高居民金融财产性收入方面阐述相关举措的。

客观而言,在促进居民财产性收入尤其是金融财产性收入增加方面,影子银行扮演了重要角色,主要体现为影子银行的出现丰富了居民的金融投资渠道。以中国理财产品市场的发展为例,在相当长的一段时期,受制于经济发展程度、金融体制结构、居民财富规模等多重因素,我国居民的理财渠道非常单一,就是将闲置资金存入银行,通过储蓄来管理财富。但是,因为利率管制、通货膨胀等约束因素,保值增值的目的往往会落空。20 世纪 90 年代,随着我国资本市场的发端,股票、基金等金融产品逐渐成为居民的投资选择。然而,我国证券市场新兴加转轨的特征使其自身远非成熟资本市场价值投资的样本。其中,偏重融资功能、忽视投资功能或者说财富管理功能的证券市场发展理念使得证券市场政策、相关制度设计对投资者利益的关注、保护和救济很不充分,由此也导致了中国居民参与股市的程度仍然非常有限。① 在储蓄不断缩水、股市制度缺陷依旧显著的背景下,各种带有影子银行性质的理财产品的出现在一定程度上拓宽了居民金融投资的渠道。在 2004 年 2 月,中国民生银行发售了两款结构类银行理财产品,拉开了银行理财产品的序幕。从此,银行理财产品市场发展迅速,并已经发展成为中国理财产品市场中最为重要的品种之一。② 如今,经过十多年的发展,我国银行理财产品已形成品种丰富(如投资范围涵盖信用、利率、汇率、股票、混合等类别的资产)、交易结构灵活(如在投资方向、支付条款、止损额度等方面,可以根据客户的需求而量身定做)、发行主体多元(如发行主体包括国

---

① 相关调查结果均显示中国居民参与股市的程度并不高。例如,据嘉信理财集团(Charles Schwab Corporation)调查,股票占中国家庭金融资产的比重仅为 20%,而现金和银行存款占 45%。参见时芳胜:《里程碑! 中国股民突破 9000 万》,载 http://wallstreetcn. com/node/220097,最后访问日期:2015 年 8 月 21 日。又如,2015 年汇丰大中华区首席经济学家屈宏斌称,中国股市的财富效应比大多数人认为的要小,股票占家庭金融资产的比例仅约 15%。See Elena Holodny, *Chinese households don't have much invested in the wild Chinese stock market*, Accessed August 21, 2015. http://www. businessinsider. com/chinese-households-invest-little-in-stocks - 2015 - 7.

② 参见殷剑峰主编:《2004 ~ 2009 中国理财产品市场发展与评价》,中国财政经济出版社 2010 年版,第 2 页。

有控股银行、上市股份制银行、城市商业银行和外资银行)的产品体系。

从表1-1可以看出,银行理财产品为客户提供了可供选择的基于不同投资期限的各种预期投资收益,满足了金融消费者不同风险偏好、不同资金闲置状况的多样化需求。这与单一、僵化、收益较低的银行存款类产品形成了鲜明对比。

表1-1 某商业银行"步步为赢"理财产品预期年化收益

期限(天)	1~6	7~13	14~27	28~59	60~89	90~119
预期年化收益率(%)	2.10	2.20	2.90	3.20	3.40	3.60

资料来源:某商业银行"步步为赢"理财产品说明书。

从表1-2可以看出,经过十多年的发展,银行业理财产品现已成为中国金融市场的重要组成部分。伴随着募集规模的逐年递增,银行业理财产品兑付客户收益的金额也非常可观,并且每年的递增幅度十分显著,如2014年和2015年的客户收益分别相比上一年增长58.70%和21.48%。可以说,目前各类理财产品已经成为继储蓄、股票之后,我国居民实现自身财富保值增值的一个重要渠道。

表1-2 中国银行业理财产品市场(2013~2015年)发展规模一览

单位:万亿元(人民币)

指标 \ 年度	2013	2014	2015
总募集金额	70.48	113.97	158.41
期末产品余额	10.24	15.02	23.50
兑付客户收益	0.4487	0.7121	0.8651

资料来源:中央国债登记结算有限责任公司、全国银行业理财信息登记系统:《中国银行业理财市场年度报告》(2013年、2014年、2015年)。

应当说,在丰富居民投资渠道、增加居民财产性收入方面,银行业理财产品只是其中一种方式。除此之外,其他带有影子银行性质的金融产品在增加居民财产性收入方面作用也比较明显,如互联网金融等。

(二)填补了金融服务缺口,支持了实体经济发展

考察影子银行的融资功能对于实体经济发展的重要性,有必要从整个

金融体系大背景的视角进行分析解读。

金融之所以被认为是现代经济的核心，原因在于通过资金融通活动，可以实现价值的跨时空调度，从而“不足者（不论是生产性资金短缺还是消费资金短缺）可以及时获得所需资金；盈余者的资金也能够得到有效利用并给所有者带来收益”①。因此，金融又被称为经济发展的“血液”，其对实体经济的发展起着重要的支撑作用。

在融通资金过程中，金融机制主要体现为两种基本方式：直接融资和间接融资。“直接金融机制，是指储蓄者通过在金融市场上购买金融产品而直接将储蓄资源转移给投资者的情形。例如储蓄者购买公司债券、政府债券和股票等。间接金融机制，是指储蓄者通过购买金融产品而将储蓄资源转移给金融机构，然后由金融机构通过签订金融契约将这些储蓄资源转移给投资者的情形。例如，居民将资金存入商业银行，然后，商业银行再将这些资金贷放给企业。”②考察这两种不同的融资机制，可以发现其各自背后的逻辑是不同的。更确切地说，为了解决资金融通面临的最大困难——信息不对称，间接融资和直接融资分别采取了不同的路径与方法。

一方面，就间接融资来说，以最为典型的银行存贷款业务为例，资金富余方与资金稀缺方之间并不发生直接的债权债务关系，而是分别与商业银行发生债权债务关系，因此，资金供求双方之间的信息不对称问题被转化为资金富余方与银行之间的信息不对称问题和银行与资金稀缺方之间的信息不对称问题。在负债业务中，银行向储蓄者承诺到期刚性兑付，再加上严格的银行业监管和存款保险制度的实施，使得资金富余方与银行之间的信息不对称问题基本上完全被消解。在资产业务中，银行利用其专业的风险评估能力，能够掌握借款人的相关信息，从而对是否贷款做出决策并在事后能够对借款人进行有效的监控。一般情况下，银行与借款人之间的信息不对称问题也能够得到较好的解决。因此，银行通过发挥信用中介功能，使资金供求双方之间的信息不对称问题得到了妥善解决，从而极大地便利了资金从闲置方向稀缺方的流动。

---

① 王广谦主编：《金融中介学》（第二版），高等教育出版社2011年版，第40页。

② 王国刚：《资本市场导论》（第二版），社会科学文献出版社2014年版，第16页。

另一方面,就直接融资来说,资金稀缺方与资金富余方直接发生债权债务关系,这起初在"熟人社会"中比较常见,但是随着商品经济的发展、市场范围的拓展,社会逐渐演进到"陌生人社会"后,长期的、大规模的直接融资就很难发生了。因为陌生人之间固有的信息不对称导致资金提供方由于缺乏必要的风险分析能力,而难以在事前分辨资金需求方真实的信用状况。同时,资金提供方也缺乏必要的监控能力,而没有办法在事后防范资金使用者的道德风险。对此,法律层面主要有两套制度来解决直接融资中的信息不对称问题,但是总的来说效果并不理想。一是《证券法》上的强制信息披露制度。这似乎能够解决一些问题,但是由于实践中绝大部分投资者并不具备必要的财务会计知识,所以他们难以对披露出来的公司财务信息进行有效的分析判断,而只能被动地依赖一些证券中介机构给出直接的投资建议。二是《公司法》上的信义义务制度,即为了化解现代企业中所有权与经营权分离情况下产生的委托代理问题,规定公司高管对公司负有忠实义务和勤勉义务。但是,由于相关立法的原则性、抽象性以及实践中平衡对公司高管"赋权"与"控权"这两者关系的现实困难性,导致了信义义务难以得到很好的落实。除此之外,再加上经济发展水平、金融政策、契约精神等方面的限制,共同导致了世界各国中除英国、美国之外,直接融资被大规模开展起来的难度普遍比较大。所以,正是由于发展直接融资面临着诸多约束,在相当长的一段时期内大部分国家实体经济的资金需求主要还是通过间接融资得以满足。由此,作为间接融资的一种特殊形式,影子银行在填补金融服务缺口、支持实体经济发展方面的重要性就不难理解了。

在理论层面的阐释之后,为充分说明影子银行融资功能的重要性,还需要举出相关的实证数据作为支撑。自 2011 年起,金融稳定理事会(FSB)每年发布一份关于全球影子银行规模的监测报告,其涵盖的国家和地区占到全球国内生产总值(GDP)的 80% 和全球金融资产的 90%,因此,这一监测报告基本上反映了全球影子银行的发展状况。以 20 个国家或地区以及欧元区为统计范围,全球商业银行与影子银行的资产规模对比如图 1－1 所示:

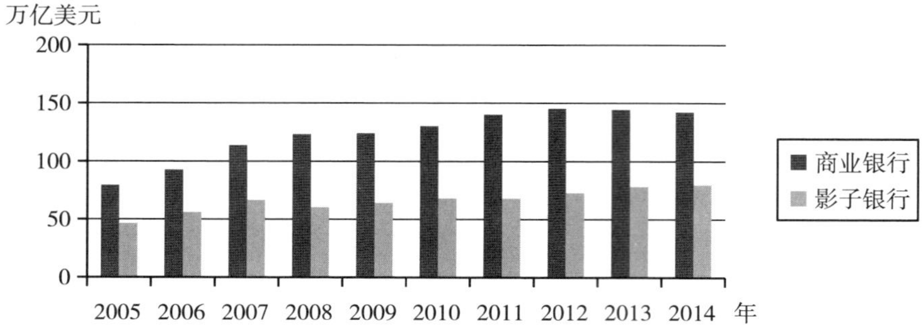

图 1-1 全球商业银行与影子银行资产规模历年对比

资料来源:FSB: Global Shadow Banking Monitoring Report 2015; Shadow Banking Monitoring Dataset 2015。

如图 1-1 所示,全球范围内影子银行的资产规模在本轮全球金融危机爆发前后一直保持较为平稳的增长势头,只在 2008 年金融危机爆发时略有下降,但 2009 年随即恢复增长。全球影子银行的资产规模约为同期全球商业银行资产规模的一半左右,如 2007 年,商业银行的资产规模为 113.8 万亿美元,影子银行的资产规模为 66.7 万亿美元;2012 年,商业银行的资产规模为 145.2 万亿美元,影子银行的资产规模为 73.0 万亿美元。①

应当说,影子银行的资产规模体现了其融资能力的发挥程度,而融资能力的发挥程度进一步体现了对经济发展的支持力度。自产生之日起,经过四十多年的发展,现如今影子银行作为一个整体已成长为金融中介体系中仅次于商业银行的融资力量,在促进经济社会发展中有着举足轻重的地位。当然,需要强调的是,由于证券化程度高、金融衍生品交易发达,在全球影子银行规模中占据主体地位的欧美国家影子银行的资金流向普遍远离实体经济,体现为在金融体系内部过度自我膨胀和循环。对此,辩证地来看,一方面欧美影子银行过度创新导致的金融泡沫的确是本轮全球金融危机爆发的重要诱因之一,因此发展金融业要恪守为实体经济服务的宗旨;另一方面,欧美以证券化为核心的影子银行体系的基础证券化部分为经济领域的消费、投资需求提供了市场化的融资方案,有力地拉动了欧美国家以消费为

① See FSB, *Shadow Banking Monitoring Dataset* 2015, Accessed December 2, 2015. http://www.fsb.org/2015/11/global-shadow-banking-monitoring-report-2015/.

主导的经济发展,而其再证券化部分产生的巨额金融衍生品交易尽管脱离了实体经济,但对于基础融资的风险管理功能也是不可忽视的,从而间接地支持了实体经济发展。

具体到中国而言,影子银行融资功能的重要性体现得尤为深刻。最近几年,在资本市场尚不发达、银行信贷又较难获取的情况下,影子银行在一定程度上填补了国内金融服务的缺口,其融资功能对于像我国这样的投资驱动型经济体实现“保增长”的目标贡献巨大。例如,中国社科院发布的《中国金融监管报告(2014)》显示,截至 2013 年 9 月末,影子银行体系所涉及的非传统信贷融资规模大致为 27 万亿元,占银行业资产的比例降低至 19%。[①] 此外,由于我国影子银行的证券化程度不高,大多表现为信贷扩张活动,因此相比欧美国家影子银行,我国的影子银行活动与实体经济联系更为紧密。

(三)提高了金融体系效率,推动了金融行业发展

丰富居民投资渠道和填补金融服务缺口是影子银行在直观层面所体现出的正面效应。此外,为提高认识的全面性,我们还有必要从理论层面来进一步分析影子银行的正面效应,即影子银行对金融效率的提高。

金融效率,简单地说,就是指资金融通的效率,即“在金融市场上,在健康的金融管理体制下和有效的金融调节机制下,由金融机构作为金融中介完成的或由融资双方或多方在市场服务体系下实现的金融资源的帕累托效率配置”[②]。至于帕累托效率(Pareto efficiency),则是指“资源不管如何再重新配置运用,都不可能在不损及他人利益的情况下,使某些人获致更高的利益”[③]。从定义中可以看出,在全球经济持续增长、金融资源不断累积的时代背景下,金融资源的帕累托效率配置是一种“止于至善”式的终极性目标选择。在这一历史进程中,推进金融资源的配置不断趋向于帕累托效率

---

① 参见胡滨主编:《中国金融监管报告(2014)》,社会科学文献出版社 2014 年版,第 13 页。

② 王振山:《金融效率论:金融资源优化配置的理论与实践》,经济管理出版社 2000 年版,第 28 页。

③ [美]Robert Cooter,Thomas Ulen:《法律经济学》,温丽琪、顾慕尧译,华泰文化事业股份有限公司 2013 年版,第 19 页。

最优的主要动力是金融创新。那么作为金融创新的主要代表,影子银行对于金融效率提高的贡献体现在哪些方面呢?

第一,影子银行的出现加剧了金融业的竞争,带来了“来自竞争的繁荣”。在市场经济条件下,竞争体现为经营者之间以产品为核心的相互追逐、互相抗衡的动态过程。简单来说,市场经营者是为交易机会而竞争,而交易机会的多寡直接决定着经营者的生死存亡。因此,为最大限度地赢得交易机会,经营者就需要不断提升其在技术、管理、营销等方面的能力,以向社会公众提供具有吸引力的产品或服务。显而易见,“在某种程度上,影子银行提供了比传统银行更具创新价值的金融产品。虽然传统银行有能力针对投资者的产品需求或早或晚地作出回应,但是技术进步使非银行金融市场参与者能够与传统银行相竞争,以速度更快、成本更低的优势提供这些金融产品”①。具体来说,在20世纪70年代货币市场基金等影子银行形式出现以后,西方发达国家商业银行等存款类金融机构出现了存款大量流失的情况。为缓解严峻的经营压力,商业银行也加大了金融创新的力度,其中主动型负债方面的创新包括可转让支付命令账户、股金汇票账户、个人退休金账户、小额储蓄存款单、货币市场存单等;贷款产品创新方面包括浮动利率贷款、透支贷款、分期付款、资产支持贷款、杠杆收购贷款等。② 在创新传统存贷款业务之外,商业银行在金融脱媒背景下还积极拓展综合业务,使得中间业务成为其重要乃至主导性的业务方向。回溯金融业过去40多年的发展,不难看出影子银行在其中发挥了“鲶鱼效应”,其创新特质强化了金融业界各主体之间的竞相发展,由此带来了金融产品不断丰富、金融门槛不断降低、金融结构不断优化的结果。截取这一历史断面,可以发现其印证了竞争理论中哈佛学派的产业组织理论,即市场结构决定市场行为,市场行为又决定了市场绩效的三段论范式(structure-conduct-performance paradigm)。此外,更为重要的是,这种新旧力量的竞争推动了金融制度的不断完善,如制度层面对利率市场化的确认等,使得竞争能够在一个更规范、更公平的层

---

① Steven L. Schwarcz, *Regulating Shadow Banking*, *Review of Banking and Financial Law*, 2011, 31(2), pp. 625 – 626.

② 参见冯科:《金融脱媒之殇》,北京大学出版社2015年版,第112~114页。

面上展开。德国前总理路德维希·艾哈德在其为竞争鼓与呼的著作《来自竞争的繁荣》中指出："竞争是获致繁荣和保证繁荣最有效的手段。只有竞争才能使作为消费(者)的人们从经济发展中受到实惠。它保证随着生产力的提高而俱来的种种利益,终于归人们享受。"①诚如斯言。

第二,影子银行优化了资源配置。金融活动对实体经济发展的重要性集中体现在通过资金的融通,可以实现资源的跨时空配置。与传统融资方式相比,影子银行在配置资源过程中的优势主要体现为:

首先,影子银行的出现突破了原有金融结构的二元格局,即在以银行为核心的间接融资和以市场为核心的直接融资之外,出现了一种新的融资机制——市场化间接融资。通常,它在负债端以发行证券等批发性融资方式获得资金,而资产端的资金运用则包括发放贷款、购买证券等。新的融资方式的出现意味着潜在的储蓄资源可以得到进一步的挖掘,使原先沉淀下来的资金能够流动起来服务于实体经济的发展。申言之,影子银行的市场化间接融资特质结合了间接融资和直接融资两方面的特点。其中,间接融资的本质特征使其解决了融资活动中资金余缺双方之间的信息不对称问题,而兼具的直接融资特征使其充分利用了批发性融资的好处。这一博采众长的特点使影子银行有能力满足资金供求双方日益多样化的融资需要,从而在资金供求者之间建立起更广泛的联系,增强了金融对经济发展的支持力度。

其次,影子银行有助于降低金融服务门槛,推进普惠金融②的发展。一般来说,在金融结构二元格局背景下,金融抑制严重的国家普遍存在金融服务门槛较高的情况。以我国为例,我国的金融体制是典型的银行主导型,与发展滞后的资本市场相比,银行在资源配置中发挥着主导性的作用。长期以来,我国银行业垄断严重,并且其控制下的金融资源大多向国有企业、大型企业倾斜,导致数量众多的中小微企业普遍面临融资困难。同时,由于金

---

① [德]路德维希·艾哈德:《来自竞争的繁荣》,祝世康、穆家骥译,商务印书馆1983年版,第11页。

② 普惠金融是指立足机会平等要求和商业可持续原则,以可负担的成本为有金融服务需求的社会各阶层和群体提供适当、有效的金融服务。参见《国务院关于印发推进普惠金融发展规划(2016~2020年)的通知》,载 http://www.gov.cn/zhengce/content/2016-01/15/content_10602.htm,最后访问日期:2016年2月2日。

融行业创新不足，居民可选择的投资渠道比较狭窄，储蓄率长期居高不下。在这一背景下，影子银行的出现从两个方面提高了金融服务的覆盖率与可获得性：一是影子银行通过项目筛选，将集中起来的社会闲置资金投向那些无法从正规金融体系获得融资的中小微企业，这对于支持实体经济的发展作用明显。并且，影子银行的金融服务功能契合了当前“大众创业、万众创新”的浓厚氛围，在提高金融发展公平性的同时，大大增强了资金运用效率。二是影子银行以其丰富的产品创新开启了“碎片化”理财时代。长期以来，我国居民的投资渠道较为狭窄，具体表现在我国对资本项目实施严格的管制，银行存款账户基本没有收益甚至收益率为负，传统银行类和券商类理财产品投资门槛高、流动性差等。这一状况随着 2013 年互联网金融的兴起得以大为改观，其中，热闹异常的各类“宝宝类”产品的投资门槛往往降至 1 元，并且收益按日结转。此后，在市场竞争压力下，各类基金产品、理财产品也纷纷通过降低投资门槛、简化操作流程等方式吸引投资者。可以说，这一系列金融服务变革大大增强了资金聚集效率。

最后，影子银行降低了金融交易成本。成本和收益的权衡是决定经济活动开展与否和效益大小的关键。作为经济活动的核心，金融交易的效率在很大程度上为交易成本所决定。与商业银行相比，影子银行在降低交易成本方面优势明显。从体系化影子银行的情况来看，它将原本在商业银行一张资产负债表上完成的信用中介流程分解，细分出的信用转换功能、期限转换功能、流动性转换功能分别由不同种类的机构执行。换言之，在业务层面，不同的机构各自完成贷款发放、贷款仓储、资产支持证券发行、资产支持证券仓储、债务抵押债券发行、信用违约互换发行等。这种融资机制有利于各类机构发挥其专业优势，在降低生产成本的同时大幅提高了生产效率，其体现出的分工协作的好处早在 18 世纪亚当·斯密的《国富论》中就已被阐明。从个体化影子银行的情况来看，尽管在信用中介功能集于一身这一点上与传统商业银行类似，但由于各类个体化影子银行没有资本充足率、存款准备金等监管约束，所以其运营成本相对较低。此外，影子银行的操作也有利于传统商业银行降低交易成本，即商业银行将贷款资产出售给影子银行系统之后，与这一资产有关的风险也一并被转移了出来。应当说，这大大增强了商业银行抵御风险的能力。

总之，衡量金融行业发展主要有两项指标，一是形式层面上金融结构的变化，二是实质层面上金融效率的提高。而从上述分析可以看出，影子银行的出现一方面带来了金融中介机构、金融产品类型、金融服务方式等的数量种类、比例关系的变化，另一方面促进了金融效率的明显提高。因此，不难看出，影子银行在推动金融行业发展以使其满足经济社会发展新需求方面扮演了重要角色。

二、影子银行的负面效应

相比于影子银行的正面效应尚未被充分彰显的现状，影子银行的负面效应一直以来则被反复甚至过度地强调。应当说，一项新生事物在其初始阶段存在这样或那样的问题是一件再正常不过的事情，因为任何事物乃至于人的发展通常都会经历一个从不成熟到相对成熟、从不完善到相对完善的转变过程。因此，对于影子银行的负面效应，我们既不能等闲视之，也不能过分夸大，而是要实事求是地予以分析和判断。

概言之，影子银行的负面效应集中体现为其“脱法”行为引发的自身脆弱性和整个金融体系的脆弱性，从而严重威胁和破坏了金融系统的稳定，造成了金融秩序和经济秩序的混乱。

（一）影子银行的监管套利带来了新的脆弱性

影子银行的负面效应源于其“影子性”，其中主要的表现就是监管套利。所谓监管套利，简单地讲，就是通过规避金融监管以降低经营成本，从而获取额外收益。可以说，监管套利是影子银行负面效应的初始根源。对此，下文结合商业银行信用中介功能的细分类别及所受监管来说明影子银行监管套利之所在。

申言之，影子银行复制了传统商业银行的信用中介功能，而信用中介功能并非仅仅只是资金的过渡、转手而已，具体而言牵涉期限转换、流动性转换、信用转换和杠杆操作。具体来说：第一，“期限转换是这样一种过程，即发行短期负债（例如存款）并将它们转变为中长期资产（例如贷款）”[①]。对

---

① FSB, *Shadow Banking: Scoping the Issues*, Accessed November 29, 2012. http://www.fsb.org/2011/04/shadow-banking-scoping-the-issues/.

于存款者来说，他们一般可以随时从商业银行提取存款，而商业银行收回贷款则只能等到贷款到期之后。由此，同一笔资金由存款转变成贷款，其资产的期限就发生了变化。这种由期限转换导致的存款人和商业银行之间资产期限不匹配的现象，被称为期限错配。期限转换同样是影子银行融资活动的普遍特征。无论是体系化影子银行，还是个体化影子银行，为了能够收回成本并获得利润，在负债端，它们主要是从短期资金市场获得批发性资金，负债期限比较短；而在资产端则投资于期限较长的资产。于是，影子银行的资产负债表自然就出现了期限错配。

第二，与期限转换密切相关的是流动性的转换。所谓流动性是指一项资产在票面价值不受损的情况下，转换成现金的难易程度。一项资产转换成现金的难度越小，表明其流动性越好；反之，则越差。在日常经营中，除了发生严重兑付危机的情形，商业银行一般都会及时满足存款人的提款要求，因此存款的流动性程度仅次于现金。相比之下，资产期限较长的贷款的流动性则比较差。因此，由期限转换衍生出的流动性转换导致了流动性的不匹配，即流动性错配问题。实践中，流动性错配的极端表现之一就是挤兑的发生。至于影子银行流动性错配的严重性，已被本轮全球金融危机的最初表现——影子银行的流动性危机这一事实所表明。在危机中，影子银行为了偿还到期债务，不得不大规模低价出售其持有的中长期资产，从而引爆了本轮全球金融危机。

第三，商业银行从事存贷款业务是一个“受信（接受信用）—授信（授予信用）”的过程，即通过受信业务，商业银行吸收资金盈余者的资金，进而通过授信业务，将资金投向资金短缺方。在这一过程中，商业银行接受存款人的信用，并转而将其授予借款人。因此，这是一个信用转换的过程。而且，在金融领域中，信用意指债权债务关系，从而信用转换的过程也是双重债权债务关系产生的过程，即产生了存款人与商业银行之间的债权债务关系和商业银行与借款人之间的债权债务关系。显然，作为信用中介的商业银行在这一融资活动中一面承担着借款人的信用违约风险，一面承担着对存款人的刚性兑付义务。这两个方面的并存体现了信用转换的本质。这一特点也为影子银行所拥有。影子银行一方面通过发行债券、获取贷款等方式形成负债，另一方面通过投资中长期资产的方式形成资产，因此也体现着信用转换的特征。

第四,信用中介一般还会涉及杠杆操作。所谓杠杆操作,即是负债经营的同义表述,是指"通过负债实现以较小的资本金控制较大的资产规模"①。出于保持生产经营过程中资金流的稳定和追求效益最大化的考虑,负债经营是企业的普遍选择。但是,相比一般工商企业的负债经营,金融机构的自有资本比率更低、负债程度更高,普遍存在高杠杆操作的现象。例如,按照现行规定,我国商业银行的杠杆率(权益资本/总资产)不得低于4%,或者说,我国商业银行的杠杆倍数最高可达25倍。这远远高于一般企业的负债程度。而与商业银行相比,影子银行的高负债经营特征更是明显,如2007年年底,美国5大投资银行的平均杠杆率近30倍,美英等国主要对冲基金的杠杆率更高,达50倍甚至更高。②

通过上述分析可知,信用中介功能的发挥是一项高度专业性、技术性的业务活动,其中,对应于期限转换、流动性转换、信用转换和杠杆操作,相应地会产生期限错配、流动性错配、信用违约风险承担和高负债经营等问题。这些风险因素使得商业银行的经营活动具有天然的、内在的脆弱性。过往历次银行业危机的发生无不是由上述一项或多项风险因素所导致的。由此,市场失灵为政府干预提供了正当化依据。干预措施集中体现为三道金融安全网的建立,即以资本充足率为核心的银行监管制度、存款保险制度和中央银行的最后贷款人制度。在本轮全球金融危机之前的大部分时间里,这三道金融安全网基本上保障了商业银行经营的审慎与稳健,大幅降低了商业银行发生危机的可能性。

与之形成鲜明对比的是,影子银行发挥信用中介功能普遍缺乏金融安全网的有效保障,尤其是没有受到像政府监管机构对商业银行那样严格的监管,从而其监管套利行为在放大收益的同时,也放大了风险,导致了收益与风险的极度失衡。概言之,各种各样的监管套利形式可以被归纳为以下两种:

---

① 许一涌:《我国非金融企业杠杆率问题研究》,载《金融与经济》2014年第10期。

② 参见唐红娟:《影子银行体系:功能、脆弱性与监管改革》,知识产权出版社2012年版,第67页。

一是“银行的影子”类。这主要是指银行通过投资非标准化债权的方式绕开原本所受的严格监管,从而开展各类资金融通活动。实践中,我国的影子银行主要体现为这类形式。自2010年开始,我国的这类特色影子银行呈爆发性增长态势,最初的典型表现是“银信合作”,即银行通过发行理财产品募集资金,然后交由信托公司设立单一信托计划,从而放贷给需要资金的企业。银信合作在2010年8月被银监会叫停之后,市场上又出现了“银证合作”,即银行将发行理财产品募集来的资金投资于券商定向资管计划来实现将资金放贷给相关企业的目的。此外,2012年下半年通过增加交易环节等安排,银信合作以新的形式重新出现。应当说,无论是银信合作、还是银证合作,银行在其中都居于主导地位,体现为资金的来源由银行提供、资金的投向由银行指定,而信托公司和证券公司只是扮演了资金通道的角色。这类通道业务除了少部分保本型理财产品业务被列入资产负债表外,大部分以表外业务的方式体现,这就绕过了表内的严格监管,降低了经营成本,从而放大了收益。但是,规避监管必然会带来风险得不到有效控制的后果,其中的期限错配、流动性错配、杠杆操作以及实质意义上的信用转换①等问题严重。除了表内业务转表外的操作手法外,2012年下半年兴起的同业业务使得银行在资产负债表内通过科目间的腾挪实现了发放信贷的目的,其带来了与通道业务一样的放大收益和风险的结果。

二是“平行银行”类。平行银行主要由非银行金融机构以协作或独立的方式运营,即使银行参与其中也只是扮演协助角色,其开展的资金融通活动往往处于监管的空白或不足地带。平行银行的典型体现之一是抵押贷款证券化。在抵押贷款证券化中,特殊目的载体(SPV)发行资产支持证券相当于这一体系的负债业务;投资银行等机构购买次级抵押贷款相当于资产业务;资产支持证券的期限与次级抵押贷款的期限不匹配意味着会存在期

① 实质意义上的信用转换是指尽管列于表外的非保本型理财产品在形式上是不保本的,但是实质上这些理财产品背后依托银行强大的信用,有着“高收益、低风险”和“刚性兑付”的特点。投资者普遍对银行有着刚性兑付的期望,而银行为了维护声誉、业务拓展等需要也普遍对这类产品进行隐性担保,因此理财产品的发售和投资在投资者、银行和最终借款人之间完成了信用的转换。参见徐诺金:《我国影子银行的界定与监管思路》,载《清华金融评论》2014年第6期。

限转换、流动性转换;在作为信用支撑的基础资产之外往往还会引入信用违约互换(CDS),意味着信用转换的存在。从中可以看出,证券化的信用中介功能是由各类机构相互协作共同完成的。然而,这一信用中介功能的发挥是在缺乏有效监管的环境下进行的,例如投资银行的杠杆率、商业银行提供的流动性支持、债券保险公司发售的信用保险等都普遍缺乏监管,导致收益被放大的同时,风险也明显上升。

理论和实践都已表明,影子银行的监管套利一方面使其绕过了严格的金融监管约束,另一方面也使其无法正常获得政府的流动性支持和信用支持,因此其信用中介活动具有明显的脆弱性,构成了危机爆发的初始根源。

(二)影子银行是系统性金融风险的重要诱因

传统上,按照风险对金融机构的影响范围,可以将金融风险分为系统性金融风险和非系统性金融风险。系统性金融风险是指一个金融体系中所有金融机构都会面临的风险,即整个金融系统面临发生故障的可能性,[①]如货币贬值、政局动荡、自然灾害等;非系统性金融风险是指单个金融机构会面临的风险,如交易对手的违约风险、员工的操作风险等。如果说影子银行的自身脆弱性给金融体系增加了非系统性风险的话,那么影子银行造成金融体系整体脆弱性则是因为它给金融体系带来了系统性风险。

不过,值得注意的是,影子银行给金融体系带来的系统性风险不同于上述传统意义上的系统性风险。传统意义上的系统性风险是一种外生性风险,即货币贬值、政局动荡、自然灾害等风险因素带来的整体性冲击是投资者、金融机构无法控制、无法通过分散投资的方式加以规避的。相比之下,影子银行带来的系统性风险是一种内生性风险,“是指金融体系作为一个整体可能存在的风险及其可能对金融体系本身以及实体经济所造成的冲击”[②]。在全球金融危机中,这一系统性风险在金融体系内部的传播机制类似于多米诺骨牌,集中体现为一些系统重要性金融机构和市场的失败引发了金融体系的整体性危机。

---

① See George G. Kaufman, Kenneth E. Scott, *What is Systemic Risk, and Do Bank Regulators Retard or Contribute to it?*, *The Independent Review*, 2003, 7(3), p. 371.

② 郑联盛、何德旭:《宏观审慎管理与中国金融安全》,社会科学文献出版社2012年版,第66页。

影子银行之所以会给金融体系带来严重的系统性风险，主要是由它的两个特性引起的。这两个特性分别从时间维度和空间维度强化了影子银行的系统性风险。具体来说：

第一，影子银行具有明显的顺周期性。所谓顺周期性是指金融变量随着经济周期趋势而波动的偏好。① 一般来说，金融体系的顺周期性是其内生的、固有的自然属性。这是由金融体系与实体经济之间的密切关联所决定的。对此，许多经济学家做出了经典解释，如凯恩斯认为在经济上升初期，人们对资本边际效率做出乐观的预期，从而扩大投资、扩展生产。在这种乐观情绪中，有限理性的金融机构、金融市场会倾向于降低融资门槛、增加资金供给量。在金融的支持和助推下，经济进一步上升，从而在更大程度上强化金融的扩张；但在扩张后期，资本边际效率呈现下降趋势，经济也会出现下行迹象，由此金融收缩不可避免，进而会强化经济下行趋势。并且，经济下滑必然导致金融状况出现不同程度的恶化。② 从这一过程中，可以看出金融体系的扩张、收缩与经济周期波动之间存在彼此强化的机制。③

以上描述反映的是商业银行等金融主体普遍、共通的顺周期效应。作为规避监管的产物，影子银行的顺周期性更为明显。以中国的影子银行为例，2008 年金融危机爆发后，我国对外出口受到极大冲击，经济出现下行趋势。为了拉动经济增长，中国政府开启了大规模经济刺激计划，以求实现“保增长、保就业”的目标。由此，虽然彼时经济整体上处于下行进程，但是房地产行业、地方政府融资平台支持项目等领域在天量信贷的支撑下却处于上升时期，占用了大量金融资源。并且，随后出现的投资过热、通货膨胀等问题也主要集中在这些领域。于是，金融管理部门从 2010 年开始进行宏观调控，主要体现为收缩信贷投放规模。在这一背景下，中国的影子银行开始出现，成为信贷紧缩之后重要的替代性融资渠道，支持和助推了房地产行业、地方政府融资平台支持项目等受限领域进一步扩展。应当说，中国的影

---

① See Jean-Pierre Landau, *Procyclicality-what it Means and what could be done*, Accessed May 30,2013. http://www.bis.org/review/r090805d.pdf.

② 参见范恒森：《金融制度学探索》，中国金融出版社 2000 年版，第 166 页。

③ 参见唐红娟：《影子银行体系：功能、脆弱性与监管改革》，知识产权出版社 2012 年版，第 55 页。

子银行的出现削弱了政府宏观调控的效果，在刺激过热经济领域进一步扩张的同时，自身也急剧扩展。这种典型的顺周期效应体现得十分明显。以欧美影子银行为例，其以抵押贷款证券化为主要代表。分析抵押贷款证券化的顺周期性，可以从其资产和负债两端入手。其一，从证券化体系的资产端来说，从21世纪开始到2007年次贷危机初露端倪这一段时期，在低利率政策、监管部门放松监管等因素的共同作用下，美国房地产市场价格出现连续上涨的景象。出于竞争和做大规模以获取更多利润的考虑，商业银行、抵押贷款公司等放贷机构纷纷降低信贷标准，以将抵押贷款发放给信用评分较低的次级抵押借款人。放贷机构之所以会这样做，是因为它们可以将抵押贷款资产出售给投资银行或它们自身设立的SPV，从而实现资产出表，隔离相应的信用风险。而SPV之所以乐于购买这些次级抵押贷款资产，则是因为美国房地产市场彼时仍处于上涨阶段，即便发生借款人违约事件，通过出售房产的所得也能够弥补相应的损失。所以，在乐观的市场氛围中，双方一拍即合，即放贷机构不断发放，SPV不断购买，共同助推房地产市场进一步上升、扩展。其二，从证券化体系的负债端来说，这一体系的一个重要融资来源是回购市场。投资银行等机构将资产支持证券作为抵押品向商业银行等机构融资，而融资规模则与作为抵押品的资产支持证券密切相关。在市场向好时期，抵押品的价值较高，相应的融资规模也较大；反之，融资规模则出现大幅萎缩。而融资来的资金最终会被投到抵押贷款等资产上，因此，这对美国房地产市场的繁荣—衰退周期有着显著的强化作用。

第二，影子银行的高度关联性加剧了金融风险的扩散。影子银行体系将商业银行原本在一张资产负债表上完成的信用中介活动予以分解，即不同的金融机构利用其专业优势、比较优势分别负责相应的细分功能，彼此协力共同发挥了信用中介功能。这种体系化、专业化的运作机制促进了金融效率的提高。但是，“成也萧何，败也萧何”。体系化或者说网络化信用中介运作机制的高度关联性也造成了金融风险扩散加剧的严重后果。

具体来说，影子银行的高度关联性集中体现为以下两个方面：其一，影子银行体系内部的高度关联性。例如，在证券化流程中，尽管SPV处于核心地位，但其作为一个特殊载体，自身能力有限，需要在其他机构的支持下，才能完成信用中介过程。这些支持主要有仓储和承销支持、流动性支持、信用保险支持等。尤其是后两者事实上承担了整个证券化流程中的流动性风险和信用风险。因此,当次级抵押贷款支持证券出现兑付困难的情况并最终违约时,提供流动性支持的商业银行、投资银行和提供信用支持的债券保险公司自然会受到直接的冲击,例如在本轮全球金融危机中出售大量 CDS 的美国国际集团因此一度处于濒临破产的边缘。其二,影子银行与外部金融机构的高度关联性。二者的关联性主要是通过次级抵押贷款支持证券的买卖建立起来的。详言之,由于经过了增级、评级等一系列的"粉饰",次级抵押贷款支持证券的潜在投资者范围得以大幅扩展。从稳健、保守的投资者,如养老基金、货币市场基金,到激进、冒险的投资者,如对冲基金,都纷纷涉足次级抵押贷款支持证券的投资。而市场一旦出现逆转,这些原本被视为安全的资产则反转为"有毒"资产,使投资机构蒙受巨额损失。此外,次级抵押贷款支持证券还被出售到国际金融市场,造成了风险的跨境传递。例如,在危机爆发初期,欧洲的瑞士银行就在次级抵押贷款相关投资上损失了 42 亿瑞士法郎,并在随后发生了更大的亏损。① 其他欧洲银行,如英国北岩银行(Northern Rock Bank)、苏格兰皇家银行(The Royal Bank of Scotland)、德国工业银行(IKB)、法国农业信贷银行(Credit Agricole CIB),也都因为与次贷相关的投资而损失惨重。

总之,影子银行的顺周期性和高度关联性分别从时间和空间两个层面为系统性风险的产生创造了条件,从而对于美国次贷危机最终演化成全球金融危机起到了重要的推动作用。

第四节 影子银行监管的理论依据以及分类监管的必要性

前文分别从概念、产生原因和正负效应三个方面对影子银行的现状做了一个基础性的分析,使我们对影子银行的认识摆脱了混沌、似是而非的困境。不过,若要进一步提高认识的广度和高度,就需要上升到理论的层面对

① 参见王蔚祺:《瑞银三季度亏损超预期》,载《第一财经日报》2007 年 10 月 31 日,第 B02 版。

影子银行进行解读。正如德国法理学家伯恩·魏德士(Bernd Rüthers)所言,“理论通常有两个功能,即解释特定的研究对象(解释功能),预测并解决该研究对象范围内的问题(预测功能)”①。本节的任务就是从理论上回答为什么需要对影子银行进行监管(解释功能),以及总体监管方向为什么要采用分类监管(预测功能)。

一、影子银行监管的理论依据

影子银行监管是一个多学科交叉的问题。因此,从理论层面对其观瞻,可选择的视角颇多。对此,以问题与理论的紧密程度作为考量因素,下文拟从市场失灵理论、金融脆弱性理论、不完备法律理论等视角对其进行解读。

(一)市场失灵理论

就如学者指出:“市场作为一种资源动员方式,是人类有限的社会体验中,迄今为止最具有正当性和效益性的制度安排。然而,正如人性并不完美一样,市场也并非完美无缺,经济人对自身利益最大化的追求,是市场获得效率的前提,也是市场非效率的原因。”②

一般认为,导致市场非效率或者说市场失灵的市场缺陷主要体现为:一是市场调节的被动性和滞后性,即由于从投资经营到市场价格形成需要经过一段时间以及各类市场主体掌握信息和判断能力的不足,导致投资、生产、经营活动难免存在盲目性。而市场机制往往要到供求严重失调、资源严重损耗之时才做出反应。二是市场障碍,即存在一些因素使得市场调节机制不能充分发挥作用,例如信息不对称、外部性、不正当竞争、垄断等。三是市场机制的唯利性,即对于一些无利可图和投资周期长、风险大的经济领域,民间投资要么是不愿进入、要么是难以进入。对此,市场机制也不能发挥调节作用。③

在这个二元对立的世界中,一切事物的优缺点犹如光明与黑暗的并存一般。人类选择市场作为资源配置的基础性机制,在享受它带来的好处的

---

① [德]伯恩·魏德士:《法理学》,丁小春、吴越译,法律出版社2003年版,第13页。

② 胡光志:《经济法学“市场失灵”论的人性追溯》,载吴志攀主编:《经济法学家》,北京大学出版社2012年版。

③ 参见漆多俊:《经济法基础理论》(第4版),法律出版社2008年版,第12~14页。

同时,也要面对其失灵可能造成的危机和灾难。在本轮全球金融危机中,影子银行的繁荣—覆灭过程淋漓尽致地演绎了市场失灵的一出出“经典剧目”。

首先,影子银行活动存在严重的盲目性。这种盲目性主要体现在如下两个方面:一是信贷投放泛滥。放贷活动在整个影子银行体系中扮演着重要角色,即不同于传统商业银行先吸储后放贷的经营模式,影子银行体系先投资后筹款的经营模式意味着离开了放贷活动,整个影子银行体系将成为“无源之水、无本之木”。这里的“源水是否清澄、本木是否牢固”则完全系于放贷质量如何。而监管不足之下的放贷活动呈现出的却是“泥沙俱下、盘木朽株”的景象。亦即,在房地产市场价格不断上涨的现实和预期下,放贷机构为了做大资产业务、最大限度赚取利润,不断降低贷款标准,甚至不惜从事掠夺性贷款业务。而以投资银行为代表的市场机构为了最大限度赚取抵押贷款支持证券各环节的业务费,大量买进贷款机构发放的抵押贷款,甚至不惜溢价收购。于是,供需双方一拍即合,导致抵押贷款标准不断降低,信贷投放泛滥。二是过度复杂的金融创新。尽管美国信贷市场中次级抵押贷款占全部抵押贷款的比例由 2000 年的 9% 膨胀到了 2006 年的 20%,但其数额在 2006 年也仅为 6000 亿美元。[①] 即使这些次级抵押贷款全部违约,损失也是相对有限的,何以会造成一场全球性的金融危机?这一“涟漪效应”不断扩散的内在机理是什么呢?可以说,问题的核心在于证券化过程中的金融产品过度创新。通过证券化,包括次级抵押贷款在内的信贷资产被转化成住房抵押贷款支持证券(RMBS)、债务抵押债券(CDO)以及进一步衍生出的信用违约互换(CDS)。其中的过度创新主要是指被创造出来的证券产品远离基础资产,亦即金融虚拟化程度严重,如有些债务抵押债券是从其他债务抵押债券的层级中创造出来的,被称为“债务抵押债券平方”和“债务抵押债券立方”。又如,信用违约互换本来是用作套期保值的,然而,随着这一市场的发展,越来越多的保险买方与参照资产之间并没有债权债务关系。他们仅仅就参照资产在未来一段时间内是否违约而与

---

① See G. Dell'Ariccia, D. Igan, L. Laeven, *Credit Booms and Lending Standards: Evidence from the Subprime Mortgage Marker*, *IMF Working Paper*, 2008(106), p. 7.

保险卖方进行赌博。在危机爆发之前,全球 CDS 市场的规模高达 62 万亿美元,且绝大多数属于投机性质。[①] 应当说,上述两种盲目性的背后是人类的逐利性在作祟。历史一再证明,尽管人类的逐利性客观上推动了社会经济的进步,但凡事过犹不及,若缺乏有效的调节和疏导,人类逐利的本性就会发挥到极致,反而造成巨大损害。

其次,影子银行领域存在严重的市场障碍。这主要体现为信息不对称、外部性和不正当竞争等。这些市场障碍在危机爆发前为房地产市场的繁荣景象所掩盖,只有在房地产价格的"潮水"退去后,才一一地暴露出来。详言之,其一,所谓信息不对称是信息在交易双方之间的不均等分布的状况。信息之所以会存在不对称,其原因主要有信息本身在传递过程中会发生错误和遗漏;信息的人为阻隔使之产生不对称;信息本身的不完全性质以及消费者偏好的差异性等。[②] 应当说,自人类社会有分工起,由于交易双方之间地位的不对等,就开始存在信息分布的不均匀。并且,随着商品经济的日益丰富和复杂,买方对于质量、价格、经营者主体等方面信息的掌握变得越来越困难,从而这种信息弱势对消费者、善良经营者及市场机制的消极影响也变得越来越严重。[③] 与一般的商品市场相比,金融市场上最大的问题依然是信息的不对称性,并且严重程度有过之而无不及,这主要是由金融商品的虚拟性、交付延时性等造成的。具体到影子银行来说,导致其不透明的信息不对称主要源于两个方面:一是金融衍生产品结构复杂,以至于"除了设计者之外,没有人能够准确地理解复杂的结构性金融产品的构造、定价和风险";[④]二是出于监管套利的考虑,结构化投资载体、对冲基金等机构的资产负债状况往往不为监管机构、投资者所掌握。由此,从产品到机构的一系列的信息不对称导致了影子银行运作的不透明,从而一方面妨碍了监管机构、证券投资者等做出正确的判断,另一方面也妨碍了影子银行自身的稳健发

---

① 参见张明、郑联盛:《华尔街的没落:透析美国次贷危机与中国经济走向》,中国财经出版社 2009 年版,第 10 页。

② 参见尹伯成:《西方经济学说史——从市场经济视角的考察》(第二版),复旦大学出版社 2012 年版,第 388 页。

③ 参见李昌麒、岳彩申:《经济法学》,法律出版社 2013 年版,第 5 ~9 页。

④ 参见张明、郑联盛:《华尔街的没落:透析美国次贷危机与中国经济走向》,中国财经出版社 2009 年版,第 137 页。

展。其二,所谓外部性,一般认为是指经济主体在自己的活动中给其他经济主体带来利益或危害,而该经济主体又没有因为这种利益或危害而得到报酬或支付赔偿。由此,外部性可分为两类:正外部性和负外部性。其中正外部性是指某一经济主体的行为使别人受益,但受益者无须为受益花费代价;而负外部性是指经济主体的行为使别人受害,但无须为别人支付赔偿或代价。① 从金融监管的角度来看,金融业的外部性主要体现在负外部性方面,例如某一家银行出现挤兑带给整个银行业的冲击等。同理,影子银行的负外部性也集中表现在金融风险外溢对金融业、实体经济等方面的危害。这主要是由影子银行自身欠缺审慎经营和缺乏外部监管造成的。对此,前文已作阐述,不再赘言。其三,所谓不正当竞争,是指违反商业道德,损害其他经营者或者消费者合法权益,扰乱市场竞争秩序的行为。② 客观地讲,在我国影子银行实践中,扰乱市场竞争秩序、损害消费者合法权益的不正当竞争现象比较突出,比如影子银行机构为了便于推销其理财产品,而在发售过程中片面强调高收益而对风险揭示不足以及产品信息披露不完整、不充分等。这一方面会严重误导金融消费者对风险与收益的判断,另一方面会加剧理财市场的不正当竞争,造成整个市场的浮躁和混乱。

(二)金融脆弱性理论

一般而言,金融脆弱性理论以脆弱性为何是金融系统与生俱来的内在特质为研究起点,具体涉及金融脆弱性的产生根源、诱导机制、传导机制等问题。该理论自 20 世纪 70 年代获得独立的研究地位以来,针对世界范围内大大小小的金融危机给出了有相当说服力的解释和判断,对于人们认识、理解、防范和应对金融危机具有重要的现实指导意义。

根据研究领域的不同,对金融脆弱性的研究大体沿着两条路径而展开:一是金融机构的脆弱性,二是金融市场的脆弱性。

对于金融机构的脆弱性,海曼·明斯基(Hyman P. Minsky)在其经典文章《金融不稳定假说:资本主义的进程和经济行为》中最先做了系统阐释。

---

① 参见尹伯成:《西方经济学说史——从市场经济视角的考察》(第二版),复旦大学出版社 2012 年版,第 362 ~ 363 页。

② 参见漆多俊:《经济法学》,复旦大学出版社 2010 年版,第 126 页。

他提出的金融不稳定假说围绕着企业与银行之间的借贷关系而展开，认为融资体系在经历了一段稳定状态后，总会走向不稳定状态。[①] 明斯基之后，克瑞格（J. A. Kregel）等人对金融不稳定假说做了进一步的完善。应当说，这些学者的阐发基本上都是围绕着金融机构的顺周期性而展开，并且普遍存在将金融脆弱性的产生根源与诱导机制相混同的嫌疑。以这些学者的思想为基础，不难发现导致金融机构脆弱性的根本原因是金融机构资产负债表的两大根本特征：高杠杆和期限错配。其中，高杠杆会导致股东和债权人之间的委托—代理问题更加严重；期限错配内含的跨期支付和交换的不确定性会导致金融机构容易面临挤兑的冲击。至于其他原因，如信息不对称、不恰当的监管激励等问题都是通过金融机构的这两大特质起作用的。[②] 反观影子银行，可以说金融机构的这两大特质在影子银行机构上得到了典型性的印证。在高负债经营方面，为了追求高额利润，影子银行机构一般都会采取高杠杆运作模式。例如，在金融危机爆发之前的十年间，美国五大投资银行的平均杠杆率低至3%左右，换言之，杠杆倍数达到30倍。[③] 此外，对冲基金、美国"两房"等机构在杠杆经营方面更是不遑多让，杠杆倍数也都远超投资银行。除了机构总体层面的高杠杆之外，具体投资交易事项上的杠杆率同样惊人。以3A评级的抵押贷款支持证券的投资为例，机构投资者可以所购证券作为抵押品来对外借贷，其中，借贷数额最高可达证券总价的98.4%。也就是说，机构投资者在3A级证券投资业务中的杠杆倍数可达60倍之多。[④] 在期限错配方面，影子银行机构体现得也非常明显。在此，选取雷曼兄弟（Lehman Brothers）2007年年末的资产负债结构做一例证说明。当时，雷曼兄弟资产负债表的资产项中长期资产占比是45%，主要投向长期的资产支持证券等结构化金融产品；其次是占比44%的抵押贷

---

① See Hyman P. Minsky, *The Financial-Instability Hypothesis: Capitalist processes and the Behavior of the Economy*, Charles P. Kindleberger, Jean Pierre Laffargue, *Financial Crises: theory, history, and policy*, Cambridge University Press, 1982, p. 13–47.

② 参见郑鸣：《金融脆弱性论》，中国金融出版社2007年版，第12页。

③ 参见吴晶妹、王涛、闵素芹：《基于财务分析的美国五大投资银行风险实证研究》，载《江苏社会科学》2010年第4期。

④ See John Geanakoplos, *The Leverage Cycle*, Daron Acemoglu, Kenneth Rogoff, Michael Woodford, *NBER Macroeconomics Annual* 2009, University of Chicago Press, 2010, p. 2.

款。这类贷款大部分是短期的，甚至是隔夜的，但交易对象主要是冒险、激进的对冲基金；除此之外，其他资产类别占比较小。而在负债项中，占比最大的是抵押借款，其中主要以回购为主，期限很短；其次是占比22%的短期头寸。另外，长期债务的占比只有18%。[①] 从中可以看出，雷曼兄弟的资产负债表存在严重的期限错配。这使其在随后的次贷冲击中发生了严重的流动性危机，并在其他辅助因素的加持下一步步走向了破产的宿命。

对于金融市场的脆弱性，历史上相关研究的开展要晚于对金融机构脆弱性的研究。这是金融发展自然演进的结果。人们普遍认为，金融市场脆弱性的表现形式是金融资产价格的过度波动性，而这根源于金融市场的不确定性、信息不对称性、非有效性以及市场主体的个体理性与集体非理性等金融市场内在的一系列特征之上。[②] 如前所述，影子银行是一种市场化间接融资机制，联通了间接融资和直接融资，广泛涉及各种金融机构和国内外金融市场。因此，分析影子银行的脆弱性，从金融机构出发是一个视角，而从金融市场出发则是另一个不可或缺的视角。详言之，金融市场的一系列内在特征在影子银行领域中的具体体现主要有：

第一，作为次级抵押贷款支持证券的基础资产，次级抵押贷款本身的信用风险就比较大。并且，在危机前房地产市场一片繁荣的背景下，这些结构化证券产品的兑付前景完全系于房地产价格会一直不断上涨的期望。然而，事实证明，脱离实体经济基本面的房地产价格不可能一直上涨。由此，相关的证券产品必然出现兑付危机。可见，次级抵押贷款支持证券市场存在极大的不确定性。

第二，次级抵押贷款支持证券及其衍生品在交易机制方面的一大特色是场外交易。所以，相比场内交易的金融产品，这些结构化产品在信息披露方面存在明显不足。并且，这些产品的结构设计相对复杂、衍生层级繁复多样，使得不仅个体投资者，即便是机构投资者也难以厘清相关产品的真实状况。于是，这些内外部原因共同导致这一市场存在严重的信息不对称。

---

① See Tobias Adrian, Hyun Song Shin, *The Shadow Banking System: Implications for Financial Regulation*, Accessed April 16, 2013. https://www.newyorkfed.org/research/staff_reports/sr382.html.

② 参见郑鸣：《金融脆弱性论》，中国金融出版社2007年版，第27页。

第三,次级抵押贷款支持证券市场中"羊群效应"[①]明显。在这方面,花旗银行前CEO查尔斯·普林斯的经历提供了一个很好的案例。普林斯在2003年上任后不久,就被董事会要求提振已全面落后于竞争对手的投资银行业务。彼时,花旗的股价已经不温不火长达五年之久,而它的竞争对手们,如美联银行、瑞银集团、美林证券等通过大举进入住房抵押贷款和债务抵押债券领域,早已赚得盆满钵满。强烈的现实对比表明审慎经营便意味着放弃一个重大的业务增长机会,这对于权威受到质疑、承受巨大经营压力的普林斯来说是难以接受的。于是,他下令迅速扩张花旗的证券化业务,尤其是与次级抵押贷款相关的业务。[②] 其后的事实表明,这一跟随策略为花旗随后的巨额亏损埋下了伏笔。

(三)不完备法律理论

过去一百多年里,在西方各国以及经济转型国家中,监管型政府不断涌现,即各种监管机构被建立以对经济社会生活进行广泛的干预。对此,一个流行的解释是市场失灵的存在产生了对政府干预的需求,于是政府监管或者说政府规制就出现了。与此同时,作为研究这一社会经济现象的主要学科,经济法学也始终将"市场失灵—政府干预—政府干预法治化"作为自身逻辑自洽的一条红线。换言之,市场失灵和政府失灵是经济法产生、存在和发展的逻辑基础。

但是,秉持怀疑精神和批判意识进行考量,不难发现在市场失灵与政府干预之间并不存在条件反射式的逻辑关联。这中间的推理在很长一个时期都是不严密的、有漏洞的。也就是说,市场失灵只是意味着需要一个外在的力量帮助市场找到均衡点。而现实中,这一外在力量可以是立法与法庭,可以是自律组织,可以是政府监管,等等。政府监管只是解决市场失灵问题的

---

① "羊群效应"是行为金融学中的一个重要概念。它描述了这样一种现象:当金融资产的价格出现某种明显的上涨或者下跌变动趋势时,投资者就会容易变得对自己原有的投资理念产生怀疑,更加相信市场中还存在一些自己还未能掌握的信息。从而,选择跟从其他投资者的操作方向进行交易就成了投资者比较容易接受的选择。当大量的投资者采取了这种投资思路后,就会引起金融资产价格的波动加剧。参见易阳平:《行为金融论》,上海财经大学出版社2005年版,第215页。

② 参见[美]约翰·卡西迪:《市场是怎么失败的》,刘晓锋、季晓峰译,机械工业出版社2011年版,第213页。

选项之一而已。换言之,市场失灵是政府干预的一个必要不充分条件。

因此,对于政府监管这一客观现实存在,在市场失灵之外必然存在其他一些理由来论证其合理性。其中,不完备法律理论[1]为此提供了有力的理论支撑。这一理论的基本观点是由于法律的内在不完备性,使得立法权和执法权会扩散到立法者和法庭之外,而政府监管者以其相比其他外在力量的优势在众多经济社会领域中扮演了立法者和执法者的双重角色。[2] 对此,详言之:

第一,法律具有内在的不完备性。法律是人类制度文明的主要体现之一。各种各样的制度和习惯,亦即人们做事的方法和工具,是透过长期的试错演化而逐渐形成的,这构成了我们所承袭的文明。[3] 相应地,那种认为人生来就具有智识的和道德的禀赋,使得人能够根据审慎思考就能形构文明的唯理主义观点是不符合人类文明发展进程的。[4] 尤其是最近一百多年来,人类的社会经济制度、科学技术、生活方式、生存环境、观念思潮、意识形态等诸多方面发生了翻天覆地的变革,这就使得以维系人类社会秩序为己任的法律在这一多变的、易变的现实面前表现出滞后性、保守性,或者说不完备性。应当说,法律的这一不完备性质是内在的、本质的,因为一方面法律为了能够给人们的行为提供明确的预期以实现维系社会秩序的目的,就要保持一定的稳定性,不能频繁修改;另一方面,作为社会精英的立法者也无法摆脱人类有限理性的特征,这就使得所制定出来的有限规则是无法框限无限的未来的。另外,作为妥协,为了尽可能保持现有规则的有效性,

---

① 不完备法律理论(Incomplete Law theory)是由伦敦经济学院的许成钢教授与美国哥伦比亚大学的卡塔琳娜·皮斯托教授(Katharina Pistor)于2001年共同提出的。该理论对政府监管,尤其是金融市场监管的存在提出了新的见解。See Katharina Pistor, Chenggang Xu, *Incomplete Law-A Conceptual and Analytical Framework and its Application to the Evolution of Financial Market Regulation*, Accessed December 29, 2015. http://papers.ssrn.com/sol3/papers.cfm?abstract_id=310588.

② 参见[美]卡塔琳娜·皮斯托、许成钢:《不完备法律——一种概念性分析框架及其在金融市场监管发展中的应用》(上),载吴敬琏主编:《比较》第3辑,中信出版社2002年版。

③ 参见[英]哈耶克:《自由秩序原理》(上),邓正来译,生活·读书·新知三联书店1997年版,第71页。

④ 参见[英]哈耶克:《自由秩序原理》(上),邓正来译,生活·读书·新知三联书店1997年版,第68页。

立法者往往会选择起草模糊性的、开放性的、概括性的法律条文，而将法律解释的工作留给法庭等司法机关。[①] 由此，当今天我们面对影子银行这一棘手问题而急欲从之前的法律条文中找寻解决方法却不得时，我们应该认识到流变的历史进程必然会溢出先前法律条文所划定的范围。毕竟，时移事易，相比其他社会领域，服务和引领社会经济发展的金融实践的创新性更加显著，由此产生的新的金融工具、新的金融服务方式、新的金融交易机制等必定难以完全地为法律条文所预先涵盖。所以，为了保持金融发展的稳健性和可持续性，需要在立法之外找寻其他辅助手段来缓解因法律不完备而存在的局限性。

第二，相比其他主体，政府监管者具有独特的优势。由于不能预见未来可能发生的所有事件，立法者所制定的法律必定是不完备的，必然会留有漏洞，正所谓"立法从来都是一门遗憾的艺术"。这一判断意味着为优化法律对社会的控制，需要在立法之外借助其他的辅助力量。一般来说，这些辅助力量主要有法庭、自律组织、政府监管者等。逐一来看，在法律不完备的背景下，为了增强执法的效力，可以选择赋予法庭以"剩余立法权"[②]。这一点在普通法系国家体现得尤为明显，即在普通法系国家中，虽然立法的作用得到普遍承认，而且也有大量有效成文法规存在，但是，可以说，普通法是由法官创造和建立起来的。[③] 然而，就具体执法效果而言，出于保持中立和公正的需要，法庭往往会遵循"不告不理原则"。而这一被动执法者的角色定位使得法庭只有在有害行为发生且被害人起诉之后，才能介入相关争端。所以，单纯的被动执法很可能导致威慑失灵，不能有效地保护诸如金融秩

---

① See Joseph A. Grundfest, A. C. Pritchard, *Statutes with Multiple Personality Disorders: The Value of Ambiguity in Statutory Design and Interpretation*, *Stanford Law Review*, 2002, 54 (4), p. 628 – 631.

② 剩余立法权(Residual Lawmaking Power)是不完备法律理论中的一个重要概念，意指为了适应变化中的环境，对现有法律进行解释而将其扩大适用于新案件的权力。这一权力既可以由立法者保留，也可以授予法庭或监管者。See Katharina Pistor, Chenggang Xu, *Incomplete Law-A Conceptual and Analytical Framework and its Application to the Evolution of Financial Market Regulation*, Accessed December 29, 2015. http://papers. ssrn. com/sol3/papers. cfm? abstract_id = 310588.

③ 参见[美]约翰·亨利·梅利曼:《大陆法系》(第2版)，顾培东、禄正平译，法律出版社2004年版，第34页。

序、公众健康等重大社会利益。至于自律组织，一般以行业协会的形式存在，其定位为民间社会团体，以维护行业共同利益为宗旨，具体采取协调、服务、自律、维权等方式。① 由于不属于公权力机构且着眼于行业整体利益，自律组织对于具体违法违规行为并不具有相应的执法权，导致其在优化执法方面所能发挥的作用是有限的。与前述法庭和自律组织相比，政府监管者的独特优势体现为它被同时赋予了两项职能——立法权和主动执法权。一方面，“尽管监管者的立法权限明显小于立法机构，但程序要求对它的限制也格外宽松，因此，它更能自如地应对外界变化”②。另一方面，监管是一种主动式执法，可以防患于未然，即在有害结果发生之前就可以通过设计规则和启动调查程序来阻止有害行为。这对于金融稳定、食品安全、核能安全等重大公共利益的保护至关重要。

具体到影子银行来说，无论是从事中还是事后来看，当影子银行系统不断扩张，重要性赶上甚至超过传统银行的时候，政治家和政府官员本应采取对策，扩大监管和金融风险防范网，以覆盖这些新金融机构。遗憾的是，当局没有适时采取任何行动来扩大监管。相反，当时的意识形态和主流思潮都是十分反对监管的。③ 结果风险愈演愈烈，最终危机爆发。但是，“亡羊补牢，为时未晚”。在危机初露端倪之时，政府监管者就开始主动采取一系列非常规举措来延缓、纾解危机的恶化进程，从而有效阻止了金融系统的崩溃。例如，美联储根据《联邦储备法》第 13 条第 3 款赋予的“特殊和紧急状况下”的特殊权力自主决定向非银行机构提供信贷和流动性支持，其中主要有向包括 5 大独立投资银行在内的 20 个一级交易商出借美国国债的定期证券借贷便利（TSLF）、向投资银行提供类似贴现窗口的一级交易商信贷便利（PDCF）、救助货币市场基金的资产支持商业票据货币市场基金流动性便利（AMLF）。此外，在危机应对过程中，美联储有时还突破了只能提供有担保贷款的法律规定，如在摩根大通收购贝尔斯登时，由纽约联邦储备银

① 参见《中国银行业协会章程》第 3 条、第 5 条和《中国证券业协会章程》第 3 条、第 6 条。

② [美]卡塔琳娜·皮斯托、许成钢：《不完备法律之挑战与不同法律制度之应对》，载吴敬琏、江平主编：《洪范评论》第 2 卷第 1 辑，中国政法大学出版社 2005 年版。

③ 参见[美]保罗·克鲁格曼：《萧条经济学的回归和 2008 年经济危机》，刘波译，中信出版社 2009 年版，第 153～154 页。

行借给贝尔斯登300亿美元，而以贝尔斯登300亿美元的复杂且缺乏流动性的资产作抵押；又如为无担保的商业票据市场提供商业票据融资便利（CPFF）。

二、影子银行分类监管的必要性

在“影子银行的外延划分”部分，本书根据运作机制的不同，将以美国式影子银行为代表的国际影子银行划分为体系化影子银行和个体化影子银行，而将我国的影子银行或者依据主办主体划分为银行系影子银行和非银行系影子银行，或者依据所在领域是否受到国家金融监管部门的正式监管而划分为正规金融领域的影子银行和非正规金融领域的影子银行。总的来说，如果以运作机制进行衡量，我国的影子银行基本上都属于个体化影子银行。因此，从逻辑分类的角度出发，显然，我国的影子银行可以被纳入国际影子银行中的个体化影子银行范畴中。相应地，对国际影子银行监管实践的研究可以为我国的影子银行监管提供有益经验借鉴。

一般来说，对研究对象进行划分，或者说分类，可以让我们更清晰地认识复杂事物所内含的共性特征和个性特征。具体到影子银行的分类来说，显然不是为了分类而分类，而是为了通过识别影子银行的不同个性特征，来找寻与其相对应的有效监管模式。如上所述，根据运作机制的不同，国际影子银行可以划分为体系化影子银行和个体化影子银行。一方面，就体系化影子银行的运作机制来说，不同于传统银行在一张资产负债表中完成信用中介功能，体系化影子银行是在一个业务链条中完成的，[①]其中的参与机构主要包括抵押贷款发起机构、特殊目的实体（SPV）、债券保险公司、信用违约互换发售机构、信用评级机构等。这些参与机构分别承担着各自独特的功能角色，并通过协力配合形成一个信用中介业务链条，从而在整体层面上发挥着期限转换、流动性转换、信用转换等信用中介功能。应当说，这一信用中介功能的发挥极大地促进了美国房地产行业的发展，具有较高的经济价值和社会价值。不过，由于参与其中的各机构在危机之前普遍不受监管

---

① 参见阎庆民、李建华：《中国影子银行监管研究》，中国人民大学出版社2014年版，第18页。

或所受监管不足，导致这一信用中介链条最终崩溃。另一方面，就个体化影子银行的运作机制来说，类似于传统商业银行，个体化影子银行同样是在一张资产负债表中完成了信用中介功能，亦即它们直接复制了商业银行的负债业务和资产业务。在美国，典型的个体化影子银行主要包括华尔街五大投资银行、房利美（Fannie Mae）、房地美（Freddie Mac）、对冲基金、货币市场基金等。这些机构在危机中命运各不相同，破产、被收购、被国有化、被美联储紧急救助等，不一而足。而具体到我国的影子银行，尽管"正规金融领域的影子银行活动"和"非正规金融领域的影子银行活动"基本上都属于个体化影子银行，但二者在风险表现、风险成因等方面同样存在一定的差异。例如，在金融消费者权益保护方面，非正规金融领域的影子银行活动存在的问题更为严重，由此给金融消费者个体乃至整体社会经济稳定所造成的冲击也更大。

通过以上分析，可以看出，体系化影子银行和个体化影子银行在运作机制、主要风险暴露点、经济社会价值等方面存在显著的差异，甚至就连个体化影子银行内部，各机构的风险状况、受救助程度等也存在明显区别。正是因为存在以上诸多差别，有关影子银行的监管不适合"一刀切"的单一监管，而是应当根据各类影子银行的特性实施分类监管，即明确相应的监管策略、监管重点、监管方式、监管手段等，从而做到有的放矢、提高监管实效。①

本章小结

影子银行从事了信用中介活动，但却没有受到足够的监管，由此对应于它的银行性质和影子性质。根据运作机制的不同，可以把影子银行划分为体系化影子银行和个体化影子银行。其中，体系化影子银行是一个信用中介链条，而个体化影子银行只是单纯复制商业银行的信用中介功能而已。以此视角观察我国的影子银行形式，可以发现，我国的影子银行在运作机制

① 参见潘静：《中国影子银行体系监管的路径选择与制度构建》，西南财经大学 2014 年博士学位论文，第 42 页。

方面基本上都属于个体化影子银行的范畴。另外,影子银行之所以会产生,有着深刻的经济社会背景因素,主要包括宏观经济背景因素、市场需求端因素、机构供给端因素,其中大量的金融需求无法得到有效满足是直接原因。客观地评价影子银行,应当说其既具有正面效应,也具有不容忽视的负面效应。具体来说,正面效应主要体现为丰富了居民投资渠道,有利于增加居民财产性收入;填补了金融服务缺口,支持了实体经济发展;提高了金融体系效率,推动了金融行业发展。至于负面效应,则主要包括影子银行的监管套利带来了新的脆弱性;影子银行是系统性金融风险的重要诱因。

由此,需要对影子银行进行必要的监管。从理论层面上讲,市场失灵理论、金融脆弱性理论、不完备法律理论等可以为影子银行监管提供充分的理论依据。因此,影子银行的监管问题是金融监管法学的研究对象,属于经济法学的范畴。如果说,理论层面是"形而上",那么实践层面则是"形而下",具体到影子银行的监管方式来说,鉴于各种影子银行形式在运作机制、风险状况等方面的不同,所以应当对其进行分类监管。

第二章 体系化影子银行的监管问题

按照运作模式的不同,本书将影子银行划分为体系化影子银行和个体化影子银行。关于体系化影子银行和个体化影子银行各自的运作机制,本书在第一章已简要谈及。接下来,本书将分述体系化影子银行和个体化影子银行的风险及监管,具体会涉及风险表现、风险成因、监管改革及评析等方面。鉴于国际影子银行实践以体系化影子银行为主要表征以及个体化影子银行和体系化影子银行之间客观存在的依附与被依附的关系,本书将首先对体系化影子银行的风险及监管问题做一探讨。

体系化影子银行的主要表征是住房抵押贷款证券化,是以特殊目的载体为核心建构起来的融资机制。客观而言,在本轮全球金融危机之前,正常运作情况下的住房抵押贷款证券化作为一种有价值的投融资工具,在促进风险有效分散和经济增长方面发挥了重要作用。但是,同样不可否认的是,在本轮全球金融危机的引爆、升级和蔓延的进程中,住房抵押贷款证券化在其中扮演了关键性角色,一时之间成为众矢之的。在权衡住房抵押贷款证券化使用的利弊得失的前提下,应当说,为确保这一机制能够在一个稳健、可持续的基础上继续发展，识别、分析其在本轮危机中浮出水面的问题并进行相应的制度变革是人类理性思维的当然选择。

第一节　体系化影子银行的风险表现

从美国联邦住房贷款抵押公司(Freddie Mac，以下简称房地美)在1971年推出第一张住房抵押贷款支持证券开始，到2008年全球金融危机爆发为止，体系化影子银行在其近40年的运作历程中为参与其中的各方提供了广泛的投融资机会，带来了实实在在的利益和好处。应当说，使用体系化影子银行，就其本身而言，并不是问题。然而，体系化影子银行何以在2008年造成了“大萧条”以来最严重的一场金融市场混乱？这场金融市场混乱如何才能得到有序、合理的解决？

为了能够明确地回答这些“为什么”和“怎么做”，需要首先回答“是什么”，即体系化影子银行的市场混乱具体体现在哪些方面？

一、资产价格随住房抵押贷款违约率上升而急剧下跌

住房抵押贷款支持证券，顾名思义，是以住房抵押贷款为还款来源的证券。因此，其市场价格与住房抵押贷款的质量息息相关，而表征抵押贷款质量的一个重要指标就是违约率。

应当说，美国的住房抵押贷款违约率与其房地产市场的发展休戚相关。正所谓，每一个历史事件都是多种因素综合在一起后共同作用产生出的结果。在美国经济“大稳健”时期[①]滋生的自满情绪、繁荣观念的社会传染、外国资金的大量涌入等因素的影响下，美国房价在1998年左右开始上涨，[②]并且一直持续到2006年。这段时间，美国房价的上涨具有两大特点：一是

---

① 美国经济在20世纪80年代后期和90年代经历了一个稳定增长的时期，经济学家将这个时期称为“大稳健”时期。参见黄海洲：《全球货币体系第三次寻锚》，载《国际经济评论》2016年第4期。

② 参见[美]本·伯南克：《行动的勇气：金融危机及其余波回忆录》，蒋宗强译，中信出版社2016年版，第101页。

上涨速度快。2013 年诺贝尔经济学奖得主罗伯特·J. 席勒(Robert J. Shiller)将这一房价上涨趋势比作“刚刚发射的火箭”一般。而相关数据也印证了这一点。其间,美国总体的住房价格上涨了 85%。[①] 单个年份的上涨率普遍在 10% 以上,例如 2004 年美国房价上涨了 16%,2005 年则是 15%。[②] 二是存在全国普遍性。美国历史上其他时期的地产泡沫相对都比较本地化,人们能见到的对泡沫的解释不会被归纳总结并应用到对其他地区地产市场的分析上。[③] 然而,这一次的确存在全国性的泡沫,只是不同地区、不同城市的泡沫存在差异。比如,沙州(佛罗里达、内华达和亚利桑那)的泡沫比中西部各州大一些。[④]

缺乏经济基本面和真实需求支撑的美国房价在 2006 年开始回落。如同上涨时期的“火箭升空”一般,房价的暴跌也如“火箭下坠”——从 2006 年春到 2009 年春暴跌了 30% 多,[⑤]尤其是拉斯维加斯、迈阿密和旧金山等那些前期房价涨速较快的城市,随后的房价下跌速度也较快。美国房价急剧下跌引发的一个直接后果就是住房抵押贷款违约率的直线上升。这是由于一方面,房价下跌使得借款人难以按照预期通过房屋净值获得再融资;另一方面,在急剧下跌情况下,借款人的借款余额往往会超过他们的房屋价值,从而使其丧失进一步还款的动力。对此,相关数据体现为:次级抵押贷款严重违约(逾期 90 天及以上天数未偿,或是已经丧失抵押品赎回权)的比例从 2005 年秋季的 6% 飙升到了 2009 年年底的 30% 多。其中,在 2006 年年底,次级贷款违约率就超过 13%。到 2007 年 2 月,拖欠的按揭付款额达到了三年半以来的新高,止赎率也增加了一倍多,从 2.2% 上

① 参见[美]罗伯特·席勒:《非理性繁荣与金融危机》,何正云、束宇译,中信出版社 2014 年版,第 5 页。

② 参见[美]本·伯南克:《行动的勇气:金融危机及其余波回忆录》,蒋宗强译,中信出版社 2016 年版,第 99 页。

③ 参见[美]罗伯特·席勒:《非理性繁荣与金融危机》,何正云、束宇译,中信出版社 2014 年版,第 26 页。

④ 参见[美]本·伯南克:《行动的勇气:金融危机及其余波回忆录》,蒋宗强译,中信出版社 2016 年版,第 99 页。

⑤ 参见[美]本·伯南克:《行动的勇气:金融危机及其余波回忆录》,蒋宗强译,中信出版社 2016 年版,第 117 页。

升至4.8%。[①] 而比重占到次级贷款一半的次级可调利率抵押贷款的严重违约率从2006年初的10%，一路上升到2008年年初的30%，到2009年年初甚至达到40%。同期，其他类型的抵押贷款也相继出现了不同程度的违约率上升。[②]

好比如果橘子是腐烂的，那么用这些橘子生产出来的橘子汁也应该是变质的。随着住房抵押贷款违约率的上升，2007年1月底，次级抵押贷款债券的价格及其价格指数开始下跌。开始的时候，债券价格呈稳步下跌的趋势，随后是快速下跌。到2007年6月初，三B级次级债券指数以60美分收盘，表明债券已经损失了其原始价值的30%。[③] 这使得大量机构因持有次级抵押贷款和次级抵押贷款支持证券而损失惨重。比如在次贷发放机构方面，2007年2月，世界第三大银行、美国最大的次级贷款机构——汇丰银行宣布计提106亿美元的坏账准备；4月，美国第二大次贷放贷机构新世纪金融公司申请破产。在次贷支持证券投资机构方面，2007年7月，贝尔斯登旗下的两只对冲基金因投资房贷类证券而损失惨重，双双申请破产；8月法国最大的银行——巴黎银行停止了旗下三只投资基金的赎回，理由是所投资的房贷类证券已经完全丧失了流动性。

二、特殊目的实体的使用引发重大市场失败

在证券化流程的一系列机制安排中，特殊目的实体扮演着核心角色。真实出售、破产隔离等法律效果的实现均系于特殊目的实体。可以说，证券化市场的发展严重依赖于特殊目的实体的使用。

“成也萧何，败也萧何。”尽管本轮全球金融危机的成因是广泛而复杂的，如宏观经济因素、金融市场因素、金融监管因素，但不容回避的是，这些因素的影响经由特殊目的实体的使用而被放大了，从而引发了一系列重大市场失败。而与特殊目的实体有关的市场失败则集中体现于它在证券化中

---

① 参见[美]希拉·贝尔：《直面危机：拯救华尔街从这里开始》，刘声峰、李泊言译，电子工业出版社2014年版，第43、46页。

② See The Financial Crisis Inquiry Commission, *The Financial Crisis Inquiry Report*, U.S. Government Printing Office, 2011, p. 217.

③ 参见[美]迈克尔·刘易斯：《大空头》，何正云译，中信出版社2011年版，第158页。

的具体应用领域，即为抵押贷款等提供融资来源的抵押贷款支持证券（MBC、CDO 等）和资产支持商业票据（ABCP）。

第一，在抵押贷款支持证券方面，特殊目的实体的使用极大地拓展了这场危机的广度和深度。在 2007 年年初，“次级抵押贷款占美国所有未偿还抵押贷款的比例不到 1/7。引发危机的违约和拖欠贷款行为大多集中在浮动利率次级抵押贷款上，而这些贷款占所有抵押贷款的比例不到 1/12”①。从极端的角度来说，即便所有的次级贷款都沦为坏账，其带来的损失也是一个多元化的强劲经济体完全能够承受得住的。更何况，无论是实际的坏账比例，还是作为抵押品的房屋的出售收入，都会将贷款损失控制在几千亿美元的范围内。基于这一认识，当时美国政府部门普遍认为这场由次贷引发的危机是温和的、短暂的，以及经济下行的风险虽然在增加，但不足以拖垮整个美国经济。例如，美联储联邦公开市场委员会在 2007 年 3 月 20 ~ 21 日召开的定期会议中，美联储经济学家戴夫·斯托克顿（Dave Stockton）认为次级贷款风险外溢到市场主要部分的程度尚小，并预测住房市场需求会经历一个小幅的减缓；芝加哥联邦储备银行行长迈克·莫斯科（Mike Moskow）说，考虑到金融市场充足的流动性，次级贷款问题似乎不太可能给总体信贷供应或定价带来重大变化。② 美联储主席伯南克 2007 年 3 月 28 日在国会联合经济委员会上所做的经济前景报告中称，虽然次贷市场的混乱给许多个人和家庭造成了严重的财务问题，但其对更广泛的经济和金融市场的影响看起来很可能是可控的。③ 同一时期，美国财政部长保尔森、纽约联邦储备银行行长盖特纳等人也都认为当时的美国经济不可能爆发金融危机。为什么政府决策部门普遍都低估了次贷问题的影响范围及其所带来的风险呢？原因无外乎预期判断中忽视了有关重要细节。这其中，经由特殊目的实体的使用而在抵押贷款支持证券市场中发生的变化是一个重要方

---

① 参见[美]本·伯南克、蒂莫西·盖特纳、亨利·保尔森：《灭火：美国金融危机及其教训》，冯毅译，中信出版社 2019 年版，第 13 页。

② See Federal Open Market Committee, *Meeting of the Federal Open Market Committee on March* 20 – 21, 2007, Accessed September 16, 2016. https://www.federalreserve.gov/monetarypolicy/files/FOMC20070321meeting.pdf.

③ See Ben S. Bernanke, *The economic outlook*, Accessed September 16, 2016. https://www.federalreserve.gov/newsevents/testimony/bernanke20070328a.htm.

面。简言之,通过特殊目的实体,次级贷款和其他类型的抵押贷款被转换成各种各样的证券,并且在这一过程中,相同的证券被反复抵押,从而创造出了价值远超基础资产的大量衍生债券产品。例如,从 2003 年到 2007 年,有多达 4 万亿美元的抵押贷款支持证券(MBS)被创造出来,同期以包含抵押贷款支持证券在内的资产为抵押,华尔街又创造出将近 7000 亿美元的债务抵押债券(CDO)。[①] 于是,这些结构化产品放大了基础抵押贷款的损失,并将损失传遍整个金融系统。

第二,在资产支持商业票据方面,其发行主体主要是结构化投资载体和资产支持商业票据管道。[②] 在本质上,二者都属于特殊目的实体。它们发行的资产支持商业票据都是以其持有的中长期资产作为担保的。由于这种短期借入和长期借出之间存在明显的期限错配,为了保证所发行的资产支持商业票据能够获得及时偿付,无论是结构化投资载体还是资产支持商业票据管道,都需要发起人提供一定程度的流动性支持或信用支持。应当说,在市场稳定时期,这些流动性支持或信用支持通常是备而不用的。但是,在市场压力时期,这些特殊目的实体连同其流动性提供者就会面临重大的流动性和清偿压力。截至 2007 年 1 月,商业银行等金融机构在表外共设立了 55 家结构化投资载体,所持有的资产总量在 4000 亿美元左右,并且这些资产都是用短期资金——资产支持商业票据购买的。[③] 随着房贷类资产的大幅减值,投资者拒绝再延展贷款,导致发起机构不得不承担起巨额的担保责

---

① See The Financial Crisis Inquiry Commission, *The Financial Crisis Inquiry Report*, U. S. Government Printing Office, 2011, p. 129.

② 从形式上看,结构化投资载体属于广义的资产支持商业票据管道的范畴。但结构化投资载体与通常所说的资产支持商业票据管道存在以下区别:(1)购买的资产不同。结构化投资载体购买的资产通常由评级和流动性都较高的结构性债券、公司债券等组成;而资产支持商业票据管道的资产类别则更为丰富。(2)所需的外部流动性支持不同。由于资产类别的差异,结构化投资载体通常只需要 10% ~15% 的流动性支持,而资产支持商业票据管道需要更高程度的流动性支持。(3)是否使用杠杆不同。结构化投资者载体通常会筹集第三方资金进行杠杆化操作,而资产支持商业票据管道则一般不使用杠杆。See Gary B. Gorton, *The Panic of* 2007, Accessed September 19, 2016. https://www. nber. org/papers/w14358. pdf; Moody's Investors Service, *The Fundamentals of Asset-Backed Commercial Paper*, Accessed September 20, 2016. http://pages. stern. nyu. edu/ ~ igiddy/ABS/moodysabcp. pdf; The Financial Crisis Inquiry Commission, The Financial Crisis Inquiry Report, U. S. Government Printing Office, 2011, pp. 252 – 253, 275.

③ 参见辛乔利:《影子银行》,中国经济出版社 2010 年版,第 59 页。

任。例如,美国著名的银行控股公司——花旗银行在2008年11月宣布出售其最后的结构化投资载体,从而使价值174亿美元的风险资产回归自身的资产负债表。[①] 至于资产支持商业票据管道,情况同样如此。据保守估计,金融危机期间资产支持商业票据管道的总损失比率在5%到15%。与之相对应,管道资产的总损失在680亿美元到2040亿美元。事后来看,这些损失基本上都是由管道背后的发起机构承担的。[②]

三、外部信用担保无力提供预期保护

在证券化机制中,主要存在两类外部合同性信用担保机制:一是单一险种保险公司提供的债券保险;[③]二是美国国际集团等华尔街机构出售的信用违约互换。理论上讲,服务于发行方和投资方两方面的信用担保原本应当为证券化的发展提供充分的市场弹性,但是危机的爆发表明事实并非如此。实际上,无论是单一险种保险公司,还是美国国际集团等机构,在本轮全球金融危机中都遭受了重大冲击而无力提供预期保护。

其一,在提供债券保险的单一险种保险公司方面,当房贷类证券因其基础资产——住房抵押贷款大量违约而价值急剧下跌时,作为信用增级主要参与方之一的单一险种保险公司随即遭受了严重冲击,并引发了系统性风险。详言之,第一,单一险种保险公司自身损失惨重。随着债券违约成为现实,单一险种保险公司需要按照合同约定履行担保。于是,它们的资本金迅速消耗而面临极端的财务压力。例如,美国规模最大的几家单一险种保险公司——美国市政债券保险公司(AMBAC)、美国城市债券保险集团(MBIA)和抵押担保公司(MGIC)的信用利差从2007年夏天开始节节攀

---

① 参见[美]亨利·保尔森:《峭壁边缘:拯救世界金融之路》,乔江涛等译,中信出版社2010年版,第348页。

② See Viral V. Acharya, Philipp Schnabl, Gustavo Suarez, *Securitization without risk transfer*, *Journal of Financial Economics*, 2013, 107(3), p. 532.

③ 所谓单一险种保险公司(monoline insurance companies)是指业务形式单一,即专门从事金融担保业务的保险公司。在证券化业务中,单一险种保险公司通过为债券的一个分层(或多种分层)的本金和利息的及时偿付提供担保而收取保险费。See The Financial Crisis Inquiry Commission, *The Financial Crisis Inquiry Report*, U. S. Government Printing Office, 2011, p. 542.

升，从之前的几乎为零上升到2008年6月的3000多个基点。[①] 与之相对应，一些单一险种保险公司因大规模承保房贷类证券而亏损严重，如全世界最大的单一险种保险公司MBIA在2007年第四季度亏损23亿美元；同期，第二大单一险种保险公司安巴克（Ambac）的亏损是33亿美元。[②] 并且随着危机的恶化，美国的单一险种保险公司几乎全部濒临倒闭。第二，保险买方遭受重大损失。债券保险的增级作用集中体现为通过引入金融担保，所发行的债券的评级可以提升至单一险种保险公司自身的评级水平。相应地，在市场下行时期，债券价值下跌和随后的保险公司信用评级下调会引发并加剧单一险种保险公司的资金压力，同时这一资金压力进一步导致它们所担保的债券层级价值下跌，从而迫使商业银行、投资银行等保险买方大幅减记这些资产的价值。例如，美林（Merrill）在2007年年底意识到单一险种保险公司可能无法履行担保后，开始计提损失准备金。整个2008年，它计提的与单一险种保险公司有关的损失准备金高达130亿美元。而花旗（Citigroup）在抵押贷款和结构化证券投资方面的损失有580亿美元，其中80亿美元的损失与从单一险种保险公司购买的担保有关。[③]

其二，在美国国际集团等信用违约互换出售方方面，[④]由于相比单一险种保险公司，美国国际集团等华尔街机构在金融担保的交易规模、交易机制等方面表现得更为激进，所以其损失和影响也更为严重。具体来说，第一，美国国际集团遭遇了严重的流动性危机。由于交易双方可以不受监管地自主设计合约条款，出于市场竞争考虑，美国国际集团在其出售的信用违约互换中普遍约定在实际损失发生之前，如出现债券评级、自身评级下调等情形，就要交付保证金。这导致在评级机构于2007年7月下调住房抵押贷款

---

① See Viral V. Acharya, etc., *On the Financial Regulation of Insurance Companies*, Accessed October 17, 2016. http://web-docs.stern.nyu.edu/salomon/docs/whitepaper.pdf.

② See Ben Lord, *Monoline insurers-what's going on?*, Accessed October 17, 2016. https://www.bondvigilantes.com/blog/2008/02/01/monoline-insurers-whats-going-on/.

③ See The Financial Crisis Inquiry Commission, *The Financial Crisis Inquiry Report*, U. S. Government Printing Office, 2011, pp. 259, 261.

④ 由于不受监管，信用违约互换的买家和卖家可以由任何一家机构充当，但鉴于美国国际集团在信用违约互换领域的典型代表性以及其后接受政府救援的巨额规模，本部分着重分析美国国际集团的情形。

支持证券的评级之后，美国国际集团面临着不断被追加保证金的要求。在这一过程中，美国国际集团与其主要客户高盛、法国兴业银行等就保证金的追加数额发生了旷日持久的争议。而评级机构于2008年2月、9月两次下调美国国际集团的评级，使其流动性状况雪上加霜。截至2008年9月12日，美国国际集团共向客户交付了189亿美元的保证金，使其流动性在当时难以为继，严重威胁到公司生存。[①] 第二，美国联邦政府被迫紧急救助美国国际集团。通过出售多达790亿美元的信用违约互换以及证券回购、人寿保险等业务，美国国际集团与全球金融系统建立了千丝万缕的关联。可以说，其一旦破产，将引发严重的系统性危机。于是，纽约联邦储备银行在2008年9月16日向美国国际集团发放了850亿美元的贷款，随后又追加了378亿美元。之后，美国财政部通过"问题资产救助计划"为其注资400亿美元。从而，借助政府援助，美国国际集团完全支付了针对信用违约互换交易方的赔偿，而这同时也引发了广泛的争议。

四、信用评级机构扮演金融危机的重要推手

信用评级机构通过提供评估债务人违约可能性以及相应损失度的特定服务而在现代资本市场中发挥着重要作用。传统上，信用评级的对象主要是公司债券、政府债券等固定收益产品。随着金融市场的发展，结构化金融产品以其多元的层级结构和收益安排降低了融资成本，逐渐成为各类发行人筹集资本的一种重要方式。但是，多元的收益结构对应于复杂的结构安排，使得RMBS和CDO等结构化金融产品在流动性和透明度方面远不及普通债券，从而其估值和流动性在很大程度上依赖于信用评级的揭示和推动。因此，结构化金融产品可谓是"评级驱动"的产品。

第一，评级机构在结构化金融产品的快速发展中发挥着关键作用，其一体现在结构化金融产品的构建流程中。因为结构化金融产品的设计初衷是满足投资者不同的风险偏好和投资时间限制，所以在相当程度上，它们是为特定的信用评级而设计的。而所谓寻求特定信用评级，简单地讲，就是结构

---

① See The Financial Crisis Inquiry Commission, *The Financial Crisis Inquiry Report*, U. S. Government Printing Office, 2011, pp. 344 - 345.

化金融产品的发行人通常事先决定每一层级所想获得的评级，然后各层级相应地被构建。以RMBS的构建流程为例，主办方将贷款池的数据和特殊目的载体的资本结构提供给评级机构，从而启动评级流程。评级机构首先基于评级模型、有关在不同程度的压力环境下资产池中有多少贷款会预期违约以及违约之后本金回收情况的数据因素给出评级预测。基于这一评级预测，评级机构会决定一个给定的层级为了获得特定的信用评级所需要的信用增级程度。而在主办人安排了相应的信用增级并确定了分层结构之后，评级机构会展开利息和现金流的分析，而后给出最终的评级。① 从中可以看出，在结构化金融产品的构建流程中，评级机构扮演着关键性的角色。其二体现在结构化金融产品的发行数量及其在评级机构收入贡献占比上。从2001年开始，美国住房抵押贷款的发放数量逐年大幅上涨，并且其中的大部分被证券化了。相应地，美国的RMBS发行数量水涨船高——2001年到2006年的发行数量分别是1490亿美元、2430亿美元、3430亿美元、4300亿美元、7260亿美元和6870亿美元。即使在次贷危机爆发的2007年，RMBS的发行量也高达5090亿美元。② 同期，美国CDO的发行数量以每年翻一番的速度增长，从2003年的300亿美元增长到2006年的2250亿美元，而2007年的发行数量也高达1940亿美元。③ 同一时期，结构化金融产品评级成为评级机构的重要收入来源，这是由评级收费与每笔交易的规模相挂钩决定的。以三大评级机构中规模最大、营业历史最久的穆迪为例，其从RMBS和CDO评级中获得的收入从2000年的1.99亿美元增长到2006年的8.87亿美元，相应地对公司总收入的贡献占比从33%上升到44%。④

第二，评级机构对结构化金融产品的大规模集中降级严重冲击了金融

---

① See OICU-IOSCO, *The Role of Credit Rating Agencies in Structured Finance Markets*, Accessed November 21,2016. http://www.iosco.org/library/pubdocs/pdf/IOSCOPD270.pdf.

② See Martin Bratrsovsky, *Development of Structured Financial Products during the Crisis*, *Doctoral dissertation*, Charles University, 2013, p. 32.

③ See The Financial Crisis Inquiry Commission, *The Financial Crisis Inquiry Report*, U. S. Government Printing Office, 2011, p. 130.

④ See The Financial Crisis Inquiry Commission, *The Financial Crisis Inquiry Report*, U. S. Government Printing Office, 2011, p. 149.

系统。2006年中期,美国房价趋于平稳后开始下跌,房屋贷款的违约率随之大幅度上升,而原先对抵押贷款支持证券的评级也显得过于乐观了。之后,评级机构对RMBS和CDO的大规模集中降级造成了全球金融市场的大震荡。① 具体来说,相关的评级下调具有两大突出特点:一是降级规模重大。可以说,始于2007年的评级下调波及了所有评级等级。比如,2007年的前10个月,所有降级中涉及投资级分层(先前评级在AAA到BBB-之间的层级)的占比是74%,投机级分层(BBB-以下)的降级占比是26%。其中,在投资级分层部分,受影响最严重的是先前评级在AA等级以下的层级,但是仍然有12%的降级波及理论上风险最小的获得AAA和AA评级的层级。② 又如,截至2009年6月,标准普尔在2005年到2007年评定为AAA级的所有ABS和CDO分层中,只有10%的分层仍维持3A评级,有大约60%的分层被降到B级以下。③ 二是降级时间集中。在RMBS部分,以2007年前10个月的评级变化为例,有超过60%的降级发生在7月的三天中(7月10日、12日和19日)、8月的一天(8月16日)和10月的几天中(10月11日、15日、17日和19日)。同时还存在短时间内的连续降级,如标准普尔在2007年7月10日将276份层级调至负面观察,其中的238份在两天后被降级。惠誉在2007年7月和8月所做的2685次负面评级行动中,有2/3在10月再次被降级。在CDO部分,三大评级机构在2007年前11个月共采取了11890次降级行动,其中绝大部分发生在10月(约占32%)和11月(约占41%),而7月至9月的占比大约分别是7%、7%和6%。④

① 参见[美]范瑞尔·阿查里亚等编:《监管华尔街:〈多德-弗兰克法案〉与全球金融新架构》,梅世云、盛文军译,中国金融出版社2012年版,第368页。

② See AMF, *Analysis of Subprime RMBS Ratings in the USA*, Accessed November 22, 2016. http://www.amf-france.org/technique/multimedia?docId=workspace://SpacesStore/5cbbf096-2211-486b-9381-f88193be656b_en_1.0_rendition.

③ See IMF, *Global Financial Stability Report* 2009, Accessed November 22, 2016. https://www.imf.org/external/pubs/ft/gfsr/2009/01/.

④ See AMF, *Analysis of Subprime RMBS Ratings in the USA*, Accessed November 22, 2016. http://www.amf-france.org/technique/multimedia?docId=workspace://SpacesStore/5cbbf096-2211-486b-9381-f88193be656b_en_1.0_rendition.

第二节　体系化影子银行的风险成因

如果将体系化影子银行在这场危机中触发的市场乱象比作“病征”的话,那么乱象背后的成因就是“病因”了。针对“病征”的总结、归纳无论多么的生动、明晰,终究只是一种感性认识。若要上升到理性认识的层面,则要运用逻辑思维在表面现象和深层现象之间建立起有意义的关联,而这些被认定的深层现象就是导致表面现象的所谓“病因”了。

一、住房抵押贷款发放标准全面降低

概言之,次贷危机的直接导火索是低质量的次级贷款。低质量的次级贷款在危机前夕助推了美国房价的大幅上涨,使其泡沫化日趋严重,而在危机爆发之后,则引发了抵押贷款支持证券的巨额减值。

为什么会有大量的低质量次级贷款充斥于市场中?这些低质量次级贷款是如何产生的?具体体现在哪些方面?对此,下文主要从贷款标准全面降低的表现和原因这两个方面进行概述和分析。

美国住房抵押贷款发放标准全面降低集中体现在次级贷款的发放方面。首先在发放数量方面,以 2001 年为界线,在此之前次级贷款在每年新增抵押贷款中的比重较小,1998 年到 2001 年每年占比在 10% 左右,年均金额在 1000 亿美元上下。从 2001 年开始,次级贷款被大量发放,2002 年为 2000 亿美元,2003 年上涨到 3100 亿美元,2004 年急剧上涨至 5400 亿美元,2005 年继续增长至 6200 亿美元,而 2006 年的发放量也达到 6000 亿美元。相应地,次级贷款在每年新增抵押贷款中的比重也逐年提升,2002 年到 2006 年分别为 7.4%、8.3%、20.9%、22.7% 和 23.5%。① 其次,在种类性质方面:一是“三无”贷款被大量发放,即在借款人无收入、无工作、无资产等证明文件的情况下,要么通过贷款经纪人协助伪造文件的方式(如虚报

---

① See The Financial Crisis Inquiry Commission, *The Financial Crisis Inquiry Report*, U. S. Government Printing Office, 2011, p. 70.

收入),要么通过不加审核的方式,而被授予了贷款。二是可调整利率抵押贷款(Adjustable-rate mortgage)①被大量使用。原本服务于某些高净值客户特定融资需求的可调整利率抵押贷款在次级贷款发放中被大量使用,如从2001年到2007年,可调整利率抵押贷款的规模占次贷总量的比重分别为59.9%、68.2%、65.3%、75.8%、76.8%、54.5%和43.8%。② 当利率重置之后,次级借款人一般没有能力支付更高的利率,而借助于不断上涨的房价,他们可以通过再融资获得另一个2/28或3/27混合贷款。但随着2006年房价逆转直下,再融资已经不可能,于是大量的次级贷款出现违约。更为严重的是,贷款门槛下降的情况并不局限于次级贷款领域,而是全局性的、普遍性的。

为什么住房抵押贷款发放标准会出现全面性的下降呢?在房价不断上涨之外,一个决定性的因素是过去二三十年中,美国住房抵押贷款的产生和销售方式的变化——由传统的"发起并持有"模式③转变为"发起并分销"模式④。在"发起并持有"模式下,贷款机构会严密监控这些贷款的信用风险,它们赚取的是贷款利息和资金成本之间的利差。但这种模式随着证券化时代的到来而发生了变化。在新的"发起并分销"模式下,贷款机构得以将贷款或其支持证券出售给各类买家,而不必将其保留在自身资产负债表中。尽管这一做法实现了贷款风险的分散化,在理论上增强了金融系统的

---

① 可调整利率抵押贷款是一种贷款利息可做相应调整的贷款类型,区别于固定利率抵押贷款、浮动利率抵押贷款等。以典型产品之一的2/28混合贷款为例,在30年的贷款期限中的前两年,只付息不还本金,初始阶段过后,利率会被大幅重置。这种贷款产品的设计初衷是服务于那些流动性一时不足的高净值客户的融资需求。然而,随着住房热潮的发展,其被更广泛地应用。See The Financial Crisis Inquiry Commission, *The Financial Crisis Inquiry Report*, U. S. Government Printing Office, 2011, p. 104.

② See Yuliya Demyanyk, Otto Van Hemert, *Understanding the Subprime Mortgage Crisis*, Accessed November 22, 2016. https://fcic-static. law. stanford. edu/cdn_media/fcic-docs/2009-05-04%20Demyanyk%20Understanding%20the%20Subprime%20Mortgage%20Crisis. pdf.

③ "发起并持有"模式(originate-to-hold)是指贷款机构发放贷款后,将其保留在自己的资产负债表上,直到它们被偿清或到期。See The Financial Crisis Inquiry Commission, *The Financial Crisis Inquiry Report*, U. S. Government Printing Office, 2011, p. 542.

④ "发起并分销"模式(originate-to-distribute)是指贷款机构发放贷款后,将其出售给其他金融机构或投资者,而不是将它们持有至到期。See The Financial Crisis Inquiry Commission, *The Financial Crisis Inquiry Report*, U. S. Government Printing Office, 2011, p. 542.

弹性，但是也带来了审核标准放松、拼命放贷的现象，尤其是在房价不断上涨的过程中。

一是在抵押贷款经纪人方面，通常抵押贷款经纪人的薪酬方案是以数量为基础的，并不与资产的长期质量表现挂钩，因此他们为了尽可能实现最大数量的放贷，往往会通过协助伪造信用证明文件、欺骗借款人等方式来实现自身业务量的增长。并且，放贷机构通常是以“收益价差回扣费”的形式向抵押贷款经纪人支付佣金，即贷款的利率越高，放贷机构支付给抵押贷款经纪人的回扣费就越高。这直接刺激了抵押贷款经纪人以尽可能高的利率让借款人签署合同。①

二是在抵押贷款发放机构方面，对于抵押贷款经纪人的野蛮放贷行为，贷款机构则选择视而不见，因为它们知道在当时的市场环境下，无论贷款的质量如何，都会很容易将其卖掉。② 另外，在商业银行、储蓄机构之外存在众多不受监管的独立抵押贷款公司，它们在次级贷款领域占据着举足轻重的地位，例如 2006 年将近一半的高利率抵押贷款是由独立抵押贷款公司发放的，由此带来了次级抵押贷款行业不严格的贷款活动的增多，包括某些情况下的欺诈和滥用行为。与此同期，监管机构对抵押贷款的披露要求和消费者保护措施也没能充分地保护消费者免于不适当的贷款。③

二、对特殊目的实体的使用和风险管理存在严重缺陷

从资产证券化的角度解读本轮全球金融危机，可以用一句话来总结，就是“不良的基础资产做了不良的证券化”。④ 所谓“不良的基础资产”就是指次级抵押贷款，而“不良的证券化”则是指对特殊目的实体的滥用及其风

---

① 参见美国金融与经济危机起因调查委员会:《金融危机调查报告》，王欣红、刘洪峰、肖艳译，社会科学文献出版社 2013 年版，第 114 页。

② 获得第 83 届奥斯卡金像奖最佳纪录长片奖的纪录片《监守自盗(Inside Job)》对 2008 年金融危机爆发之前抵押贷款经纪人野蛮放贷的行为和贷款机构内控机制形同虚设的状况有着形象的展现。

③ See Technical Committee of the International Organization of Securities Commissions, *Report on the Subprime Crisis*, Accessed September 21, 2016. https://www.iosco.org/library/pubdocs/pdf/IOSCOPD273.pdf.

④ 参见何小锋:《绝不能用不良资产搞资产证券化》，载 http://www.securitization.com.cn/node/114，最后访问日期:2016 年 9 月 21 日。

险管理的重大失败。

对特殊目的实体的滥用，或者说，过度使用证券化，在本质上讲，背离了证券化的初衷，造成了风险集聚而非分散的后果。从发展历程来看，发端于20世纪70年代的证券化业务，最初的产品形态是过手证券（Pass-through Securities），即将基础资产的收益和风险原封不动地转移给投资者，目的在于克服单个抵押贷款资产的出售难题。随后，为了适应投资者不同的风险收益偏好，证券化机构开始对基础资产的收益和风险进行分割，从而发行抵押担保债券（Collateralized Mortgage Obligation）、抵押贷款支持证券等各类资产支持证券。应当说，截至这一时期，美国证券化的发展与经济的真实需求还是相吻合的，即证券化发挥了其分散风险、降低融资成本、释放资本金等基本功能。并且，以社会融资总量来衡量，基础证券化并没有增加新的社会融资，亦即没有直接产生新的信用创造。① 但是，20世纪90年代以来，美国证券化逐渐出现了过度使用的现象——再证券化创新层出不穷，进而一步步地将证券化加冕为“点石成金”的金融术。详言之，通过对基础资产的现金流和偿付风险进行分割与重组，证券化产品形成了一个风险收益区分明显的层级体系。其中，通过一系列增级操作，大约会有80%的层级被评定为AAA级和AA级。剩下的层级尽管收益率更高，但由于偿付顺序劣后，一旦发生违约，将首当其冲遭受损失，所以很难出售。为此，华尔街将这部分证券挑出，重新打包成新证券，即债务抵押债券（CDO）。同样地，债务抵押债券的层级特征类似于基础证券化产品体系，即约有20%的层级因评级较低而难以出售。如法炮制，华尔街将这部分证券重新打包，创造出基于CDO的CDO——CDO的平方，乃至更进一步的CDO的立方。同时，市场狂热程度不仅限于此。再证券化的热潮中，甚至出现了作为基础资产的抵押贷款供不应求的局面。于是，一种有别于那些由真实资产支撑的CDO产品，即合成CDO被创造出来。合成CDO被设计为只是参照所选定的资产组合的表现，并不真实拥有相应资产。换言之，合成CDO是一种虚拟化金融产品，只是服务于买卖双方的对赌需要。至此，可以说原本服务于真实经济需求的证券化已经在相当程度上被用于拉动本不存在的需求，衍生出了

① 参见范希文：《资产证券化的应用与滥用》，载《金融博览》2017年第9期。

巨量金融泡沫,同时原本的风险分散功能被扭曲为风险集聚,给金融系统带来严重的系统性风险。

对特殊目的实体的风险管理存在严重缺陷是"不良的证券化"的另一个具体体现。对于证券化的发起机构或主办机构来说,它们与特殊目的载体的风险关联主要有两个方面——合同性质的风险关联和非合同性质的风险关联。总的来说,尽管这两类风险关联在法律性质上存在区别,但就其可能会给发起机构或主办机构带来资本金和流动性大量消耗的风险后果来说,却是相似的。这是因为即便发起机构或主办机构与特殊目的载体之间不存在合同上的支持关系,但是在特殊目的实体发生偿付困难时,基于声誉风险、信号风险、市值计价风险等诸多因素的考虑,它们往往会为其提供流动性、信用等方面的支持,从而使特殊目的实体的资产风险又重新回归发起方或主办方的资产负债表。因此,对于发起方或主办方而言,风险管理方面的共通性缺陷不仅存在于合同性风险关联方面,也同样体现在非合同性风险关联方面,而这些共通性的缺陷主要有以下几点:

第一,发起方或主办方错估了与特殊目的载体之间的风险转移程度。原因在于,一方面是特殊目的载体的客观复杂性,如一些特殊目的载体中存在提前偿付、市场价值、信用评级等触发机制;发起方或主办方在特殊目的载体中保留着卖方份额、垂直部分等证券化层级。这些因素大大增加了发起方或主办方的风险管理难度。另一方面是发起方或主办方没有在一个持续的基础上对风险进行合计管理。例如,一家银行会有与一个单独的特殊目的实体相关联的流动性便利、互换和准备金,但是这些因素的每一部分都会被不同的业务单位孤立地分析,而不是由这一公司总计其对这一特殊目的载体的风险暴露。①

第二,发起方或主办方自身的公司治理存在重大缺陷,主要表现为:一是一些高级管理人员对于公司与特殊目的实体之间的总的风险关联程度和风险类型缺乏充分认识,由此导致风险缺乏有效管理而不断累积。二是不同业务部门之间对于相关风险的管理缺乏协调,导致行动不仅无法保持一

---

① See The Joint Forum, *Report on Special Purpose Entities*, Accessed September 23, 2016. https://www.bis.org/publ/joint23.pdf.

致，甚至会相互矛盾。例如，交易部门基于市场判断卖出支持证券的同时，再证券化部门却大量买入支持证券以发行债务抵押债券等产品。

第三，发起方或主办方利用特殊目的实体从事了大量的监管套利行为。这主要体现为发起方或主办方在形式上通过向特殊目的实体转移基础资产，来获得释放资本监管压力的好处，同时以流动性担保、非合同性担保等方式实质上承担已转移的资产的风险。

三、外部信用担保过度承担风险现象突出

外部信用担保安排在证券化机制中扮演着重要的信用增级角色。理论上讲，作为第三方机构，它在资产支持证券的发行人和投资者之间起着桥梁和纽带的作用，即通过提供信用增级服务，一方面降低了证券发行人的发行成本，另一方面降低了证券投资者的投资门槛。但是，通过提供金融担保以获取保费收入的同时，资产支持证券的信用风险也在很大程度上汇聚于自身。危机中，外部信用担保无力承担预期风险的状况表明其自身的风险管理存在严重缺陷，导致过度承担风险的现象十分突出。

就提供债券保险的单一险种保险公司来说，它主要有两大类保险标的：一是市政债券，二是结构化证券。尽管早在 20 世纪 80 年代，以纽约州为代表的州一级保险监管部门就从单一风险限制、集合风险限制、应急储备金和个案损失准备金等方面对单一险种保险公司进行审慎监管，①但当时单一险种保险公司的主营业务是风险相对较小的市政债券担保，而结构化证券担保占比不高。随着单一险种保险公司的业务逐步向风险程度更高的结构化证券担保扩展，其面临的经营风险也相应上升，但相关的监管制度却没有适时调整，以致在危机中暴露出如下漏洞：

第一，忽视了市政债券与结构化证券的风险差异。市政债券所筹集的资金一般投向地方性公共设施建设，其偿付资金以地方政府的税收收入为主，因此其资金投向和偿债基础都比较稳健。相比之下，结构化证券的基础资产是次级抵押贷款等宏观经济变量，其风险是不可分散的。一旦发生市场逆转，担保的资产价值将严重缩水，从而带来巨额偿付风险。

---

① See Helena Morrissey, *International Securitisation*, IFR Publishing, 1992, p. 200.

第二，资本金和流动性严重不足。相比于寿险、财险，单一险种保险公司承保的非传统产品具有更高的风险，但其面临的监管性资本和流动性要求压力却较小。① 例如，ACA 财务担保公司（ACA Financial Guaranty Corporation）用剃刀一样薄的资本金——不到 7 亿美元来支撑它的保险义务，其中有 690 亿美元是债务抵押债券的信用违约互换。②

第三，过分依赖评级机构。金融担保保险是一项复杂的业务，在很大程度上需要基于对复杂金融产品的风险建模来做出相应判断。但实践中，单一险种保险公司对于风险头寸的分析过于依赖评级机构，并且监管机构对于承保风险的性质等信息也获取不足，从而导致过度承担风险问题严重。③

就提供信用违约互换（CDS）的美国国际集团（AIG）来说，它所遭遇的风险状况远大于单一险种保险公司。这是因为尽管在法律性质上类似于债券保险，但是 CDS 有着不同于债券保险的独特特征，主要有：

一是 CDS 出售方不受任何准备金或初始抵押品的监管要求。美国国际集团的金融产品公司在出售 CDS 时，没有预留任何损失准备金，无论是在债券价值下降方面，还是在评级下调等未实现的损失方面。并且，相比于 790 亿美元的 CDS 交易，金融产品公司采取的风险对冲总额不超过 1.5 亿美元，从而导致其偿付能力面临严峻考验。④

二是对于 CDS 购买方没有保险利益的要求。CDS 购买方不需要对参考债券拥有保险利益，或者更确切地说，不需要实际持有参考债券。这使得 CDS 在很大程度上由风险管理工具异化为投机工具。截至 2007 年年底，CDS 的合约金额达 62 万亿美元，而同期全球债务市场的规模却不到 7 万亿美元。⑤ 事实表明，当债券市场出现大规模违约时，CDS 的偿付金额将数十

---

① 参见［美］范瑞尔・阿查里亚等编：《监管华尔街：〈多德－弗兰克法案〉与全球金融新架构》，梅世云、盛文军译，中国金融出版社 2012 年版，第 218 页。

② See The Financial Crisis Inquiry Commission, *The Financial Crisis Inquiry Report*, U. S. Government Printing Office, 2011, p. 276.

③ See Eric Dinallo, *Testimony of the New York State Insurance Department*, Accessed October 15, 2016. http://www.naic.org/documents/testimony_0802_dinallo.pdf.

④ See The Financial Crisis Inquiry Commission, *The Financial Crisis Inquiry Report*, U. S. Government Printing Office, 2011, p. 266.

⑤ 参见楼建波：《从"CDS 第一案"看金融衍生品创新的异化》，载王保树主编：《商事法论集》，法律出版社 2010 年版。

倍地增加,极易诱发履约危机。

三是实际损失发生之前就要交付抵押担保。不同于债券保险,CDS 合约在债券价值下跌或评级下降等情形下就会触发抵押品的交付。这一抵押交付安排无论是给 CDS 购买方,还是给 AIG 等 CDS 出售方都带来了重大冲击,从而加剧了金融危机的演变进程。

四是 CDS 合约可以自由转让。与债券保险相比,CDS 合约还有一个独特之处在于二级市场的广泛存在,即 CDS 合约的交易双方可以向第三方转让其在合约项下的权利和义务。实践中由于缺乏监管,相关的转让比较频繁和随意,而合约的履行依赖于对手方的实际偿付能力,从而大大增加了合约效力的不确定性。

除了以上几点,CDS 合约还存在严重的定价风险。如何对 CDS 参考债券的信用风险予以合理定价是 CDS 交易和履约过程中的一大难题。而由于属于场外交易,价格信息不够充分、透明,CDS 出售方只能依赖数学模型进行计算,但其所依赖的是多年的历史数据且对资产之间的违约关联性关注不足,导致 CDS 定价存在严重偏差。例如,AIG 的金融产品公司基于模型计算,认为 CDS 交易十分安全,即便到了 2007 年 11 月,它们仍认为不会出现任何损失。[①] 同时,CDS 场外交易的性质导致其具有严重的交易对手方风险。危机中,AIG 在没有有效对冲自身风险的情况下出售了大量 CDS,并且它在许多情况下都是 CDS 链条中的最后一环,由此 AIG 的违约风险导致整个链条面临崩溃的可能。

四、信用评级机构由“看门人”到“助推者”的角色错位

理论上讲,评级机构通过评估违约的可能性和相应可能发生的损失而在债券市场中扮演着“看门人”的角色。然而,危机的爆发表明评级机构不仅未能在结构化金融产品市场中履行其原本职责,反而在其中扮演了推波助澜的角色。这一角色错位使得结构化金融产品市场的发展丧失了质量管控的一道关键防线,由此评级过度乐观引发了市场的过度膨胀,从而成为本

① See The Financial Crisis Inquiry Commission, *The Financial Crisis Inquiry Report*, U. S. Government Printing Office, 2011, p. 270.

次危机的重要诱因。

为什么评级机构在结构化金融产品市场中会发生角色错位呢？可以说，其中的缘由主要有以下几个方面：

其一，评级过程存在严重的利益冲突。也就是说，评级机构未能在融资双方之间秉持中立，其利益与发行方的利益绑定在了一起，而原因主要有二：一是“发行方付费模式”[①]。“发行方付费模式”作为评级行业的主导收费模式，使得所有资产类别在接受评级时都会产生一定的利益冲突。但是，相比其他资产类别，RMBS 和 CDO 等结构化金融产品评级时的利益冲突因以下几点原因而变得更为严重：第一是评级机构同时提供评级服务和咨询服务。评级机构在评级过程中会给发行人提出如何设计产品结构的建议。这一提供咨询服务的行为势必会给评级的客观中立性带来严重负面影响。第二是结构化金融产品的发行人高度集中。例如，在美国证券交易委员会审查的一个包含 642 项 RMBS 交易的样本中，虽然有 22 家发行方，但其中的 12 家在交易量和交易额方面都占到了 80%。同样地，在一个包含 368 项 CDO 交易的样本中，26 家发行人中的 11 家占到交易量的 92% 和交易额的 80%。[②] 这意味着评级机构的收入主要来源于少数几家发行人，从而势必导致评级机构为获得或保留评级业务而发布或维持更有利的信用评级。二是分析人员和其他雇员的个人利益引发的冲突。这主要表现为相关人员持有任何须受其所属团队所做的信用评级影响的证券。尽管在危机之前，美国证券交易委员会就评级机构相关人员持有证券进行了一定的限制，[③]但实践中各家评级机构实施的具体应对政策和程序却不尽相同，导致问题依旧突出。

---

① 所谓“发行方付费模式”，是指评级机构做出信用评级而获得的报酬，由债券发行方来支付。See SEC, *Report to Congress on Assigned Credit Ratings*, Accessed October 15, 2016. https://www.sec.gov/news/studies/2012/assigned-credit-ratings-study.pdf.

② See SEC, *Summary Report of Issues Identified in the Commission Staff's Examinations of Select Credit Rating Agencies*, Accessed November 9, 2016. https://www.sec.gov/files/craexamination070808.pdf.

③ 例如，美国 Rule 17g-5 of the Exchange Act. 17 CFR 240.17g-5(c)(2)规定：禁止参与确定信用评级的信用分析师、负责批准信用评级的人员直接拥有被评级证券或拥有任何其他直接所有权权益。

其二,评级质量显著低下。次贷危机爆发后,结构化金融产品经历了一个大规模的降级过程,即便被认为最安全的3A级别的债券也受到了严重冲击。由此,结构化金融产品的评级质量受到了广泛质疑。具体到评级流程本身而言,导致评级质量低下的原因主要有三:一是评级模型存在严重缺陷。评级机构通常使用违约概率、回收率、现金流量和资产相关性等指标对RMBS和CDO进行评级认定。但是在具体操作中,评级机构对于贷款资产信息、假设前提等关键数据的处理存在严重缺陷。例如,在贷款资产信息方面,评级机构对于发行方提供的贷款信息的质量和准确性缺乏必要的验证与审核。① 并且,由于大多数次级贷款都是在2002～2006年发放的,其中包含高风险因素的贷款出现的时间更短,所以缺乏必要的次贷产品表现数据。对此,评级机构一般选择综合使用优级住房抵押贷款支持证券模型所输出的数据,以及同一发起人先前发行的交易的信用增强水平基准。二是评级监控流程不够健全。在初始评级发布之后,评级机构通常需要在持续的基础上监控评级的准确性,以便在情况发生变化时改变评级。但实践中,评级机构对于结构化金融产品评级的监控明显不足。这主要表现为缺乏足够的人力资源、监控记录很不完整、缺乏内部书面流程等。② 三是评级免于诉讼。在欧美金融市场,第三方服务机构的问责和惩罚在很大程度上是通过私人诉讼实现的。但具体到评级机构,其评级在司法层面往往被视为一类投资意见,属于言论自由的范畴,从而事实上享有私人诉讼的豁免权。③ 因此,评级机构不用对其评级承担责任的现实也给评级质量带来了负面影响。

其三,评级市场竞争不足。同样是作为为投资者处理和分析相关信息的第三方服务市场,美国的审计服务市场和证券分析市场尽管会呈现一定

---

① See Jeff LaFrance, *An Examination of Regulation, Performance, and the Future for Nationally Recognized Statistical Rating Organizations*, Accessed November 9, 2016. https://papers.ssrn.com/sol3/papers.cfm?abstract_id=1418153.

② See SEC, *Summary Report of Issues Identified in the Commission Staff's Examinations of Select Credit Rating Agencies*, Accessed November 9, 2016. https://www.sec.gov/files/craexamination070808.pdf.

③ 参见[美]约翰·C. 科菲:《看门人机制:市场中介与公司治理》,黄辉等译,北京大学出版社2011年版,第354～355页。

的垄断结构,但总体上还是具有开放性和竞争性的。相比之下,评级服务市场却长期为穆迪和标准普尔所垄断,即便惠誉在2000年之后成为有力的竞争者,但其主要是活跃于高度专业化和国际化的细分市场。[①] 从收入和评级量等市场数据来看,三大评级机构共占据的全球评级市场份额超过90%。其中,穆迪和标准普尔的份额均在40%左右,而惠誉则为15%左右。[②] 之所以会出现寡头垄断的局面,一方面是市场自然演化的结果,另一方面也离不开美国证券交易委员会(SEC)建立的NRSRO制度。[③] 同时,三大评级机构以自身声誉资本为由说服SEC维持封闭的NRSRO机制。但是,声誉资本并没有保证评级机构提供客观、可靠的评级结果。一方面由于实践中,不论NRSRO的评级表现如何,为了满足监管要求,市场对于三大评级机构的评级需求不会下降;另一方面虽然从长期来看,虚高的评级会损害评级机构的声誉,但是面对结构化金融产品评级在短时间内创造的巨额利润,评级机构普遍选择给这些证券化产品以过度乐观的评级。[④]

第三节 体系化影子银行的监管改革述评

体系化影子银行,即抵押贷款证券化,被普遍认为是造成2007~2009年金融危机的核心因素。体系化影子银行通过发行抵押贷款支持证券将众多金融中介机构、金融服务机构关联到一起,之后严重的证券损失则广泛波及全球金融体系。随着危机在2009年之后趋于缓和、经济金融形势触底回

---

① 参见[美]约翰·C.科菲:《看门人机制:市场中介与公司治理》,黄辉等译,北京大学出版社2011年版,第326~327页。

② See Lawrence J. White, *The Credit Rating Agencies*, *Journal of Economic Perspectives*, 2010, 24(2), p. 216.

③ SEC在1975年创造了NRSRO("国家认可的信用评级机构")制度,并将其引入一系列监管法规中以作为衡量资本充足状况的重要指标。但是,直到2007年为止,SEC一直没有制定成为一家NRSRO的具体程序,导致30多年里只有穆迪、标准普尔和惠誉拥有NRSRO身份。See The Financial Crisis Inquiry Commission, *The Financial Crisis Inquiry Report*, U. S. Government Printing Office, 2011, p. 119.

④ 参见[美]詹姆斯·R.巴斯等:《金融守护人:监管机构如何捍卫公共利益》,杨农等译,生活·读书·新知三联书店2014年版,第128~129页。

升,欧美国家逐步从一系列紧急救助中退出,并着手进行制度层面的变革,以期建立起预防风险的长效机制。

这些金融监管改革的面向可谓广泛,涉及金融工具、金融机构、金融市场、监管体制机制等。其中,涉及体系化影子银行的部分则具体就体系化影子银行在危机中暴露出的风险状况和监管问题做出了相应的监管变革。鉴于美国在本轮全球金融危机中的核心地位,承接上文对美国体系化影子银行的风险解读,接下来的监管改革述评主要围绕着《多德－弗兰克法》(The Dodd-Frank Act)等美国的金融监管法律文件而展开。

一、体系化影子银行的监管改革实践

结合上文对体系化影子银行的风险解读,不难发现有关体系化影子银行的监管改革应当主要围绕着抵押贷款发放、特殊目的实体使用、外部信用担保机制、信用评级机构等方面来展开。因此,以《多德－弗兰克法》为代表的有关金融监管改革方案也针对这几个方面采取了积极行动。对此,概括如下:

(一)住房抵押贷款方面的监管改革

第一,明确了住房抵押贷款发起人的定义。《多德－弗兰克法》在《诚实借贷法》(Truth in Lending Act)①中增加了有关住房抵押贷款发起人的定义。根据这一定义,抵押贷款发起人从事的业务内容涵盖:(1)接受住房抵押贷款申请;(2)协助消费者获得或申请获得住房抵押贷款;(3)提出或者就住房抵押贷款的条款进行谈判。而在业务目的方面,既包括为了直接或间接获得以上业务收入,也包括期望直接或间接获得上述业务收入。

在一般性界定之后,这一定义还在外延方面做了进一步的区分,即任何人通过一切沟通手段、宣传手段向公众表明其有能力提供上述业务的,都属于抵押贷款发起人。而不属于抵押贷款发起人的主要有:只是履行有关管理或文书任务的;房屋销售商的雇员且不会向消费者提供贷款建议的;从事不动产经纪业务且不会从贷款人、抵押贷款经纪人、其他抵押贷款发起人处

---

① 美国的《诚实借贷法》颁布于1968年,主要规范贷款人向借款人提供准确的借贷成本信息等事项。

获取报酬的。①

第二,禁止抵押贷款发起人的操纵行为。《多德－弗兰克法》要求美联储制定规章禁止以下行为:向缺乏合理偿还能力的消费者发放贷款,或者所发放的贷款带有掠夺性特征;操纵消费者办理不合格的抵押贷款;歧视性贷款行为;为了发放抵押贷款而错误描述消费者的信用记录,或者就抵押担保资产的评估价值造假或教唆他人造假;如果不能向消费者推荐、提供一种不比其有资格获得的贷款更贵的贷款,而劝阻消费者从其他抵押贷款人处获得。②

为确保上述禁止行为的法律实施效果,《多德－弗兰克法》将《诚实借贷法》中原有的债权人的法律责任扩大到所有抵押贷款发起人,从而为消费者提供了充分的诉讼理由,同时明确了抵押贷款发起人违反上述禁止行为时应承担的法律责任。另外,还赋予美联储相应的监管权限——如果发现住房抵押贷款的条款、发放行为中存在滥用、不公平、欺骗、掠夺性的特点,应当根据规章予以禁止或限制。③

第三,确立了抵押贷款的最低标准。《多德－弗兰克法》要求贷款人在发放抵押贷款时,必须确定消费者拥有"合理的偿还能力"。对此,贷款人可以通过发放满足八个承销因素的抵押贷款来满足这一偿还能力要求,例如当同一住房担保的抵押贷款为一笔到多笔时,贷款人基于经核实的文件可以认定消费者有合理的能力偿还所有贷款;在认定依据方面,应当考虑消费者的信用记录、当前收入、当前债务、收入债务比、就业状况等;在核实消费者的收入时,可以审查工资单、纳税申报表、金融机构记录等。④

除了以上通过强调借款人的特点来核实偿还能力之外,《多德－弗兰克法》还引入了"合格的抵押贷款"(Qualified Mortgage)的概念,从强调贷

① See Dodd-Frank Wall Street Reform And Consumer Protection Act, § 1401.

② See Dodd-Frank Wall Street Reform And Consumer Protection Act, § 1403.

③ See Dodd-Frank Wall Street Reform And Consumer Protection Act, § 1404,1405.

④ See Dodd-Frank Wall Street Reform And Consumer Protection Act, § 1411.

款特征的进路来假定消费者具有偿还能力。[①] 具体来说，一项贷款需要满足九项标准才能被认定为"合格的抵押贷款"，例如：定期付款不会导致本金余额增加，也不会导致推迟偿还本金；贷款期限不超过 30 年；除特定情况下，抵押贷款不包括气球式还款[②]；借款人的收入和财务来源被核实和证明；可调整利率抵押贷款的承销须建立在贷款的头 5 年内允许使用的最高利率，且考虑到适用的税收、保险和评估而完全分期还款；等等。[③]

第四，扩大了高成本贷款的定义。在《多德－弗兰克法》之前，高成本贷款的定义只涵盖由借款人的主要居所担保的再融资贷款和封闭式住房权益贷款。[④] 而《多德－弗兰克法》则对其定义进行了扩充，例如将高成本贷款应用于更广泛的贷款类型，即涵盖了用于购买住房的抵押贷款、开放式贷款和除反向抵押贷款以外的任何其他住房担保贷款；又如降低年百分率[⑤]、点数[⑥]和费用触发因素的门槛，即将超过第一留置权的平均优惠利率的年百分率触发因素从 8% 降到 6.5%、将超过附属留置权的平均优惠利率的年

---

① 2013 年 1 月 30 日，美国消费者金融保护局发布了"偿还能力与合格的抵押贷款标准"规则（Ability-to-Repay and Qualified Mortgage Standards under the Truth in Lending Act）。其中，"合格的抵押贷款"的标准划定遵循了《多德－弗兰克法》的做法，其主要就一些细节问题做了进一步的明确。See Consumer Financial Protection Bureau, *Ability to Repay and Qualified Mortgage Standards Under the Truth in Lending Act* (*Regulation Z*), Accessed November 14, 2016. https://files.consumerfinance.gov/f/201301_cfpb_final-rule_ability-to-repay.pdf.

② 气球式还款（balloon payment）是指在一系列较小的定期还款结束时，安排的一次总付的大笔还款。See Rebecca Lake, *What Is a Balloon Payment for a Loan*?, Accessed May 9, 2020. https://loans.usnews.com/articles/what-is-a-balloon-payment-for-a-loan.

③ See Dodd-Frank Wall Street Reform And Consumer Protection Act, § 1412.

④ 在美国，高成本贷款（超过指定的年百分率和费用触发因素的抵押贷款）主要由 1994 年通过的《住房所有者权益保护法》（Home Ownership Equity Protection Act）进行规范和限制。对于这些"高成本贷款"，该法要求加强对借款人的预先披露、限制某些贷款合同条款，并对不遵守规定的贷款人施加处罚。See Consumer Financial Protection Bureau, *High cost mortgages* (*HOEPA*), Accessed November 20, 2016. https://www.consumerfinance.gov/policy-compliance/guidance/mortgage-resources/high-cost-mortgages/.

⑤ 年百分率（annual percentage rate）是衡量借款人信贷成本的一个指标，主要考虑贷款利率、点数和某些贷款人的费用等。See The Balance, *How to Calculate Annual Percentage Rate* (*APR*), Accessed November 20, 2016. https://www.thebalance.com/annual-percentage-rate-apr－315533.

⑥ 点数，即基点（basic point），被广泛用于利率、汇率等金融数值的计算。一个基点等于 0.01%。See Omni Calculator, *What is a Basis Point*?, Accessed November 20, 2016. https://www.omnicalculator.com/finance/basis-point#what-is-a-basis-point.

百分率从10%降到8.5%;将点数和费用触发因素从占贷款总额的8%降到5%,并禁止为点数和费用进行融资。此外,《多德-弗兰克法》还禁止对高成本贷款进行提前还款处罚,并要求借款人在申请这类贷款之前,必须先向经住房和城市发展部批准的顾问进行咨询。①

第五,对高风险抵押贷款适用强制财产评估要求。《多德-弗兰克法》要求贷款人在向消费者发放高风险抵押贷款②时,必须事先获取担保不动产的书面财产评估。具体而言,首先,财产评估师至少在担保不动产所在州被认证或持有执照,并按照相关规章开展每一项评估。其次,财产评估师必须对担保不动产的内部进行现场查验。并且,在高风险抵押贷款的担保不动产是由出售人在最近180天内以低于当前售价购买的情况下,贷款人应当聘请不同的财产评估师进行二次评估。最后,财产评估应当保证独立性。由此,利益相关者不得影响财产评估师的独立判断,不得就担保不动产的评估价值造假或教唆他人造假;评估师自身不得与被评估不动产存在利益关联;等等。③

第六,设立住房咨询办公室和消费者金融保护局。《多德-弗兰克法》要求住房与城市发展部(Department of Housing and Urban Development)设立住房咨询办公室,并赋予住房咨询办公室在住房所有权咨询和租房咨询方面广泛的责任,其中与住房抵押贷款有关的住房所有权咨询致力于解决房屋所有权的全部事项,如购前咨询、再融资咨询、止赎缓解咨询。而在住房咨询机构方面,其需要取得住房与城市发展部的认证,并可获得资金资助。另外,住房咨询办公室被要求加大宣传和推广力度,使人们,尤其是那些弱势消费者理解获得住房咨询的必要性和知晓相关咨询渠道。④

新设机构除了住房咨询办公室之外,更为重大的改革创新是消费者金

---

① See GAO, *Mortgage Reform: Potential Impacts of Provisions in the Dodd-Frank Act on Homebuyers and the Mortgage Market*, Accessed January 5, 2017. https://www.gao.gov/assets/330/321168.pdf.

② 按照《多德-弗兰克法》第1471条的规定,高风险抵押贷款(higher-risk mortgage)是指不属于合格的抵押贷款(Qualified Mortgage),并且年百分率超过可比较交易的平均优惠利率一定范围的住房抵押贷款。

③ See Dodd-Frank Wall Street Reform And Consumer Protection Act, § 1471-1473.

④ See Dodd-Frank Wall Street Reform And Consumer Protection Act, § 1442-1444.

融保护局的建立。消费者金融保护局整合了联邦层面各监管机构的消费者金融保护职能。其中，与住房抵押贷款有关的改革主要有：(1)设立有关专职部门。例如，设立负责研究消费者金融产品市场发展状况的专职部门和收集、处理有关金融产品或服务投诉的专门部门；设立金融教育办公室，以提高消费者的金融决策水平。(2)将非存款机构纳入监管范围。例如，制定监督和评估非存款机构的有关规则；要求非存款机构提交业务报告或接受检查。(3)整合住房抵押贷款交易的披露要求，使消费者能够获得完整、准确的抵押贷款交易信息。①

(二)特殊目的实体使用方面的监管改革

针对特殊目的实体使用方面存在的滥用证券化和风险管理的严重缺陷，《多德－弗兰克法》等美国金融法律文件主要是通过要求信用风险保留、调整金融资产转移的会计处理及相应的监管要求等手段加以应对的。

在信用风险保留方面。根据《多德－弗兰克法》第941条的授权，美国财政部、美联储、联邦存款保险公司、住房和城市发展部等机构于2014年12月颁布了《信用风险保留的最终规则》(Credit Risk Retention)②，内容主要有：

1. 风险保留的一般要求

最终规则要求证券化者保留其通过发行资产支持证券的权益，而向第三方转移、出售的任何资产的不少于5%的信用风险。在这里，证券化者既包括证券化的主办者(sponsor)，也包括基础资产的发起人(originator)。

其中，在主办者方面，风险保留要求适用于所有证券化交易的主办者，而无论其类型属于受保存款机构、银行控股公司或其附属机构、注册经纪自营商，还是其他实体类型。而在有两个或多个实体充当主办者的证券化中，只需要其中的一个实体保留被证券化的资产的信用风险。

在发起人方面，为了维持适当的贷款承销标准，最终规则允许证券化主办者将其风险保留义务的一部分分配给那些为基础资产池贡献了大量资产

---

① See Dodd-Frank Wall Street Reform And Consumer Protection Act, § 1013,1024,1032.

② See Federal Register, *Credit Risk Retention*, Accessed March 10,2017. https://www.gpo.gov/fdsys/pkg/FR-2014-12-24/pdf/2014-29256.pdf.

的发起人。对此,具体的分配标准是:在分配对象方面,发起人至少发起了基础资产池中20%的资产;在分配比例方面,发起人持有的权益保留的数量至少为20%,但是不超过它发起的资产在基础资产池中的比重。并且,发起人是就整个基础资产池承担一定份额的风险,而不是仅仅就其所发起的具体资产承担风险。

另外,为了平衡稳健的贷款承销目标与抑制竞争的可能后果之间的关系,各监管机构要求证券化者在一定时期内禁止对冲和出售所应当保留的信用风险,或者禁止购买或出售某些证券或金融工具,或与其他任何人订立协议(包括保险合同)、衍生品或其他头寸交易。这些金融工具或相关协议"与所保留的信用风险有实质性的关系",并且实际上可以抵消信用风险。而对于风险保留的取消日期,考虑到住房抵押贷款相比其他资产类别有着更长的资产期限,并且承销状况可能被强劲的房地产市场所掩盖,最终规则就住房抵押贷款证券化的风险保留做了特别安排——相比其他资产类别的证券化风险保留更加严格。①

2. 风险保留的方式

风险保留可以采取的方式主要有三种,即纵向风险保留、横向风险保留以及纵向和横向风险保留的任何组合。

所谓纵向风险保留,是指按比例保留证券的每一分层的信用风险。对此,主办者可以选择保留每一层级的证券权益的公允价值的一部分,或者选择保留一个单一的纵向证券,即持有支付给每一层级证券的现金流份额不少于5%。另外,主办者采用纵向风险保留时,可以选择在各分层中持有不同的比例。

---

① 对于住房抵押贷款支持证券(RMBS),风险保留的取消日期为:(1)以下两个日期中较晚的一个,即(a)证券化交易结束之日起五年后或(b)证券化资产的未支付本金余额减少到证券化交易结束之日原始未付本金余额的25%的日期;(2)无论如何,不能晚于证券化交易结束之日后七年。对于RMBS之外的所有资产支持证券,风险保留的取消日期为以下三个日期中最晚的一个,即(1)担保证券化交易的证券化资产的未支付本金余额减少到证券化交易结束之日原始未支付本金余额的33%的日期;(2)证券化交易中发行的ABS权益的未偿本金债务总额减少到证券化交易结束之日原始未偿本金债务的33%的日期;(3)证券化交易结束后两年。See Federal Register, *Credit Risk Retention*, Accessed March 10, 2017. https://www.gpo.gov/fdsys/pkg/FR-2014-12-24/pdf/2014-29256.pdf.

所谓横向风险保留,是指保留证券化的一个或多个分层,且第一个吸收损失。具体来说,当主办者选择保留多个分层的信用风险时,必须按照连续的顺序进行。并且,主办者可以选择以现金的形式建立一个由受托人持有的合格的横向现金储备账户,以代替直接的横向剩余权益保留。为确保主办者面临同等数量和类型的信用风险,横向现金储备金会受到一定的约束,以便账户中的现金能够像横向剩余权益保留那样吸收同等程度的损失。

在纵向和横向风险保留的组合方面,要求纵向风险保留和横向风险保留之和不少于5%,而至于二者的具体比例则没有作最低或特定的要求。

3. 风险保留的豁免

针对风险保留的一般要求,各监管机构同时也规定了一定的豁免条件,从而使某些类型的证券化交易完全或部分地豁免于风险保留要求。这些证券化交易的基础资产设计范围广泛,例如住房抵押贷款、汽车贷款、商业地产贷款、教育贷款。在此,主要就住房抵押贷款的有关豁免做一简要介绍。

一是当担保资产支持证券的资产全部由"合格的住房抵押贷款"(Qualified Residential Mortgages)构成时,则豁免于风险保留要求。① 而对于"合格的住房抵押贷款"的界定,《多德－弗兰克法》第941条中规定,"合格的住房抵押贷款"(QRM)的定义不应比"合格的抵押贷款"(QM)宽泛。对此,各监管机构在最终规则中确认"QRM"的定义与"QM"的定义保持一致。并且,消费者金融保护局等机构对"QM"定义的修订会自动适用于"QRM"的定义,除非住房和城市发展部等机构采取行动来修改"QRM"的定义。此外,为了能够及时反映美国住房抵押贷款市场、证券化市场的发展状况,各监管机构将会定期审查QRM定义的适当性。

二是实践中一些抵押贷款类型因其灵活而独特的承销做法而无法完全符合"QM"标准,但为了满足中低收入群体、少数族裔和首次购房者的住房抵押贷款需求,各监管机构在最终规则中豁免了由美国财政部等政府部门指定的或由非营利组织发放的一些以社区为中心的住房抵押贷款的风险保留要求。

---

① See Federal Register, *Credit Risk Retention*, Accessed March 10, 2017. https://www.gpo.gov/fdsys/pkg/FR-2014-12-24/pdf/2014-29256.pdf.

4. 风险保留的其他事项

一是再证券化的风险保留要求。针对再证券化交易,考虑到证券化的主办者在选择有关基础资产支持证券时有着相当大的灵活性,为了给主办者提供足够的激励以使它们选择那些信用风险较低的资产支持证券权益,最终规则确立了与初始证券化相一致的风险保留要求。在一般性规定之外,最终规则还赋予了两类再证券化交易产品豁免于风险保留要求,其共同点在于尽管进行了再证券化操作,但是没有对信用风险进行再分层。具体来说,一类是过手再证券化(pass-through resecuritization)。这类产品只包括一个单一的权益层级,由此将基础资产池产生的本金和利息收入直接交付给投资者。另一类是首先支付层级再证券化(first-pay class resecuritization)。这类产品只是将提前支付风险进行了重新分配,而没有重新分配信用风险。

二是资产支持商业票据的风险保留要求。资产支持商业票据管道是证券化发行的类型之一。因此,在一般意义上,其主办方和发起人适用风险保留要求的一般形式。此外,鉴于实践中资产支持商业票据发行结构的多样性,最终规则创造了一个"符合条件的资产支持商业票据管道"(Eligible ABCP conduits)的概念①,并对其做了特别的风险保留安排。详言之,资产支持商业票据管道的主办者可以通过实现以下条件来满足其风险保留要求,即:(1)对于担保由管道获取的资产支持证券权益的资产,在其信用风险中,中间特殊目的载体的发起人——卖方保留相应的经济利益;(2)资产支持商业票据管道的主办者:①核准每一家直接或间接向中间特殊目的载体出售或转让资产的发起人——卖方;②核准管道从其获取资产支持证券权益的每一家中间特殊目的载体;③建立标准以管理管道获取的资产支持

---

① "符合条件的资产支持商业票据管道"(Eligible ABCP conduits)是指具备下列特征的资产支持商业票据管道,即:(1)资产支持商业票据管道与其主办者和任何中间特殊目的载体实现了破产隔离;(2)管道获取的资产支持证券权益(ABS interests)需要全部由发起人 - 卖方(originator-seller)发起的资产和服务资产(servicing assets)来担保等;(3)管道需要完全由服务资产和从中间特殊目的载体获取的资产支持证券权益来担保;(4)受监管的流动性提供者向管道发行的资产支持商业票据提供100%的流动性担保。See Federal Register, *Credit Risk Retention*, Accessed March 10, 2017. https://www.gpo.gov/fdsys/pkg/FR - 2014 - 12 - 24/pdf/2014 - 29256.pdf.

证券权益以及担保这些权益的证券化资产，等等。

在调整金融资产转移的会计处理及相应的监管要求方面，美国财务会计准则委员会（Financial Accounting Standards Board，FASB）在2009年6月发布了FAS166号准则和167号准则对金融资产转移的会计处理进行了调整。① 接着，美国货币监理署、美联储等监管机构在2010年1月发布了与会计准则修改相适应的监管调整。② 这些措施的出台旨在解决特殊目的实体风险管理方面存在的严重缺陷，内容主要包括：

（1）FAS166号准则要求金融资产的转让人在其财务报表中公布金融资产转让的信息时，需要保证信息的相关性、忠实度和可比性；所公布的信息应当涉及这一转让对其现金流等财务状况的影响，以及转让人是否仍然与被转让的金融资产存在风险关联；在确定这一风险关联时，必须考虑所有的相关安排或协议，即使在资产转移时没有被签署；如果转让人未将全部的原始金融资产转移或者在转移之后仍然与被转让的金融资产存在风险关联，那么就应当撤销金融资产转移的会计确认；取消了“符合条件的特殊目的实体”（Qualifying special-purpose entity）的概念，从而使其不再享有合并豁免的权利。

（2）FAS167号准则修订了特殊目的实体的合并指南。根据美国公认会计准则，一家机构必须在资产负债表上合并其拥有“控制利益”的实体。对于“控制利益”的判断，167号准则修改了之前基于定量的风险和回报指标，而要求采用定性的方法，即：一是这一机构拥有指导最显著影响特殊目的实体经济绩效的活动的权力；二是这一机构吸收对特殊目的实体具有重

---

① See FASB, *Statement of Financial Accounting Standards No. 166: Accounting for Transfers of Financial Assets-an amendment of FASB Statement No.* 140, Accessed March 15, 2017. https://www.fasb.org/jsp/FASB/Document_C/DocumentPage? cid = 1176159257306 &acceptedDisclaimer = true; FASB, *Statement of Financial Accounting Standards No. 167: Amendments to FASB Interpretation No.* 46(*R*), Accessed March 15, 2017. https://www.fasb.org/jsp/FASB/Document_C/DocumentPage? cid = 1176159257357&acceptedDisclaimer = true.

② See GPO, *Risk-Based Capital Guidelines; Capital Adequacy Guidelines; Capital Maintenance: Regulatory Capital; Impact of Modifications to Generally Accepted Accounting Principles; Consolidation of Asset-Backed Commercial Paper Programs; and Other Related Issues*, Accessed March 15, 2017. https://www.gpo.gov/fdsys/pkg/FR-2010-01-28/pdf/2010-825.pdf.

大影响的实体的损失的义务,或从对特殊目的实体具有重大影响的实体获得利益的权利。此外,167号准则要求机构必须对其是否为特殊目的实体的主要受益人进行持续的评估,并在财务报表中提供更多相关和及时的信息。

(3)针对金融资产会计准则的变化,美国货币监理署等监管机构对相关的监管规定做了调整,其中涉及特殊目的实体的主要有:第一,要求各银行机构建立贷款和租赁损失准备金(the allowance for loan and lease losses, ALLL),以覆盖因为合并特殊目的实体的资产而带来的信贷损失。这一准备金计入二级资本中。第二,为避免因为立即实施FAS166号准则和167号准则而对各银行机构的风险资本比率和杠杆比率造成突然冲击,各监管机构建立了一个过渡机制,包括两个季度的延迟实施和随后两个季度的部分实施。第三,取消之前将被合并的ABCP管道排除在风险加权资产之外的规定,以便更全面地反映ABCP管道给主办者造成的风险情况。

(三)外部信用担保方面的监管改革

针对以结构化债券保险和信用违约互换为代表的外部信用担保产品在危机中暴露出的问题,美国的相关监管改革举措主要从宏观和微观两个层面展开,其中宏观层面致力于解决保险领域的系统性风险,而微观层面则涉及改革结构化债券保险和信用违约互换的具体市场行为标准。

1. 宏观层面的改革措施

《多德-弗兰克法》第502条规定,在美国财政部下设联邦保险办公室(Federal Insurance Office, FIO),以作为联邦层面有关保险行业监管的主要协调机构,而其具体职能主要有:(1)监控美国保险业的所有方面,以确定是否有任何监管漏洞会构成系统性风险。为了完成这一职能,FIO被赋予收集信息的权力,包括强迫保险人提供它认为实现其职能所必需的信息的权力。然而,在FIO提出任何信息请求之前,它必须首先与相关联邦机构和州保险监管机构以及任何其他公开来源进行协商,以确定是否能够从它们那里获得所需的数据。如果可以的话,FIO就不能强迫任何保险公司提供数据。(2)当发现有关保险机构具有系统性风险时,向金融稳定监督委员会(FSOC)提出建议,以便将其归类为由美联储负责监管的系统重要性的金融机构(SIFIS)。至于批准与否,FIO在FSOC中并无投票权,只有建议权。(3)负责协调联邦机构参与保险领域的国际审慎标准的谈判。并且,确定由此达成的国际审慎标准与美国各州保险监管机构制定的标准会发生的冲突,并取代这些州保险监管机构的标准。[①]

2. 微观层面的改革措施

首先,在结构化债券保险方面,以纽约州的保险监管改革为例,[②]金融危机之前,金融担保保险公司(Financial Guaranty Insurance Companies),即单一险种保险公司的业务活动主要受纽约州保险法第69条调整,具体监管指标包括最低资本金、应急准备金、总体风险限制、单一风险限制和对非投资级证券的限制。由此,随后的监管改革也主要围绕这些方面展开:[③]

(1)提高资本和盈余要求。金融担保保险公司在金融危机中出现了资本严重不足的状况。为增强其应对金融风险的能力,纽约州保险监管机构将金融担保保险公司的实收资本从250万元增加到至少1500万元,而实收盈余从7250万元增加到至少16500万元。同时,将金融担保保险公司必须维持的投保人盈余最低金额,由最少6500万元增至超过15000万元。

(2)大幅限制金融担保保险公司为ABS/CDO提供担保。详言之,金融担保保险公司开展此类业务的条件是:保险单规定金融担保保险公司在ABS/CDO中持有一个非从属的、高等级的头寸,并且该头寸拥有A级或以上的投资评级;资产池只能由以下机构发行或担保的ABS组成,包括政府支持企业、联邦全国抵押贷款协会、联邦住房贷款抵押公司等;资产池完全由已被这家金融担保保险公司担保的ABS组成。或者,这一保险由纽约州金融服务部主管确认不会带来不适当的风险。

---

① See Elizabeth F. Brown, *Will the Federal Insurance Office Improve Insurance Regulation*, *University of Cincinnati Law Review*, 2013, 81(2), pp. 581 – 584.

② 之所以以纽约州为例,原因在于:一是一直以来,美国保险业由各州保险监管机构进行监管,而在联邦层面缺乏统一的保险监管机构,即便新设立的FIO也只是协调机构,并无监管权力;二是提供结构化债券保险的大多数金融担保保险公司(单一险种保险公司)都注册于纽约州或主要在纽约州开展这类业务活动,从而纽约州金融服务部(Department of Financial Services)成为它们的主要审慎监管机构。See Department of Financial Services, *Circular Letter No.* 19 (2008), Accessed March 17, 2017. https://www.dfs.ny.gov/insurance/circltr/2008/cl08_19.htm; 参见[美]范瑞尔·阿查里亚等编:《监管华尔街:〈多德 – 弗兰克法案〉与全球金融新架构》,梅世云、盛文军译,中国金融出版社2012年版,第208~211页。

③ See Department of Financial Services, *Circular Letter No.* 19 (2008), Accessed March 17, 2017. https://www.dfs.ny.gov/insurance/circltr/2008/cl08_19.htm.

(3)对于单一风险限制,在界定“单一实体”时,金融担保保险公司不仅应将债务发行人包括在内,而且还应包括每一类债务的初始贷款人和服务方,而不管基础抵押品的类型是什么。另外,当金融担保保险公司对在一个特定年份发行的某个特定债务类别的风险暴露超过了保险法规定的限制时,它应当及时通知纽约州金融服务部,并书面解释其打算或已经采取的减少这一风险暴露的措施。

(4)扩展对非投资级证券限制的适用范围。此前,金融担保保险公司被要求所担保的市政债券、特别收入债券和产业发展债券应当至少有95%被评定为投资级。而新的监管规定则要求将95%的投资级标准扩展至金融担保保险公司的整个业务范围。并且,除非有经批准的例外情形,如果金融担保保险公司的整个担保组合的投资级比例低于95%的天数超过30天,那么它应当及时向金融服务部书面解释其为满足标准而打算或已经采取的行动。

此外,针对金融担保保险公司在债券保险承销中过于依赖评级机构的问题,各州保险监管机构主要采取了以下措施:一是扩大美国保险监督官协会(NAIC)下设的证券估值办公室的职能。该办公室在历史上为那些未获评级的证券提供信用评级,现在将着力提供更高水平的指导。二是由NAIC雇佣专门的承包商去评估抵押贷款支持证券的抵押品的质量。这些承包商主要负责审核基础抵押品的损失概率并帮助将其转化为以风险为基础的资本数量指标。①

其次,在信用违约互换(CDS)方面,《多德-弗兰克法》的改革思路主要围绕着增加CDS市场的透明度而展开,而具体内容主要涉及四个方面:

(1)授予证券交易委员会(SEC)和商品期货交易委员会(CFTC)对互换产品的监管权。《多德-弗兰克法》采取了一些必要的步骤,将CDS等互换产品从不受监管的金融工具转变为受监管的“证券”,即一方面废除了1933年《证券法》和1999年《金融服务现代化法》中有关禁止SEC、各州和

---

① See Federal Insurance Office, *How to Modernize and Improve the System of Insurance Regulation in the United States*, Accessed March 19, 2017. https://www.treasury.gov/initiatives/fio/reports-and-notices/Documents/How%20to%20Modernize%20and%20Improve%20the%20System%20of%20Insurance%20Regulation%20in%20the%20United%20States.pdf.

CFTC 监管互换产品的规定;[①]另一方面赋予以上各方监管互换产品的权益。在具体监管分工上,SEC 负责监管"基于证券的互换"(security-base swaps),例如 RMBS、CDO 等抵押贷款支持证券的 CDS,而其他被归类为"互换"的衍生品则受 CFTC 的管辖。[②]

同时,尽管互换产品在性质上类似于保险产品,但各州在对互换产品进行监管时,不得将其视为保险产品,由此互换合同在法律性质上并非保险合同。[③]

(2)CDS 的有关清算要求。第一,对 CDS 的清算引入中央交易对手方[④]。《多德－弗兰克法》要求从事 CDS 等"基于证券的互换"的任何人必须向注册的或豁免注册的清算机构提交清算请求,但该法没有明确必须进行清算的互换名单,而是授权 SEC 建立规则去决定哪些类别、类型的"基于证券的互换"必须满足清算要求。在制定规则时,SEC 应当考虑互换产品的风险性质、市场规模、清算机构的能力等因素。并且当交易对手之一满足一定的条件,如不属于金融机构、交易目的是对冲商业风险等,可以豁免于通过清算机构进行清算。[⑤] 第二,对清算机构的交易设施提出相关要求,主要包括应当在 SEC 进行注册、对交易流程进行监控、及时公布交易信息、保存交易记录等。[⑥]

(3)SEC 对 CDS 等"基于证券的互换"的具体监管。其中,主要包括:第一,对"基于证券的互换"的交易商和参与者实行强制注册制度,否则相关交易即为非法。第二,对交易商和参与者从事 CDS 交易的资本金和保证金提出要求,目的在于保证交易的安全性和金融系统的稳定性。[⑦] 第三,为

---

① See Dodd-Frank Wall Street Reform And Consumer Protection Act, § 762.

② See Dodd-Frank Wall Street Reform And Consumer Protection Act, § 722(a).

③ See Dodd-Frank Wall Street Reform And Consumer Protection Act, § 722(b).

④ 中央交易对手方(Central counterparty)是证券交易领域的一个常见概念。当交易双方之间的证券交易通过交易所的清算机构进行时,交易双方彼此不签订合同,而是分别与清算机构签订合同。此时,清算机构就扮演着中央交易对手方的角色。See Cambridge Dictionary, *central counterparty*, Accessed March 20, 2017. https://dictionary. cambridge. org/dictionary/english/central-counterparty.

⑤ See Dodd-Frank Wall Street Reform And Consumer Protection Act, § 763(a).

⑥ See Dodd-Frank Wall Street Reform And Consumer Protection Act, § 763(a).

⑦ See Dodd-Frank Wall Street Reform And Consumer Protection Act, § 764(a).

了防范市场操纵和欺诈行为,SEC 应当对任何人所从事的 CDS 等"基于证券的互换"的头寸规模进行限制。为此,SEC 一方面可以授权相关自律组织制定有关头寸限制的规则,另一方面可以要求交易商和参与者报告其各种头寸信息。第四,为了增强市场的价格发现功能,SEC 应当实时公开 CDS 等"基于证券的互换"的交易信息,包括交易规模、价格等。但是,所公开的信息应保证不能被用来识别具体交易对手方,以及大宗交易的信息公开可适当延迟等。①

(4)禁止联邦政府救助互换实体。《多德 – 弗兰克法》第 716 条规定,联邦政府不得向任何互换实体的互换产品、基于证券的互换产品以及其他活动提供援助。并且,在各类从事互换交易的机构中,《多德 – 弗兰克法》对受担保的存款机构作了特别安排,即受担保的存款机构只能从事"真实的对冲业务和传统的银行业务",而其他的互换业务只能由其独立的、资本完备的附属机构开展。② 此外,各类互换实体在处于破产接管或被宣布破产时,不得动用任何纳税人基金予以救助。

(四)信用评级机构方面的监管改革

这一方面的监管改革主要包括以下几方面:

1. 设立信用评级办公室(the Office of Credit Ratings)

《多德 – 弗兰克法》第 932 条要求在 SEC 中设立统一的信用评级监管机构——信用评级办公室,以加强对"国家认可的信用评级机构"(NRSRO)的监管。这一新设机构的主要任务是通过统一的监管活动来切实提高评级质量、防范利益冲突,从而保护评级使用者的利益以及公共利益。

为方便履行职责,信用评级办公室主要被授予了两项职权:一是检查

---

① See Dodd-Frank Wall Street Reform And Consumer Protection Act, § 763(a).

② 这一规定被称为"互换驱逐规则"(Swaps Push-Out Rule),即要求受担保的存款机构将那些风险较高的互换业务"驱逐"到附属机构开展。如果它们未能"驱逐"这些风险较高的互换业务,它们将失去接受联邦政府救助的机会。至于其附属机构,因为它们的独立性,在市场压力时期则不能获得联邦政府救助。但是,2014 年 12 月美国众议院废除了这一规则,从而允许受担保的存款机构持有、购买或出售各种类型的互换产品,而不丧失联邦政府保护。See GAO, *Perspectives on the Swaps Push-Out Rule*, Accessed May 9, 2018. https://www.gao.gov/assets/690/686903.pdf.

权,即针对 NRSRO 对有关评级规则的遵守情况,信用评级办公室负责对其进行例行年度检查,内容包括评级实践是否根据既有评级流程和方法而作出、利益冲突的管理情况、相关投诉的处理情况、对离任员工的行为限制等。并且,信用评级办公室应当发布年度检查报告,使公众能够了解检查结果、NRSRO 对检查结果的回应以及之前的整改情况。二是规则制定权。为执行 SEC 的各项评级规则,信用评级办公室应当制定必要的规章细则和针对规则违反情况而采取的处罚措施。

2. 提高 NRSRO 的评级质量

针对评级质量显著低下的状况,《多德 – 弗兰克法》主要从以下方面加以解决:

其一,要求 NRSRO 建立有效的内部控制机制。内部控制机制主要用于管理评级的政策、程序和方法的执行。对此,NRSRO 应当向 SEC 提交年度内部控制报告,以说明自身内部控制机制的运行状况。此外,各家 NRSRO 都应设立董事会,而在董事会人员构成上,至少一半的成员要独立于该家 NRSRO,且独立董事中应当包括使用其评级的用户。

其二,赋予 SEC 评级资格撤销权。当 SEC 根据调查结果认定某家 NRSRO 在某类证券的评级方面缺乏充分的财务资源和管理能力时,可以撤销该机构就这类证券的评级资格。SEC 做出上述决定时,应当考虑该家 NRSRO 未能作出正确评级的持续时间是否达到了一定的期限等因素。

其三,要求 NRSRO 披露有关信用评级表现的信息。SEC 应当要求 NRSRO 在其网站显要位置以及必要时以书面形式公开披露它为资本市场、货币市场上的金融产品所确定的最初评级信息,以及评级随后的迁移情况,以便评级用户能够通过比较各家 NRSRO 的评级来衡量其准确性。至于所要披露的具体信息应当满足的标准主要有:(1)能够使评级用户在各家 NRSRO 之间进行横向比较;(2)对于具有一定市场经验的投资者而言,信息充分且表述清晰;(3)评级信息涵盖的时间范围应为数年,具体要涉及各种等级,其中包括那些已经被撤销的评级;(4)同时公开每份评级的中立声明,即表明评级过程的独立性。

其四,改进信用评级方法。危机暴露出三大评级机构所使用的评级模型存在严重缺陷。为此,《多德 – 弗兰克法》对 NRSRO 使用的评级方法进行了必要干预，其中包括：(1)要求 NRSRO 使用的评级程序和方法需要包括定性和定量两个方面的数据和模型。这一程序和方法需要得到 NRSRO 董事会或类似职能机构的批准，并且符合 NRSRO 内部控制机制中关于制定、修改评级程序和方法所需遵循的流程。(2)在评级程序和方法发生重大变动时，该变动要一致地适用于其后所做出的信用评级，并且在一定的合理期限内也适用于那些已作出且当时仍有效的信用评级。另外，NRSRO 需要公布对评级程序和方法作出重大变动的原因以及该变动会对评级产生的影响。(3)有关评级方法的披露义务。NRSRO 应当披露评级方法所依据的基础假定、相关数据，以及必要时公布其使用金融产品服务商或支付报告以监控信用评级的频次。其中，在定性内容方面，尤其要披露结构化产品评级过程中使用的基础资产间违约关联性假设，以及评级的潜在不确定；在定量内容方面，需要披露影响评级迁移的任何因素、评级的历史表现、预期违约率以及预期损失率等。另外，当 NRSRO 对 ABS 等结构化金融产品进行评级时，如果使用第三方的尽职调查服务，则应当向公众披露能够显示这一服务充分性的证明。

其五，取消评级机构免责。《多德 - 弗兰克法》第 933 条明确规定信用评级机构应当承担相应的民事责任。在民事责任构成要件方面，一是评级机构未能按照评级方法所依据的事实要素对证券进行合理调查，并且也没有从证券发行人和承销商之外的第三方渠道获得有关事实要素的合理证明；二是评级机构实施以上行为是出于故意或放任的心理状态。

为证明评级机构存在以上客观行为和主观心理，原告方应当提出具体的事实以充分推断之。

3. 对利益冲突进行管理

在管理因提供附属服务而导致的利益冲突方面，[①]《多德 - 弗兰克法》并没有明确相应的监管改革措施，而是要求 SEC 对此问题进行研究并发布

---

① 在这里，"附属服务"(Ancillary Services)是指 NRSRO 提供的除信用评级以外的所有产品和服务，例如风险管理咨询服务、辅助协助服务。如前所述，信用评级机构在提供信用评级时，同时向该发行人提供咨询服务，会产生利益冲突，从而影响评级机构的独立性。See SEC, *Report to Congress Credit Rating Agency Independence Study*, Accessed April 7, 2017. https://www.sec.gov/news/studies/2013/credit-rating-agency-independence-study-2013.pdf.

报告。就此,SEC 在 2013 年 11 月向国会提交的报告①中,认为不需要对 NRSRO 向发行人提供附属服务的规则进行修改,由此维持了 2007 年 6 月 SEC 就这一问题发布的监管规则。② 对此,SEC 在该报告中陈述的理由是:一方面现有监管措施能够对“附属服务”引发的利益冲突进行适当的管理,另一方面根据 2007 年以来各家 NRSRO 提交的报告,附属服务收入在其总收入的占比在 10% ~28% ,且呈现有所下降或基本稳定的趋势。

在管理销售或营销导致的利益冲突方面,按照《多德 - 弗兰克法》第 932 条第(a)款第(4)项的要求,SEC 于 2014 年 8 月发布了有关规则③,即要求评级业务与销售或营销业务相隔离。具体来说,当一家 NRSRO 的内部人员参与决定或监控信用评级,或者制定或批准用于确定信用评级的程序或方法(包括定性和定量模型)之时,如果他们还会同时参与 NRSRO 产品或服务的销售或营销,或者参与 NRSRO 附属机构的产品或服务的销售或营销,又或者会受到销售或营销因素的影响,那么 SEC 应当禁止这家 NRSRO 发布或维持一项信用评级。另外,考虑有些 NRSRO 的规模较小,可能没有足够的工作人员(或雇用额外工作人员的财务资源)来建立单独的评级、销售等职能,规则为小型 NRSRO 提供了一种机制,允许其以书面形式申请豁免,从而不受上述隔离限制。最后,如果 NRSRO 违反这一业务隔离要求且对评级产生了影响,SEC 可以暂时吊销或撤销这家评级机构的 NRSRO 注册。

在管理评级对象的前雇员导致的利益冲突方面,《多德 - 弗兰克法》修

---

① 即《信用评级机构独立性研究》(Credit Rating Agency Independence Study)。See SEC, *Credit Rating Agency Independence Study*, Accessed April 7, 2017. https://www. sec. gov/news/studies/2013/credit-rating-agency-independence-study - 2013. pdf.

② 美国证券交易法第 15E 条(H)(1)要求每家 NRSRO 制定、维持和执行合理设计的书面政策和程序,以管理因业务而产生的任何利益冲突;第 15E 条(H)(2)规定 SEC 必须颁布规则,禁止或要求管理和披露此类利益冲突。于是,SEC 于 2007 年 6 月 18 日颁布了相关规则,其中涉及“附属服务”的利益冲突的部分主要是禁止 NRSRO 对债务人或证券进行评级的同时,还就这一评级对象提供相关的附属服务。而如果评级服务和附属服务不是针对同一个对象,则 NRSRO 只需披露这一情况即可。See SEC, *Credit Rating Agency Independence Study*, Accessed April 7, 2017. https://www. sec. gov/news/studies/2013/credit-rating-agency-independence-study - 2013. pdf.

③ See SEC, *Nationally Recognized Statistical Rating Organizations*, Accessed April 7, 2017. https://www. sec. gov/rules/final/2014/34 - 72936. pdf.

订了《证券交易法》第 15E 条,增加了第(4)款,即要求一家 NRSRO 必须建立、维持和实施合理设计的政策和程序,去确保任何情况下受制于这家 NRSRO 的信用评级的单位的雇员,或受制于这家 NRSRO 的信用评级的证券或货币市场工具的发行人、承销商或主办者的雇员,在评级行动采取之日前的一年之内,被这家 NRSRO 雇佣并以某种职务参与决定关于这家单位或证券或货币市场工具的评级时,这家 NRSRO 应当:(1)进行一项审查,以确定该雇员的任何利益冲突是否影响了评级;(2)按照 SEC 规定的规则酌情采取行动来调整有关的评级。至于 SEC 规定的规则,主要包括 NRSRO 发现前雇员的冲突影响信用评级后,应当立即发布评级操作,以将债务人、证券或货币市场工具所适用的信用评级置于信用监视或审查中,并确保及时公布经修订的信用评级等。[①]

在管理董事会成员导致的利益冲突方面,为了保证董事的独立性,《多德－弗兰克法》规定 NRSRO 的董事会成员除了作为董事会或其下设委员会的一员之外,不得从该 NRSRO 收取任何咨询费、顾问费或其他费用;不得与该 NRSRO 或其附属机构有关联。另外,为特别保证独立董事的"独立性",独立董事会受到以下几个方面的限制,即:(1)当独立董事在评级结果中拥有财务利益时,不得参与该评级的审议;(2)独立董事的薪酬不得与 NRSRO 的业绩表现挂钩;(3)独立董事的任期应不超过五年,且不能续展。

4. 增加评级行业的竞争

长期以来,美国评级市场维持着寡头垄断的格局。评级市场竞争不足是金融危机中评级机构角色错位的原因之一。由此,增加评级行业的竞争是推动评级机构的看门人角色理性复归的路径之一。

金融危机之前,美国通过《2006 年信用评级机构改革法》(Credit Rating Agency Reform Act)明确了 NRSRO 的准入标准,从而使更多评级机构注册成为 NRSRO 变为可能。

如果说 NRSRO 准入标准的确立增加了美国评级行业的内部竞争压力,那么《多德－弗兰克法》取消成文法中对信用评级的引用则增加了评级

---

① See SEC, *Nationally Recognized Statistical Rating Organizations*, Accessed April 7, 2017. https://www.sec.gov/rules/final/2014/34－72936.pdf.

行业的外部竞争压力。具体来说,《多德－弗兰克法》第939条取消了一些金融性法律中的评级引用,举例如下:(1)在《联邦存款保险法》(The Federal Deposit Insurance Act)中,用"未达到联邦存款保险公司确定的信用标准"替代"非投资级";(2)在《投资公司法》(Investment Company Act of 1940)中,用"达到SEC确定的信用标准"替代"不少于1家NRSRO评定为投资级";(3)在《证券交易法》(Securities Exchange Act of 1934)中,用"达到SEC确定的信用标准"替代"至少被一家NRSRO评定为最高等级",等等。

二、体系化影子银行的监管改革评析

体系化影子银行—抵押贷款证券化是2008年全球金融危机的中心问题,或者说"震中区"。通过上文的解读,不难发现抵押贷款证券化的整个流程可谓全面失守,其中的每一个环节都存在严重的风险。其后,以《多德－弗兰克法》为主要代表的美国金融法律文件对此进行了一系列的监管改革,以期通过这些制度变革或制度建设来规范证券化各环节的业务操作,从而降低业务风险、防范危机再次发生。

然而,从一般意义上来说,制度变革的过程可以被表述为:社会中的偶然事件或新的境遇会影响到民众的心理和思想状态,进而给法律制度造成冲击。[①] 换言之,任何制度背后都有一定的观念、理念、价值的支撑。相应地,制度层面的变迁也意味着观念等精神层面的更新。同时,在纷繁复杂、变动不居的现实世界里,"立法是一门遗憾的艺术",而这尤其体现在创新迭出、风险层出不穷的金融领域。由此,任何金融制度改革都有其进一步完善的必要和空间。所以,为透视这两个方面的问题,下文拟从宏观和微观两个层面对体系化影子银行的监管改革做一评析。

(一)宏观层面的评析

1. 从新自由主义复归国家干预主义

在以美国为首的西方世界,市场与国家的关系一直以来是其政治、经济

---

① 参见[意]D. 奈尔肯:《比较法律文化论》,高鸿钧等译,清华大学出版社2003年版,第55页。

发展进程中的核心范畴。围绕着这一核心范畴,历史上不同的理论学说都竞相提出主张。应当说,“理论来自实际需要,政治哲学的产生发展并不是哲学家们的凭空构建,而是对现实的思考回应,特别是对激烈的社会动荡的反思”①。由此,作为“大萧条”以来最严重的一场全球金融危机,其波及范围之广、影响程度之深的现实基础则必然会引发意识形态领域的“风暴”,从而导致社会观念思潮的变革。这其中,体系化影子银行的繁荣—覆灭—监管改革的全过程彰显了西方世界主流意识形态领域中新自由主义向国家干预主义的复归。

在美国,新自由主义(Neoliberalism)由单纯的经济思想变成主流意识形态的标志是1980年里根当选美国总统。② 一般认为,新自由主义是一种有关政治经济实践的理论,其主张在以强大的私人财产权、自由市场、自由贸易为特征的制度框架中,通过解放个人的创造性自由,人类的福利能够得到最好地促进和提高。而国家的角色在于创造并维护这样的制度框架。③ 历史地来看,新自由主义产生的背景是20世纪70年代资本主义世界经济陷入“滞涨”状态,其中的两大问题——大规模失业和货币贬值深刻暴露了罗斯福新政以来以凯恩斯主义为指导的大规模国家干预的局限性。对此,新自由主义认为凯恩斯主义的更多干预、更多管理、更多福利不解决问题。它针锋相对地提出政府干预的范围必须有限,要求政府更小些,干预更少些,给予企业更多自由,让自由市场自由运转,从而形成真正自由竞争的资本主义。④ 于是,里根上台后,通过推行崇尚市场自我调节能力的“新自由主义”理论,刻意放松国家管制、推行私有化、削减部分社会福利措施,从而扭转了此前数十年间市场与国家关系中强调国家干预的主要倾向。⑤

建立在自我管制和有效市场基础上的新自由主义在经济领域的一大体现就是大规模放松金融管制,并拒绝监管随后的金融创新。由此,这一做法

① 钱满素:《美国自由主义的历史变迁》,生活·读书·新知三联书店2006年版,第2页。

② 参见刘志云:《国际经济法律自由化原理研究》(增订版),法律出版社2015年版,第43页。

③ See David Harvey, *A Brief History of Neoliberalism*, Oxford University Press, 2005, p. 2.

④ 参见钱满素:《美国文明》,中国社会科学出版社2001年版,第417页。

⑤ 参见[德]于尔根·科卡:《资本主义简史》,徐庆译,文汇出版社2017年版,第154页。

开启了体系化影子银行繁荣—覆灭的历史进程。总的来说,体系化影子银行的整个流程中充斥着不正当的激励、欺诈、过度创新、过度投机、片面依赖数学模型等现象,这一方面使其在缺乏监管的环境中迅速发展,并呈现虚假繁荣的景象,另一方面也注定了其覆灭会带来严重的金融危机。具体而言,在不正当激励方面,“发起—分销”模式使借款人的违约风险与商业银行、抵押贷款公司等放贷机构脱钩,由此导致这些放贷机构降低抵押贷款的发放标准。不仅如此,不正当的激励可以说体现在证券化的各个环节,每个人都可以从贷款金额的增加中获得佣金和收益,例如抵押贷款经纪人、房产评估师、证券化者、评级机构等。在欺诈方面,体现之一是由于抵押贷款经纪人的收入与抵押贷款发放数量相关,为了获取更多的佣金收入,他们不惜采取欺诈的方式,向那些信用状况不佳、不了解信贷市场的中低收入群体推销无证明文件贷款、可调整利率贷款等掠夺性抵押贷款。在过度创新方面,集中体现为证券化创造了一系列高度复杂、极不透明且难以正确定价的结构化金融产品。例如,数千笔抵押贷款会被汇集到一项单一的 MBS 中,以及有多达 150 项 MBS 被打包汇入一项单一的 CDO 中,并且以此为基础衍生出 CDO 平方、CDO 立方。① 在过度投机方面,作为一种衍生品,CDS 既可以被用于套期保值,也可以被用于投机。而在证券化流程中,CDS 在很大程度上是被用于投机活动的。例如,2007 年 12 月 CDS 的价值达到 62 万亿美元,而通过这些衍生品投保的债务最高价值仅为 5 万亿美元,显然这一领域存在大规模的投机。同时,惠誉 2007 年发布的一份报告称,在买卖 CDS 的银行机构中,有 58% 的承认“交易”或“赌博”是它们的主要动机,而只有不到 30% 的认为对冲信用风险是它们的主要动机。② 在片面依赖数学模型方面,证券化流程中的许多参与方,如 AIG、单一险种保险公司、信用评级机构,都普遍接受了有效市场金融假说,通过数学计算模型来衡量风险。但现实生活中,经济主体实际上是在一个以不确定性为特征的环境中进行决策的,这不仅是因为经济主体的种种非理性行为,还因为缺乏关于未来的

---

① See James Crotty, *Structural causes of the global financial crisis: a critical assessment of the "new financial architecture"*, *Cambridge Journal of Economics*, 2009, 33(4), p. 566.

② See James Crotty, *Structural causes of the global financial crisis: a critical assessment of the "new financial architecture"*, *Cambridge Journal of Economics*, 2009, 33(4), p. 569.

必要信息。[①] 由此,数学计算模型并不能全面有效地反映各类风险状况。

尽管体系化影子银行存在以上诸多风险问题,但其一直以来几乎不受监管。这是因为美国金融监管机构秉持新自由主义的核心理念——市场具有自治和自我调控能力,而排斥对各类金融机构、金融产品和金融市场进行严格监管,例如,SEC 对信用评级机构的利益冲突问题和寡头垄断问题始终不够重视;州一级保险监管机构忽视了结构性金融产品保险的严重风险;处于存款保险之外的抵押贷款公司完全不受监管;2000 年通过的《商品期货现代化法》取消美国商品期货交易委员会对场外衍生品的监管。于是,不受监管的体系化影子银行在过去四十年里迅速发展,其内在的脆弱性也被急剧放大,各种风险因素相互交织,最终导致了 2008 年全球金融危机的发生。而自 20 世纪 80 年代以来政府对金融业放松管制显然是这场金融经济崩溃的一项重要原因。

可以说,这场危机深刻动摇了新自由主义在学理上和政治上的合理性。[②] 市场不但不具有自愈能力,反而会因其内在的不稳定而自行崩溃。其中,其内在的不稳定,或者说市场失灵,则成为国家干预最根本的存在依据。而以《多德－弗兰克法》为代表的美国金融监管法规的出台,表明至少在金融领域,美国社会的观念思潮开始从新自由主义向国家干预主义复归。毕竟,金融业不同于其他社会经济领域,其固有的脆弱性、高度创新性以及在现代经济中的核心地位,要求国家对其进行严格的监管,以解决其存在的唯利性、非理性、信息不对称、垄断等诸多市场失灵问题。而之前的新自由主义对凯恩斯主义指导下的大规模国家干预矫枉过正,反而忽视了对金融业严格监管的必要性,从而为 2008 年全球金融危机之后复归国家干预主义埋下了伏笔。

2. 金融法的"三足定理"视角下的体系化影子银行监管改革

纵观美国的金融监管史,可以发现一条鲜明的主线——始终在放松管制与重新管制之间左右徘徊。详言之,美国的金融史可谓是一部治乱

---

① See Luiz Carlos Bresser-Pereira, *The* 2008 *financial crisis and neoclassical economics*, *Brazilian Journal of political Economy*, 2010, 30(1), p. 10.

② 参见[德]于尔根·科卡:《资本主义简史》,徐庆译,文汇出版社 2017 年版,第 156 页。

循环史,即在放松管制时期,金融资源的配置效率不断上升,随着时间推移,进而会诱发风险乃至危机;于是开始重新管制,金融机构、金融体系的安全得以巩固,随着时间推移,进而会束缚金融资源的配置效率;于是又放松管制,以牺牲金融安全来满足对金融效率的需求;接着,又会重新管制以巩固金融安全,等等。虽然这一历史进程并非各个环节的简单重复,每一次管制变迁也都是对不同时期政治、经济因素的适时回应,[①]但是金融监管制度在金融效率和金融安全这两大价值目标之间的选择困境却暴露无遗。

一般来说,价值反映的是主体与客体之间需求与被需求的关系。在这一关系中,人是价值主体,而满足需求的对象是价值客体。具体到法的价值来说,人类期望通过制定法律来实现秩序、安全、自由、平等、效率等目标价值。但是,由于人类生活需求的多样性、社会利益主体的多元化以及不同时期、不同国家间差异显著的政治、经济、文化等因素,法的各种目标价值之间往往会发生冲突,即存在负相关的关系,而解决这类冲突却并非易事。在民主体制下,一般是通过协商对话以形成社会共识,并借助立法、行政、司法等程序加以缓解的。[②] 但这一缓解只具有暂时性。随着政经形势的变化,价值冲突会再次变得尖锐。具体到金融监管制度来说,其价值体系中的金融效率和金融安全存在显著的冲突,即强调金融效率,则意味着赋予金融机构更大的经营自由度,以便带来金融产品的多样和复杂、金融市场的拓展和深化,由此金融安全会受到挑战;强调金融安全,则意味着赋予金融机构较小的经营自由度,以便带来金融机构个体的稳健和金融体系整体的稳定,由此金融效率会受到损害。对此,尽管可以通过加强微观和宏观层面的审慎监管来平衡金融效率和金融安全之间的关系,但一直以来,监管的适度性却难以把握。现实情况常常是:有时侧重金融效率,有时侧重金融安全。相应地,金融发展进程呈现出治乱循环的面貌。

针对金融效率与金融安全的价值冲突以及由此导致的金融发展的治乱

---

① 参见臧慧萍:《美国金融监管制度的历史演进》,经济管理出版社2007年版,第5页。

② 参见张文显主编:《法理学》,高等教育出版社、北京大学出版社2011年版,第249~258页。

循环问题,有学者提出了金融法的“三足定理”①以作为一种解决方案。金融法的“三足定理”是指将金融效率、金融安全和金融公平同时作为金融法制变革的三大价值目标,并通过金融公平的指引和参照,以实现金融效率与金融安全之间的平衡。对此,可以将这三个价值目标比作三个“足”,即构建起价值目标之间三足鼎立的良性互动机制。在这里,所谓的金融公平主要包括金融交易公平、金融资源配置公平、金融市场竞争公平等内容。应当说,金融法的“三足定理”为金融法制的变革提供了一个普适性的理论框架,其兼具指引性和评价性。因此,从金融法的“三足定理”的视角来评析体系化影子银行的监管改革是一项有益的尝试。

如前所述,体系化影子银行的监管改革涵盖抵押贷款证券化的整个流程,在监管对象方面,涉及抵押贷款机构、证券化机构、保险公司、评级机构等;在监管内容方面,涉及业务运营监管、市场退出监管等;在监管方式方面,涉及注册登记、信息披露、定期报告、现场检查等。尽管这些制度安排的具体内容各有不同,但都可以被统摄在金融安全、金融效率和金融公平这三大价值目标之下。

首先,作为危机应对之法,《多德－弗兰克法》自然将金融安全作为其重要价值目标。具体到体系化影子银行的监管改革来说,对金融安全的强调集中体现在:住房抵押贷款改革中的确立抵押贷款的最低标准、明确抵押贷款发起人的定义、对高风险抵押贷款适用强制财产评估要求等;特殊目的实体使用改革中的证券化主办者和基础资产发起人的风险自留要求;外部信用担保改革中的设立联邦保险办公室以应对保险领域的系统性风险、结构化债券保险的业务运营监管、信用违约互换的中央结算等;信用评级机构改革中的设立信用评级办公室以实行统一监管、对 NRSRO 的业务运营监管、评级机构的民事责任要求等。

其次,《多德－弗兰克法》终止了美国过去 30 多年来金融领域的“去监管化”趋势,恢复和加强了对金融业的监管。但这一监管变化并非简单地回复到大萧条之后的严格监管,而是确认了 20 世纪 80 年代以来金融自由

---

① 金融法的“三足定理”是由中央财经大学的邢会强教授在2010 年提出的,后经武汉大学的冯果教授进一步修正、发展。参见邢会强:《金融危机治乱循环与金融法的改进路径——金融法中“三足定理”的提出》,载《法学评论》2010 年第 5 期;冯果:《金融法的“三足定理”及中国金融法制的变革》,载《法学》2011 年第 9 期。

化的基本成果，由此，通过建立一套更加完善的监管机制来最大限度地维护当前金融体系的资源配置效率。具体到体系化影子银行的监管改革来说，对金融效率的强调集中体现在：住房抵押贷款改革中将之前不受监管的抵押贷款公司纳入监管范围，适用一致的抵押贷款发放标准，而非直接禁止其相关业务；特殊目的实体使用改革中确认“QRM”的定义与“QM”的定义保持一致、再证券化业务适用与初始证券化相一致的风险保留要求、规定特定的风险保留方式以适应证券化发行结构的多样化；外部信用担保改革中对CDS的购买方并未要求其拥有参考债券的保险利益，等等。

再次，体系化影子银行的监管改革中的诸多方面体现了对金融公平的重视。金融公平主要涉及金融交易公平、金融资源配置公平、金融市场竞争公平等方面。其中，金融交易公平在体系化影子银行监管改革中的主要体现是对金融消费者的保护，例如成立消费者金融保护局以整合联邦层面各监管机构的消费者金融保护职能、禁止抵押贷款发起人的各种操纵行为、要求NRSRO披露有关评级方法、评级表现的信息；金融资源配置公平主要体现为对中低收入、少数族裔等弱势群体的金融支持，例如设立住房咨询办公室为购房者，尤其是弱势消费者提供多方面的咨询，基于抵押贷款可得性的考虑，豁免由政府部门指定的或由非营利组织发放的一些以社区为中心的住房抵押贷款的风险保留要求；金融市场竞争公平主要体现在抵押贷款公司与其他受到存款保险担保的贷款机构适用一致的抵押贷款要求，成文法中取消对NRSRO评级的援引，等等。

最后，正如金融法的“三足定理”中所体现的——三大价值目标之间并非简单组合的关系，而是相互协作的耦合关系。在体系化影子银行的监管改革中，通过对金融公平的强调，使得在对体系化影子银行加强监管的过程中，金融资源配置效率的应有空间被保留。同时，在后续监管改革中，体现金融公平的各项措施也能发挥“压舱石”的作用，从而维持金融安全与金融效率之间的大致平衡。①

① 例如，2017年特朗普上台后，寻求修订《多德－弗兰克法》以放松金融管制。在此过程中，已经建立起的消费者金融保护机制可以发挥其有力的牵制作用，以防范新一轮的金融业治乱循环。参见中国金融四十人论坛：《特朗普力主金融“去监管”，另一次金融危机的导火线？》，载https://www.sohu.com/a/148868299_257448，最后访问日期：2017年4月19日。

(二)微观层面的评析

在对体系化影子银行的监管改革进行宏观评析之后,这一部分将分别评析监管改革的四个方面。

1. 对住房抵押贷款监管改革的评析

在整个抵押贷款证券化流程中,作为基础资产的住房抵押贷款扮演着举足轻重的角色。住房抵押贷款的质量直接决定着各种住房类抵押贷款支持证券的质量,进而影响着证券化流程上各参与机构的风险和收益状况。众所周知,本轮全球金融危机肇始于2007年爆发的次贷危机。而次贷危机的爆发及其后演化而来的全球金融危机则深刻揭露了21世纪以来美国住房抵押贷款行业存在的严重放松贷款发放标准的情况。鉴于此,对住房抵押贷款加强监管可谓体系化影子银行监管改革的重中之重。

可以说,《多德-弗兰克法》主要是从两个方面着手来加强住房抵押贷款监管的:一是加强对住房抵押贷款发起人的监管;二是加大对住房抵押贷款借款人的保护。

在第一个方面,首先,《多德-弗兰克法》明确定义了住房抵押贷款发起人,从而将之前不受监管的抵押贷款公司、抵押贷款经纪人纳入了监管范围,并且与其他机构适用一致的监管规则。应当说,抵押贷款公司之所以一直以来不受监管,一方面是因为其不吸收存款,因而不存在存款人的保护问题,另一方面其业务不受联邦存款保险公司的担保,因而也就不具有相应的道德风险。但是,之前的监管思路只是着眼于抵押贷款公司的机构本身,而对其所发放的贷款会构成证券化基础资产的状况则关注不足。另外,一系列危机调查也显示,抵押贷款经纪人在发放掠夺性贷款方面扮演了重要角色。因此,《多德-弗兰克法》将此前处于监管范围之外的抵押贷款公司和抵押贷款经纪人纳入监管范围,填补了住房抵押贷款发放主体方面的监管漏洞。其次,《多德-弗兰克法》对住房抵押贷款发起人实施严格的业务监管。无论是确立抵押贷款的最低标准、扩大高成本贷款的定义,还是禁止其有关的操纵行为,目的都在于确保借款人具有相应的偿还能力。毕竟,借款人的偿还能力是决定抵押贷款质量的根本性因素。从而,这些业务规则通过提高证券化基础资产的质量来确保抵押贷款证券化流程的稳健性。

在第二个方面,《多德-弗兰克法》新设了两家机构——住房咨询办公室和消费者金融保护局来加强对住房抵押贷款借款人的保护。其中,住房咨询办公室通过提供与房屋所有权有关的一系列咨询服务,为借款人在每一个阶段做出合理决策提供了必要的协助。而消费者金融保护局则整合了联邦层面各监管机构的消费者金融保护职能,通过金融消费者教育、抵押贷款信息披露、受理金融产品投诉等方式来保护借款人。应当说,这两家机构所提供的服务为借款人提供了覆盖抵押贷款事前、事中和事后的整个流程的保护,从而有利于确保借款人在选择抵押贷款类型、再融资方案、止赎缓解方式时做出合理的决策。

应当说,针对住房抵押贷款证券化的基础资产——住房抵押贷款,《多德－弗兰克法》从贷款主体监管、业务运营监管、借款人保护等方面建立起了比较完备的法律机制。但是,“徒法不足以自行”。危机之后,美国在抵押贷款业的监管体制方面变化不大,仍然维持了此前双层、多头的监管格局,即联邦层面的美联储、联邦存款保险公司、合并了储蓄机构监理局的货币监理署、国家信用社管理局和新设立的消费者金融保护局,以及州一级的银行业监管机构。而这些监管机构在监管力度、介入时机、监管效果等方面必然会存在一定的差异。这些差异的存在以及由此可能会引发的监管套利等问题不能不说是一大隐忧,值得持续关注和研究。

2. 对特殊目的实体使用监管改革的评析

纵观整个抵押贷款证券化流程,可以说,特殊目的实体在其中居于核心地位。就特殊目的实体的使用来说,危机中暴露出的主要问题是过度证券化和风险管理的重大失败。

一方面,抵押贷款证券化流程涉及各方参与者,而这些参与者都有着各自的动机去从事相关行为。尽管这些行为会增进它们自身的利益,但是可能并不符合甚至会损害证券化链条上其他人乃至更广泛的市场的利益。①换言之,证券化参与者之间存在必然的利益冲突。并且,美国证券化市场存在普遍的过度证券化、过度创新的情况,从而导致证券化的链条被延展得更长,相应地,链条上各方参与者的利益冲突更加尖锐。对此,为了协调各方

① See The Joint Forum, *Report on Asset Securitisation Incentives*, Accessed January 20, 2016. http://www.bis.org/publ/joint26.pdf.

参与者之间的利益动机,《多德-弗兰克法》对证券化者提出了信用风险自留的要求。应当说,这一要求有助于遏制证券化者片面追求抵押贷款数量的增长而忽视对资产质量把控的情况。其中,对于抵押贷款的发起人来说,信用风险自留的要求将迫使它们改变之前为追求贷款数量增长而放松信贷标准的做法,从而加强对信贷人员和抵押贷款经纪人的业务规范要求;对于大型银行、投资银行等证券化主办者来说,信用风险自留的要求有助于扭转它们只是单纯追逐佣金和费用收入而不关心基础资产质量的动机。同时,这一要求也有助于解决证券化者在构建基础资产池时的逆向选择问题。实践中,发起人/主办者有动机将相比它们保留在自己的资产组合中的贷款更具风险的贷款进行证券化。对此,保罗·卡莱姆(Paul Calem)等人通过分析2005年和2006年美国存款机构出售次级抵押贷款的情况,发现存款机构会将质量更高的贷款保留在自己的资产负债表内,而将质量更低的贷款予以出售或证券化。[①] 总之,信用风险保留要求在一定程度上有助于解决各方参与者之间的激励不一致问题,从而在最大限度维持金融创新的原有空间的同时,提高基础资产池和资产支持证券的质量。

另一方面,为保持金融机构经营的稳健性,监管机构长期以来都主张,金融机构应持有与其所面临风险的水平和性质相称的资本。但是,危机中特殊目的实体给其主办机构造成的巨额损失说明各金融机构的风险资本计量存在显著的缺口。于是,美国财务会计准则委员会(FASB)与美国货币监理署(OCC)、美联储等银行监管机构分别对金融资产转移的会计处理、银行机构的风险资本等监管标准进行了及时的修改。应当说,这些监管改革有助于解决证券化主办机构与其表外设立的特殊目的实体之间风险管理的重大缺陷。其中,就FASB发布的两项新标准来说,加强信息披露的要求提高了主办机构与特殊目的实体之间风险关联的透明度,例如要求主办机构说明其与特殊目的实体的关系以及由此引起的风险敞口的任何重大变化。又如,主办机构需要说明其继续参与已转让的金融资产的情况;对是否

---

① See Paul Calem, Christopher Henderson, Jonathan Liles, "*Cherry Picking*" *in Subprime Mortgage Securitizations*: *Which Subprime Mortgage Loans Were Sold by Depository Institutions Prior to the Crisis of* 2007?, *Journal of Housing Economics*, 2011, (20), pp. 134 – 138.

应当合并特殊目的实体改为采用定性的方法，取代了之前不够确定的定量分析，从而能够更加准确地揭示主办机构与特殊目的实体的风险关联程度。就 OCC 等监管机构发布的有关风险资本的新指引来说，取消对 ABCP 管道风险资本计量的例外规定，说明监管者意识到了实践中证券化主办机构普遍会向 ABCP 管道提供隐性的支持以及寻求资本监管套利，从而导致之前仅依靠合同性风险敞口来评估 ABCP 管道的风险资本要求是不充分的。

3. 对外部信用担保监管改革的评析

如果说结构化金融产品是“评级驱动型”产品，那么这类金融产品获得其理想评级的关键一环在于信用增级，例如结构化债券保险；如果说结构化金融产品能够行销全球的重要因素之一是 CDS 市场的并存，那是因为 CDS 在增加结构化金融产品市场深度的同时，也极大地扩展了市场广度。可见，作为外部信用担保安排的主要代表，无论是结构化债券保险，还是 CDS，都在证券化流程中扮演着重要角色。由此，在体系化影子银行监管改革中，这类外部信用担保的监管改革是一个重要的组成部分。

其一，无论是在危机之前，还是在危机之后，CDS 都未被作为保险产品加以监管。但是，这一事实并不能否认 CDS 在本质上的保险属性。而正是由于 CDS 在危机之前不受监管、结构化债券保险监管不足的现实以及由此导致的巨额损失，引发了美国公众对保险业一直以来由州一级机构进行监管而缺乏联邦层面统一监管的广泛反思。作为对这一反思的回应，《多德 - 弗兰克法》在财政部之下新设了联邦保险办公室（FIO）。但是，从 FIO 的自身定位及其职权来看，危机之后的美国保险业依然维持着由州一级机构进行监管的原有体制。在这一监管体制下，系统性风险问题和监管不一致问题依旧没有得到妥善的解决。具体来说，系统性风险的监管要求监管者能够从整个保险业及其在金融系统中的地位的角度，来识别、评估和管理潜在的风险来源。而这需要监管者具备相应的监管权限和专门知识。① 但是，从 FIO 被赋予的职权来看，其并不具备监管权限，只具有相对间接的信息收集权。这就必然会影响其对保险行业系统性风险的监控能力。另外，对于各州之间监管不一致

① See Daniel Schwarcz, Steven L. Schwarcz, *Regulating Systemic Risk in Insurance*, *The University of Chicago Law Review*, 2014, 81(4), p. 1639.

的问题，FIO 的职权也十分受限，其只能就已达成的国际审慎标准与美国各州保险规则相冲突的部分，来取代各州相关的监管标准。可以说，这一职权范围根本无法适应美国金融市场高度发达、创新迭出的市场环境。综上，可以说，FIO 的创建只是美国解决保险行业系统性风险、监管不一致等问题的开始，其职权有待于进一步扩充和完善。但是，考虑到美国保险行业自 19 世纪以来的监管体制传统，联邦层面的统一监管恐一时难以实现。

其二，在 20 世纪 80 年代后期，纽约州保险监管机构考虑到债券保险的风险远大于健康险、财产险等传统保险的情况，要求债券保险只能由单一险种保险公司单独经营，并且对债券保险一并适用相对更严格的监管标准。但是，与此同时，监管机构却忽视了不同债券之间的风险也同样差异显著的状况，例如相对安全的市政债券与风险日益上升的结构化金融债券。因此，危机之后，结构化债券保险的监管改革路径自然是对其适用更加严格的监管标准。总的来说，相关改革主要是从提高单一险种保险公司自身的风险资本要求和严格限制结构化债券保险的承保对象的范围这两个方面展开的。此外，对于债券保险承销中过于依赖评级机构的问题，美国保险监督官协会（NAIC）也采取了相应措施。应当说，这些措施的出台改变了之前单一险种保险公司在结构化债券保险领域过度承担风险的状况，由此不仅提高了保险公司的经营稳健性，也提高了证券化流程中信用增级的适当性。但是，由州一级监管机构主导的保险业监管体制决定了实践中必然存在由监管不一致引发的监管套利问题。对此，一直以来，促进各州监管一致性都是 NAIC 的主要职责之一。因此，接下来 NAIC 应当着重关注结构化债券保险的监管一致性问题。

其三，在一定程度上讲，CDS 的监管改革可谓整个体系化影子银行监管改革的重中之重。同时，这一领域的监管改革也是整个体系化影子银行监管改革的一个缩影。一方面，通过将 CDS 纳入监管范围，大幅提高了交易的安全性和透明度。正是鉴于 CDS 一直以来不受监管的缺陷，《多德－弗兰克法》明确授权 SEC 和 CFTC 对 CDS 等衍生产品的监管权。采取的一系列措施，比如 CDS 交易引入中央结算制度、对交易双方的资本金和保证金要求、对 CDS 的头寸交易规模进行限制、清算机构公布交易信息、保存交易记录的义务，都确保了 CDS 交易能够在一个安全、透明的市场环境下进行,从而有别于此前交易双方不受监管、市场交易规模不透明的市场乱象。另一方面,再次确认 CDS 的非保险产品监管定位,最大限度地保留了金融创新的自由空间。危机之后,鉴于 CDS 本质上的保险属性,包括纽约州在内的保险业监管机构都试图将 CDS 作为保险产品来监管,但却遭到了衍生品交易商的强烈抵制。于是,无论是在联邦层面,还是在州一级层面,CDS 仍然保留了其非保险产品的监管定位。① 应当说,这一决定体现了监管者在金融效率与金融安全之间的权衡,即通过将 CDS 纳入监管、实行中央结算,保证了 CDS 的交易安全,而维持其非保险产品的监管定位则体现了监管者对自由市场交易最大限度的尊重。

4. 对信用评级机构监管改革的评析

承接对以上抵押贷款证券化流程中三个方面监管改革的评析,接下来的最后一部分是有关信用评级机构的改革评析。最后但同样重要的是,作为抵押贷款证券化流程上的最后一道"闸门",可以说,信用评级机构直接决定了各类抵押贷款支持证券的初始质量评价,进而对二级市场上的交易活动产生着重大影响。正是由于信用评级机构的角色定位的特殊性、所发挥作用的重大性,决定了有关监管改革的重要性和棘手性。

本质上讲,危机中暴露出的抵押贷款支持证券的评级重大失败源于信用评级机构"发行人付费"的经营模式,由此,衍生出"评级购买"、利益冲突、评级标准放松等一系列问题。因此,有关信用评级机构的监管改革必然是围绕着"发行人付费"的经营模式而展开,从而大致发展出两种监管思路:

一是用其他经营模式替代"发行人付费"模式。对此,《多德 - 弗兰克法》并未直接作出相关制度安排,而是授权 SEC 等监管机构开展相关研究。② 于是,SEC 在 2012 年 12 月发布了有关研究报告。③ 在报告中,SEC 对投资者所有的评级机构模式(Investor-Owned Credit Rating Agency Model)、独立模式(Stand-Alone Model)、指定模式(Designation Model)、用

① See Robert S. Bloink, *Does the Dodd-Frank Wall Street Reform Act Rein In Credit Default Swaps? An EU Comparative Analysis*, *Nebraska Law Review*, 2010, 89(4), pp. 618 – 619.

② See Dodd-Frank Wall Street Reform And Consumer Protection Act, § 939F.

③ See SEC, *Report to Congress on Assigned Credit Ratings*, Accessed June 2, 2017. https://www.sec.gov/news/studies/2012/assigned-credit-ratings-study.pdf.

户付费模式(User-Pay Model)等直接替代“发行人付费”模式的各种经营模式进行了利弊分析。总的来说,这些替代模式的初衷都是通过一定的制度安排来直接取代“发行人付费”模式,从而克服“发行人付费”模式下固有的“评级购买”、利益冲突问题。应当说,这一改革思路背后的理念是“建构论唯理主义”,即人们知道所有相关的事实,并且有可能根据这种关于特定事实的知识而构建出一种可欲的社会秩序。然而,人们却忽视了一个核心问题:我们没有能力把深嵌于社会秩序之中的所有资料或数据都收集起来,并把它们拼凑成一个可探知的整体。[①] 具体到这些替代模式来说,它们在替代了“发行人付费”模式的同时,却带来了同样的、甚至更严重的“评级购买”、利益冲突问题,以及更多的问题,例如实施的可行性不佳、运行成本过高、限制竞争、降低评级质量。因此,SEC 在后续的规则修订中并未采纳上述制度安排。

二是在“发行人付费”模式的基础上进行监管改革的思路。对此,《多德 - 弗兰克法》中明确规定的一系列制度安排都是这一思路的体现。可以说,这一思路遵循的是“进化论理性主义”的理念,即人们遵守的许多规则是在他们生活于其间的社会中经由一种选择过程而演化出来的,从而这些规则是世世代代的经验的产物。[②] 因为评级费用不断提高、“搭便车”现象突出等原因,从 20 世纪 70 年代开始,信用评级机构的经营模式由“投资者付费”模式转变为“发行人付费”模式,并一直延续至今。在此过程中,针对由“发行人付费”模式引发的相关问题,美国国会、监管机构不断地进行监管改革以完善有关制度安排。应当说,《多德 - 弗兰克法》中有关信用评级机构的监管改革延续了这一监管思路,并围绕着提高评级质量的目标进行了较大程度的调整。首先,信用评级办公室的成立标志着美国信用评级行业实现了统一监管,从而有利于克服之前分散监管体制下的监管不一致、监管空白等问题。其次,通过要求评级机构加强内控机制、信息披露、改进评级方法、承担民事责任等,有利于直接改进评级质量。再次,对容易引发利

---

① 参见[英]弗里德利希·冯·哈耶克:《法律、立法与自由(第一卷)》,邓正来译,中国大百科全书出版社 2000 年版,第 11 ~ 12 页。

② 参见[英]弗里德利希·冯·哈耶克:《法律、立法与自由(第一卷)》,邓正来译,中国大百科全书出版社 2000 年版,第 7 页。

益冲突的具体环节作出相应的制度安排,有利于降低利益冲突的强度和发生频次。对此,自2011年起,SEC在每年的信用评级机构年度监管报告中对有关的执法情况都进行了具体披露。最后,在提高评级行业竞争方面,无论是明确NRSROs的注册标准,还是取消金融类法律对NESROs评级的引用,至少在短期,甚至中期内都难以改变评级行业"三巨头"的垄断局面。[①]对此,相关的政府干预应立足于排除行业竞争障碍、加强监管执法力度,从而为市场竞争创造一个公平的环境,而不宜对市场竞争格局作直接干预。[②]

本章小结

体系化影子银行将原本商业银行在一张资产负债表上完成的信用中介功能,分解成了一个链条,即各参与机构协力配合完成了期限转换、流动性转换和信用转换等信用中介功能。由于所受监管不足,体系化影子银行在本轮全球金融危机中陷于崩溃。具体来说,体系化影子银行的风险表现主要包括:资产价格随住房抵押贷款违约率上升而急剧下跌、特殊目的实体的使用引发重大市场失败、外部信用担保无力提供预期保护,以及信用评级机构扮演金融危机的重要推手。而其风险成因则是住房抵押贷款发放标准全面降低、对特殊目的实体的使用和风险管理存在严重缺陷、外部信用担保过度承担风险现象突出,以及信用评级机构由"看门人"到"助推者"的角色错位。由此可见,正是因为参与到体系化影子银行融资链条中的抵押贷款发放机构、特殊目的载体、债券保险公司、信用评级机构等普遍没有受到足够的监管,导致整个融资链条存在严重的逐利性和利益冲突,并最终导致了体系化影子银行的重大失败。

危机之后,为了重塑体系化影子银行,监管部门采取了一系列的措施来加强其整个流程的监管,具体涉及住房抵押贷款方面的监管改革、特殊目的的

---

① See Claire A. Hill, *Limits of Dodd-Frank's Rating Agency Reform*, *Chapman Law Review*, 2011, 15(1), p.143.

② 例如,监管改革过程中备受推崇的评级机构分配制度(Assignment System for Credit Ratings),因其限制竞争、运行成本过高等问题,最终并未实施。

实体使用方面的监管改革、外部信用担保方面的监管改革和信用评级机构的监管改革。应当说,美国对其体系化影子银行的监管强化标志着其金融监管理念由新自由主义复归国家干预主义,以及在追求金融效率的同时,更加重视金融安全和金融公平。

第三章　个体化影子银行的监管问题

在以美国式影子银行为代表的国际影子银行实践中，个体化影子银行与体系化影子银行之间存在依附与被依附的关系，即个体化影子银行，或者以主办者的角色，或者以投资者的角色，普遍参与到抵押贷款证券化活动中，从而个体化影子银行与体系化影子银行形成了“一荣俱荣、一损俱损”的关系。因此，随着体系化影子银行的繁荣与覆灭，个体化影子银行也经历了一个大起大落的过程，暴露出了严重的风险问题。

不同于体系化影子银行中各家金融机构、金融服务机构相互协作共同完成信用中介功能的运作机制，个体化影子银行——如同商业银行——在一张资产负债表上就完成了信用中介功能。因此，相比于体系化影子银行，“影子银行之银行”的特征在个体化影子银行中体现得更为明显。另外，影子银行是一个集合概念。在不同的国家或地区以及不同的金融发展阶段，影子银行的外延各不相同。因而，在学术研究中，出于研究的必要性和可能性的考虑，不便将现实中动态发展的影子银行的所有表现形式一一列举出来并加以分析，而是要选择其中具有代表性的表现形式，就其共通性的风险问题加以探讨。据此，本章主要对“两房”、对冲基金、投资银行、货币市场基金等在本轮全球金融危机中扮演重要角色的个体化影子银行的共通性风险及监管问题进行分析。

第一节　个体化影子银行的风险表现

因为是在一张资产负债表上完成信用中介功能，所以个体化影子银行所面临的金融风险大体类同于商业银行，比如流动性风险、信用风险。并且，由于在整个影子银行体系中，一些个体化影子银行与其他金融机构之间存在错综复杂、相互勾连的交易关系，它们还引发了严重的系统性危机。据此，本节主要就本轮全球金融危机中个体化影子银行暴露出的主要风险现象做一概述。

一、个体化影子银行爆发了流动性危机

一般而言，为保证经营活动的稳健性，金融机构必须随时持有一定数量的流动性资产以满足当前或未来的资金需求。例如，我国《商业银行风险监管核心指标》要求商业银行的流动性比例不应低于25%。应当说，流动性比例越高，金融机构的流动性风险就越小，但同时也意味着其盈利能力受到更多的约束。因此，出于平衡二者关系的需要，金融机构在日常经营过程中，除了持有较少数量的现金之外，其保障流动性的方式主要是外部融资和资产变现。具体到个体化影子银行来说，由于监管不足或不受监管，相比于商业银行，它们在流动性管理过程中对于外部融资和资产变现的依赖程度更高，由此面临的流动性风险实际上也更高。从而，随着次贷危机的爆发，外部融资环境迅速恶化、资产变现难度急剧上升的现实导致个体化影子银行的流动性迅速枯竭，具体来说：

首先，在“两房”方面，无论是房利美，还是房地美，它们在企业性质和商业模式上都是相同的，其中在企业性质方面，它们既是服务于住房抵押贷款市场的政府支持企业，同时又是为股东赚取利润的上市公司；而在商业模式方面，它们并不直接发放住房抵押贷款，而是通过从各家放贷机构购买抵押贷款，或者自己持有，或者将其证券化并为之担保，以赚取担保费用和息

差的方式获取利润,而购买这些抵押贷款的资金则主要来自中短期借款。由此可见,“两房”事实上成为个体化影子银行。并且,由于“两房”享有免缴联邦和地方税、紧急情况下申请财政部贷款、其他金融机构购买其债券可享受较低资本要求、由美联储提供电子结算服务等一系列优惠条件,它们的融资成本极低——仅仅略高于美国财政部本身的融资成本。① 然而,自2007年第三季度开始,伴随着美国住房抵押贷款市场的迅速衰退,“两房”在抵押贷款业务上的亏损便不断扩大,由此可见,所带来的连锁效应就是其股价连续下跌、融资成本不断上升。例如,房利美1000万美元债券的信用违约互换价格在2004~2006年基本维持在1.3万美元左右,而到了2008年5月则上涨到4.7万美元,6月进一步上升到6.6万美元。同期,“两房”债券利率与国债利率的差距也不断扩大。并且,形势进一步恶化,到了2008年7月,“两房”已无法在回购市场上通过抵押证券来获取充足的资金。② 于是,自2008年6月起,美联储和财政部不得不向其提供大规模紧急贷款和资金注入。

其次,在对冲基金方面,一直以来,服务于少数高净值客户的对冲基金以其“黑箱”操作而著称,亦即,每只基金的投资策略、风险敞口并不为外界所知,也无须向监管部门报告。即使其客户也只能获得有关基金规模、回报等方面的笼统信息。③ 尽管一直维持着神秘形象,但2007年7月贝尔斯登旗下两只对冲基金的被迫清盘却成了本轮全球金融危机最早的征兆之一。由此,对冲基金的经营风险被大众媒体曝光。一般来说,不同于共同基金和其他类别的资产管理机构,对冲基金并不适用借款和杠杆限制。因此,实践中许多对冲基金的运营资金除了客户的委托资金之外,还有相当部分来自回购市场和投资银行的借款。同时,在资产端,对冲基金广泛涉足股票、债券、衍生品、外汇等各种金融产品,比如贝尔斯登旗下的那两只被迫清盘的对冲基金主要投资于抵押贷款支持证券和债务抵押债券。因此,对冲基金

---

① 参见[美]亨利·保尔森:《峭壁边缘:拯救世界金融之路》,乔江涛等译,中信出版社2010年版,第50页。

② See The Financial Crisis Inquiry Commission, *The Financial Crisis Inquiry Report*, U.S. Government Printing Office, 2011, p. 315 – 316.

③ 参见辛乔利:《影子银行》,中国经济出版社2010年版,第41~42页。

在债券业务等方面事实上成为个体化影子银行。然而,由于完全不受监管,对冲基金实际上存在着相当大的流动性风险。无论是投资银行,还是回购市场,对于对冲基金而言都不是稳定的资金来源。随着2007年美国抵押贷款支持证券违约率的大幅度上升,对冲基金的债券投资组合出现了价值大跌,随即引发了投资者的恐慌——客户赎回要求急剧增长、投资银行和回购市场的贷款立即收紧。由此可见,对冲基金的运营资金大规模流失,直至流动性枯竭而被清盘。

再次,在投资银行方面,在美国,投资银行分为独立的投资银行和附属在银行控股公司下的投资银行及相关业务部门。其中,前者以华尔街五大投行为代表,而后者的代表性例子是花旗、JP摩根等大型银行控股公司旗下的投行部门。[①] 在本轮全球金融危机中,这两类投资银行都遭受了不同程度的重创。应当说,这一切都源于其经营模式的转变,即20世纪80年代以来,投资银行的业务重心由证券经纪与承销、IPO、企业并购等传统业务转变为大规模的自营交易,并且深度涉足了证券化和衍生品业务。而从事这些自营交易业务的资金则基本上来自资本市场,包括股权融资和债权融资。由此可见,投资银行也成为个体化影子银行的重要代表。然而,投资银行的融资来源并不稳定,集中体现为在商业票据、银行贷款和回购协议等融资渠道方面,投资银行对回购协议的融资依赖度平均在50%左右。而实践中,回购协议的期限、折扣率和抵押物会随时调整,并且市场环境一旦恶化,借款方在回购协议市场上就会立即失去交易对象。例如,在2008年3月中的短短一周时间里,市场恐慌导致各大机构停止了与贝尔斯登的一切交易,从而轻而易举地把一家投资银行击垮。[②] 在2008年9月,同样的情况也发生在了美国第四大投资银行雷曼兄弟身上。从而,在其流动性出现危机之时,投资银行会被市场抛弃,其命运完全系于政府救市的决策部署。

最后,货币市场基金主要有可变资产净值和不变资产净值两种商业模式。其中在不变资产净值模式下,投资者在购买和赎回时,基金份额维持为

---

① 参见辛乔利:《影子银行》,中国经济出版社2010年版,第35页。

② 参见李濑、黄小军、赵艳洁、李勇:《别了,雷曼兄弟》,中信出版社2009年版,第207~211页。

稳定的1美元,从而这类货币市场基金成为典型的个体化影子银行形式。应当说,无论是可变资产净值类型的货币市场基金,还是不变资产净值类型的货币市场基金,它们在金融危机中都遭受了相似的挤兑狂潮,引发了严重的流动性危机。详言之,一直以来,货币市场基金的投资风格以稳健、保守著称,主要投资于政府债券、存款凭证、商业票据等短期、低风险的证券。但是,事后来看其中的商业票据给货币市场基金带来的风险显然被低估了。2007年8月SIV的被迫清算或破产导致了资产支持商业票据市场的崩溃。只是由于SIV的主办者的及时介入,从而使资产支持商业票据的主要购买者——货币市场基金才未遭受严重损失。然而,接下来2008年9月雷曼兄弟的破产则引发了货币市场基金的流动性危机。无论是否持有雷曼兄弟的商业票据以及持有数量的多少,几乎所有的货币市场基金都遭受了大规模挤兑。例如,美国第三大货币市场基金"一级储备基金"(Reserve Primary Fund)在雷曼宣布破产后的两天之内面临的赎回份额占到该基金的2/3,于是不得不宣布"跌破面值"。[①] 而为了遏制市场恐慌情绪,2008年9月19日美联储宣布对货币市场基金提供临时担保。

二、个体化影子银行遭受了信用危机

总体来说,个体化影子银行主要将通过负债业务汇集的资金用于购买抵押贷款、主办证券化、投资结构化金融产品、为其他影子银行提供资金拆借等。而随着次贷危机以及后续全球金融危机的接续爆发,个体化影子银行普遍都遭受了信用危机,即巨额的资产损失。对此,本书接下来主要从三个方面予以详述。

第一,购买抵押贷款并予以证券化。这一领域的主要参与者是"两房"和投资银行。其中,在"两房"方面,房利美和房地美主要通过购买住房抵押贷款并为之提供担保的方式来为抵押贷款市场提供融资支持。并且,在相当长的一段时期,"两房"只购买那些"合格"的住房抵押贷款,即所购买

① 参见[美]蒂莫西·F.盖特纳:《压力测试:对金融危机的反思》,益智译,中信出版社2015年版,第139页。

的贷款的性质和数量需遵循有关的审核标准、规模限制等。[①] 然而，20 世纪 90 年代以来，“两房”放松了贷款审核标准，开始购买并承销了大量高风险贷款。例如，在高 LTV 方面，1992 年，房利美购买的抵押贷款 LTV 高于 90% 的贷款只占其总额的 6%（约 116 亿美元）。到了 1995 年，这类贷款的数量比重上升到 19%（约 2090 亿美元）。到 2001 年，尽管比重下降到 13%，但其金额却上升至 6830 亿美元。21 世纪以来，这类贷款继续增长，到 2007 年时，房利美购买的 LTV 高于 80% 的贷款高达 25%；在低 FICO 信用评分方面，“两房”同样很早就介入了 FICO 信用评分低于 660 份的贷款。从 1997 年到 2000 年，这类贷款基本维持在 2000 亿美元至 3000 亿美元之间。[②] 21 世纪以来，“两房”不断增加购买高风险贷款。例如，在 2007 年，房利美购买的 FICO 信用评分低于 660 份的贷款占到其总额的 18%。总体来说，在“两房”2004 年至 2007 年的高风险业务中，LTV 高于 80% 或 FICO 评分低于 660 分的抵押贷款分别占到 48%、42%、51% 和 87%。[③] 事后表明，房利美和房地美的绝大部分损失源于这些高风险抵押贷款；在投资银行方面，可以说，抵押贷款证券化的主导者非投资银行莫属。它们源源不断地买进贷款、“裁剪”成各种高评级证券后转手卖掉，从而通过买卖差价大赚一笔。同时，投资银行通过为对冲基金等客户提供机构经纪业务，又可赚取大笔交易佣金等收益。更为重要的是，由于市场行情见好，投资银行可以轻易地将生产出来的各种抵押贷款支持证券卖掉。于是，投资银行在表面上只是扮演一个“通道”的角色，似乎并不承担任何风险。因此，21 世纪以来，随着美国房价的不断上升，投资银行纷纷扩张它们的抵押贷款证券化业务。而为了抢占市场，投资银行几乎是不加选择地大量购买甚至是溢价购买各类抵押贷款。并且，雷曼兄弟等投资银行通过收购贷款公司、自己直接发放

---

① 例如，贷款的规模要求是中小额贷款；贷款的性质要求是贷款房价比（Loan to Value，以下简称 LTV）低于 80%、贷款人需提供收入证明，等等。参见［美］维拉尔·V. 阿查亚，等：《政府担保，福兮祸兮？——房利美、房地美及抵押金融的崩溃》，车丽娟、李悦译，东北财经大学出版社 2014 年版，第 23 页。

② 参见［美］维拉尔·V. 阿查亚，等：《政府担保，福兮祸兮？——房利美、房地美及抵押金融的崩溃》，车丽娟、李悦译，东北财经大学出版社 2014 年版，第 25～26 页。

③ 参见［美］维拉尔·V. 阿查亚，等：《政府担保，福兮祸兮？——房利美、房地美及抵押金融的崩溃》，车丽娟、李悦译，东北财经大学出版社 2014 年版，第 43 页。

贷款等方式成为证券化行业的领导者。然而,随着2007年第一季度证券化市场的逆转,投资银行很快发现买家已纷纷退场,生产出来的大量抵押贷款支持证券只能囤积在“仓库”中,并且价值日益缩水。[①] 从而,以贝尔斯登、雷曼兄弟为代表的投资银行遭受了巨额损失。

第二,投资结构化金融产品。对此,以“两房”和对冲基金的相关业务活动为例做一说明。首先,“两房”除了直接购买住房抵押贷款之外,还投资了华尔街发行的抵押贷款支持证券。具体而言,房地美和房利美分别从2001年和2002年开始购买有关的证券。其中,房地美的证券投资规模要远大于房利美。总体而言,尽管它们购买的证券大部分都是最安全的、3A层级的,然而同时它们也购买了相当数量的次级抵押贷款支持证券和少量的次优级抵押贷款支持证券,例如,从2002年至2007年,“两房”购买的次级抵押贷款支持证券的规模大约分别为350亿美元、750亿美元、1400亿美元、1400亿美元、1100亿美元和550亿美元。应当说,这些投资起初是有利可图的。但是,随着2007年年初抵押贷款违约率的不断上升,它们在这些证券上遭受了重大损失。截至2010年第三季度,“两房”的证券投资损失共计460亿美元。[②] 其次,为追求高额的业绩收入,许多固定收益类型的对冲基金在本轮全球金融危机爆发之前都集中投资了抵押贷款支持债券、债务抵押债券等结构化金融产品。对此,美国金融危机调查委员会所做的一项调查显示,约170只对冲基金在2007年6月之前投资的抵押贷款支持证券或债务抵押债券的规模数量达450亿美元之多。[③] 而从个案分析的角度来说,以贝尔斯登旗下的两只对冲基金为例,即2003年发行的高等级结构化信贷策略主基金和2006年发行的高等级结构化信贷策略增强型杠杆基金都主要投资于债务抵押债券。其中,截至2007年年初,高等级主基金持有多头头寸为97亿美元、空头头寸(ABX. HE. 指数期货)为40亿美元;高等级增强型杠杆基金持有的多头头寸为115亿美元、空头头寸为45亿美

---

① 参见李濈、黄小军、赵艳洁、李勇:《别了,雷曼兄弟》,中信出版社2009年版,第117页。

② See The Financial Crisis Inquiry Commission, *The Financial Crisis Inquiry Report*, U. S. Government Printing Office, 2011, pp. 123 – 124.

③ See The Financial Crisis Inquiry Commission, *The Financial Crisis Inquiry Report*, U. S. Government Printing Office, 2011, p. 135.

元。可见,这一净多头的投资策略表明管理人当时看好次级抵押贷款市场。但是,随着 2007 年年初债务抵押债券价格的不断下跌,这两只对冲基金蒙受了巨额损失。从 2007 年 1 月到 4 月,高等级主基金的净值损失了 5%,高等级增强型杠杆基金的净值损失了 23%。[①] 而到了 7 月,两只基金几乎已毫无价值:高等级主基金的资产缩水了 91%,高等级增强型杠杆基金的资产缩水了 100%。于是,这两只基金被迫于 2007 年 7 月底宣告破产。[②]

第三,为其他影子银行提供资金拆借。在这一方面,以投资银行和货币市场基金为例做一说明。其一,在回购协议市场上,投资银行是重要的参与方之一。它们既会将富余资金投放到回购市场上以赚取贷款利息收入,也会在资金不足时去回购市场上筹集资金。当投资银行以富余资金提供者的角色出现在回购协议市场上时,它们的交易对手通常是对冲基金、其他投资银行等金融机构。其中,对冲基金是投资银行热衷的贷款对象之一。这是因为通过为对冲基金提供回购贷款,投资银行可以与其形成紧密的业务关系,由此通过进一步为对冲基金提供经纪、结算、托管等服务,可以赚取可观的经纪服务费、交易手续费等收入。与此同时,通过回购协议贷款,对冲基金也越来越依赖投资银行为其提供流动性。应当说,作为一种短期的质押贷款,回购协议贷款的还款保证完全系于质押品的质量。然而,在本轮全球金融危机爆发之前,回购协议市场上的质押品的范围由之前的以美国国债为主,转变为了以评级相当于美国国债的各种资产支持证券、企业债券为主。[③] 于是,在那些重仓次贷债券的对冲基金纷纷倒下之时,投资银行也发现对冲基金所质押的那些债券已严重缩水,从而不得不承担这一贷款损失。其二,在投资银行之外,货币市场基金也是其他影子银行的主要资金拆借来源方。限于投资渠道的限制,货币市场基金参与影子银行体系的途径主要是购买资产支持商业票据和企业商业票据。其中,在投资资产支持商业票据方面,货币市场基金主要购买了结构化投资载体(SIVs)发行的资产支持

---

① 参见黎晓静:《次贷危机同步解析——来自风暴前沿的研究报告》,中国金融出版社 2009 年版,第 64~66 页。

② See The Financial Crisis Inquiry Commission, *The Financial Crisis Inquiry Report*, U. S. Government Printing Office, 2011, p. 241.

③ 参见辛乔利:《影子银行》,中国经济出版社 2010 年版,第 118 页。

商业票据。由于 SIVs 在 2007 年遭受了严重的流动性危机和重大损失，从而作为投资者的货币市场基金也受到了不利影响。不过，货币市场基金经受住了这场风暴。[①] 在投资企业商业票据方面，货币市场基金购买了大量影子银行机构——例如雷曼兄弟、美国国际集团所发行的商业票据。当雷曼兄弟在 2008 年 9 月破产之时，十几家持有雷曼兄弟商业票据的货币市场基金也遭受了相应的投资损失。例如，“一级储备基金”(Reserve Primary Fund)在雷曼兄弟商业票据上持有 7.85 亿美元的头寸，尽管只占其总资产的 1.2%，但这一投资损失却导致了严重的挤兑。另外，据 SEC 估计，在 2007 年 8 月到 2008 年 12 月，约有 20% 的货币市场基金因投资损失而从它们的基金经理或关联机构那里得到了紧急资金支持，从而得以避免跌破净值和破产的发生。[②]

三、个体化影子银行引发了系统性危机

本书在第一章“影子银行的负面效应”部分即对影子银行诱发系统性金融风险的情况进行了宏观分析。而本部分主要就个体化影子银行在危机期间引发的系统性危机做一概述。可以说，“两房”、对冲基金、投资银行、货币市场基金等在本轮全球金融危机中扮演重要角色的个体化影子银行都具有给金融体系增加系统性风险的潜力，并且事实上也引发了有关的系统性危机。

其一，“两房”自 20 世纪 70 年代涉足住房抵押贷款证券化以来，就基本上一直居于主导地位。尽管 21 世纪之初遭遇了华尔街的激烈竞争，但“两房”通过增加对高风险抵押贷款和证券的投资，始终保持着主导地位。对

---

① 货币市场基金在 2007 年之所以能够免于 SIVs 资产支持商业票据投资的重大损失，原因主要有：(1) SIVs 的银行发起人及时为 SIVs 提供了流动性和信用支持；(2) 货币市场基金的关联方自愿向这些基金提供了支持。据 SEC 统计，至少有 44 只货币市场基金因 SIVs 投资而被其关联机构支持；(3) 投资者纷纷逃离高风险市场，并将资金投资到货币市场基金等领域，从而大幅增加了基金的总资产。See Technical Committee of the International Organization of Securities Commissions, *Money Market Fund Systemic Risk Analysis and Reform Options*(*Consultation Report*), Accessed April 6, 2014. http://www.iosco.org/library/pubdocs/pdf/IOSCOPD379.pdf.

② See IOSCO, *Money Market Fund Systemic Risk Analysis and Reform Options*, Accessed October 11, 2015. http://www.iosco.org/library/pubdocs/pdf/IOSCOPD379.pdf.

此,一系列数据揭示了“两房”对于美国住房抵押贷款市场以及整个金融体系的重要性。例如,“两房”在2008年年末共持有或担保了与住房抵押贷款有关的5.3万亿美元的资产,超过了美国住房抵押贷款市场总资产的一半;在2006年6月的时候,它们共持有或担保了4.4万亿美元的住房抵押贷款,占比接近同期美国住房抵押贷款总量的一半;随着2007年下半年美国信用市场的收缩,“两房”向市场提供的房贷资金占整个市场新增房贷资金的比重从危机前的46%上升到76%;“两房”发行或担保的债券中有超过1万亿美元由外国投资者所持有,并且美国的金融机构持有的更多,因而如果任由“两房”倒闭,这些投资将化为乌有。[①] 综上所述,从这些数据可以看出,“两房”在美国住房抵押贷款市场乃至整个金融体系中都具有系统重要性,而它们一旦破产,将直接导致美国住房抵押贷款市场的崩溃,并会引发整个金融体系的动荡。因此,从2007年第三季度到2008年9月,当“两房”历经了资产亏损不断扩大、流动性日益紧缺、股价连续下跌而最终面临倒闭之时,美国政府在2008年9月7日不得不将其置于接管程序之下,并动用了2000亿美元对它们进行资本和信贷支持,从而使市场对房利美和房地美将要崩溃的恐惧得以缓解。[②]

其二,以华尔街“五大投行”为代表的投资银行同样引发了系统性危机,尤其是,雷曼兄弟的破产标志着次贷危机正式升级为全球性的金融危机。具体来说,首先,作为“五大投行”中规模最小且最先发生危机的一个,贝尔斯登自2007年7月关闭了两只重仓投资债务抵押债券的对冲基金之后,公司的状况就每况愈下。更为严重的是,贝尔斯登的资产负债表中持有大量的诸如抵押贷款、资产支持证券、债务抵押债券等非流动性资产,而随着美国抵押贷款市场的恶化,这些资产都日益变为了不良资产,由此导致贝尔斯登从2007年第四季度开始面临不断上涨的亏损。在这一过程中,贝尔斯登的流动性也日益短缺。从而,资产端和负债端两方面的经营压力使贝尔斯登在2008年3月濒临破产。但是,鉴于贝尔斯登在回购市场、衍生品

---

① 参见[美]亨利·保尔森:《峭壁边缘:拯救世界金融之路》,乔江涛等译,中信出版社2010年版,第51、113、140页。

② 参见[美]蒂莫西·F. 盖特纳:《压力测试:对金融危机的反思》,益智译,中信出版社2015年版,第124页。

市场上与其他金融机构之间存在的盘根错节的交易关系，所以贝尔斯登一旦倒闭，其成百上千的交易对手所持有的贝尔斯登的抵押品将被抛售，而这将会严重冲击本已十分脆弱的市场，导致资产价格进一步下跌。因此，为了遏制贝尔斯登倒闭可能引发的多米诺骨牌效应，纽约联邦储备银行不得不通过为摩根大通提供300亿美元贷款并承诺承担主要资产损失的方式，协助摩根大通收购了贝尔斯登。其次，如果说美国政府在2008年3月对贝尔斯登的救助避免了系统性危机的爆发，那么随后拒绝救助雷曼兄弟则使系统性危机成为现实。应当说，无论是在资产规模方面，还是在金融体系的关联度方面，雷曼兄弟都要高于贝尔斯登。由此可见，雷曼兄弟的破产直接导致脆弱的金融市场全面下滑、濒临崩溃，例如雷曼兄弟破产之后，摩根士丹利和高盛的股价也随即开始下跌，信用违约互换价格同时大幅度增长；货币市场基金因疯狂挤兑而跌破面值；商业票据市场开始冻结，标志着危机正式蔓延到实体经济领域。为此，美国政府被迫展开了一轮又一轮的救市行动。

其三，对冲基金在本轮全球金融危机中引发的系统性危机也同样显著。从1990年到2008年年底，全球对冲基金业的巨大增长使其管理下的资金从380亿美元增加到1.3万亿美元。① 可以说，对冲基金业已成为金融体系中具有系统重要性的金融部门。具体到本轮全球金融危机来说，这种系统重要性主要体现在两个方面：一是对冲基金与投资银行等其他金融机构之间的借贷关系。在这一方面，除了如前所述的因对冲基金倒闭而使那些为其提供回购贷款的投资银行蒙受损失之外，对冲基金对投资银行的挤兑是这一借贷关系的另一个重要方面。例如，在雷曼兄弟宣告破产之后，对冲基金随即从剩下的两家独立投行——摩根士丹利、高盛仓皇出逃。尤其是，针对对冲基金的机构经纪业务是摩根士丹利的主要利润来源：全球排名前100的对冲基金中，有89家通过摩根士丹利进行交易。而在雷曼兄弟破产后的一天之内，摩根士丹利就有200多亿美元应对冲基金客户的要求被赎

---

① See Robert J Bianchi, Michael E Drew, *Hedge Fund Regulation and Systemic Risk*, *Griffith Law Review*, 2010, 19(1), p. 6.

回。[①] 再加上其他金融机构纷纷避免与其交易，摩根士丹利的储备金在一周之内从810亿美元迅速下降到310亿美元。而如果摩根士丹利倒闭，接下来面临巨大冲击的将会是高盛。[②] 于是，美联储在2008年9月21日将摩根士丹利和高盛转变为银行控股公司，从而将它们纳入了金融安全网的保护。二是对冲基金的集中投资、集中抛售行为加剧了市场波动。21世纪以来，随着美国抵押贷款证券化的繁荣，对冲基金在投资手段和策略方面相似度日益提高。并且，这一趋势在杠杆作用的加持下，对抵押贷款证券化、衍生品等市场产生了显著影响。而当市场逆转之时，集中抛售行为又会进一步压低资产价格，造成更大的损失。例如，对冲基金行业管理下的资产规模从2007年年底的2.25万亿美元下降至2008年年底的1.3万亿美元。[③] 换言之，对冲基金在2008年有接近1万亿美元的资产或者缩水，或者被抛售。应当说，这对于整个金融体系的冲击不可谓不大。

其四，出人意料地，一直以来被认为是安全投资渠道代表的货币市场基金在本轮全球金融危机中也引发了系统性危机。具体来说，这一系统性危机主要体现在以下方面：第一，货币市场基金的挤兑风潮导致了短期融资市场的冻结。一般来说，短期融资市场主要包括商业票据市场和回购市场。实践中，货币市场基金在这两个市场上均是重要参与者，而当其遭遇挤兑之时，基金经理的反应是保留现金以满足当下和未来的赎回要求，而不是投资于商业票据、存单或其他短期工具，又或者只投资于期限最短的债券，例如一些商业票据发行人只能发行隔夜期限的债券，从而给本来健康的发行人带来巨大的融资困难。第二，货币市场基金的大幅萎缩减少了投资者在现金管理方面的投资选择。对于投资者而言，货币市场基金以其多样化和安全的特征而成为银行存款之外的一种理想替代投资渠道。其中，对于机构投资者来说，货币市场基金被认为能够通过全球投资组合多样化来为大型

---

① 参见[美]安德鲁·罗斯·索尔金：《大而不倒》，巴曙松、陈剑等译，中国人民大学出版社2010年版，第460~461页。

② 参见[美]亨利·保尔森：《峭壁边缘：拯救世界金融之路》，乔江涛等译，中信出版社2010年版，第232页。

③ See Robert J Bianchi, Michael E Drew, *Hedge Fund Regulation and Systemic Risk*, *Griffith Law Review*, 2010, 19(1), pp. 6, 18.

机构现金池提供本金和流动性保护，而银行存款的保险额度不足以容纳大型机构现金池；对于散户投资者来说，在正常利率环境下，货币市场基金能够提供比一般银行账户更优惠的市场利率，并且它还经常为寻找短期投资工具的散户投资者提供了一个方便的选择。因此，当货币市场基金发生危机之时，将会导致更多的资产集中在银行部门，或者不受管制或监管较少的替代产品领域。第三，货币市场基金的失败给其主办者带来了相当大的或有风险。一直以来，货币市场基金都受益于主办者各种形式的支持以维护基金的稳定性，例如收购不良资产、发行担保或提供资本。但是，随着行业规模的不断增长，支持基金和防止声誉风险的资金要求也越来越高，从而使这一制度安排变得越来越不可靠。并且，这一隐性支持意味着潜在的传染效应。例如，在 2008 年 9 月“一级储备基金”跌破面值之后，SEC 批准了许多货币市场基金的主办者通过购买证券等方式向基金提供资本支持，从而货币市场基金的资产损失事实上由其主办者承担。①

第二节　个体化影子银行的风险成因

西谚有云，“魔鬼藏在细节中”。可以说，个体化影子银行的风险成因就隐藏在其经营活动的细节中。正是因为个体化影子银行在经营活动中客观存在着种种诱发风险、引发危机的行为因素，所以流动性危机、信用危机和系统性危机自然而然地暴露了出来。

针对个体化影子银行在本轮全球金融危机中暴露出的风险问题，接下来本书主要从个体化影子银行业务运营的内在机理入手来对其风险成因逐一进行分析。

一、个体化影子银行的流动性危机分析

个体化影子银行在流动性管理过程中对于外部融资和资产变现的依赖

---

① See IOSCO, *Money Market Fund Systemic Risk Analysis and Reform Options*, Accessed October 11,2015. http://www.iosco.org/library/pubdocs/pdf/IOSCOPD379.pdf.

程度很高,因此它们面临着相当高的流动性风险。从本质上讲,这是由其特殊的资产负债结构决定的,即个体化影子银行的资产负债表中普遍存在严重的期限错配、高杠杆等现象,导致蕴藏的潜在流动性风险很高,实际发生流动性危机的可能性很大。

第一,个体化影子银行的业务经营存在严重的期限错配。在金融领域,期限错配是指资产的期限与负债的期限不匹配。一般来说,期限错配是金融机构业务经营中为获取利润而存在的必然现象。以商业银行为例,银行将储蓄存款(银行的负债)转换为抵押贷款(银行的资产)的过程可以被描述为银行的“借短贷长”,即银行发放长期贷款的资金来源于储户的短期存款。[①] 同时,长期贷款对应于较高的利息收入,短期存款对应于较低的利息支出,这一利差则成为银行存贷款业务的经营收入。然而,这一期限转换的过程不仅带来了期限错配,还导致了流动性的转换和错配,即流动性较好的短期存款转变为流动性较差的长期贷款。因此,为了能够随时满足储户的提现要求,商业银行就必须持有一定的流动性资产。如果商业银行的流动性不足,无法满足储户的提现或其他支付请求,就很有可能爆发流动性危机,进而导致银行破产。所以,实践中,流动性监管是银行监管的一个重要方面。[②]

与商业银行等受到严格监管的金融机构相比,由于不受监管或所受监管不足,许多个体化影子银行在业务经营中存在的期限错配现象更为严重。具体到本书所探讨的几种个体化影子银行形式来说,除了货币市场基金以外,“两房”、投资银行、对冲基金等金融机构的业务经营中均存在严重的期限错配。详言之,其一,“两房”在资产端所购买的住房抵押贷款和投资的各类结构化证券基本上都为长期资产,例如美国住房抵押贷款的期限普遍在15年以上,而次级住房抵押贷款的期限则几乎均为30年。尤其是,“两房”从2005年开始不断加大对高风险抵押贷款、次级抵押贷款支持证券的购买力度,导致其资产期限也同时上升。而在负债端,“两房”主要以中短

---

① 参见弗雷德里克·S.米什金:《货币金融学》(第九版),郑艳文、荆国勇译,中国人民大学出版社2011年版,第216页。

② 参见卞志村主编:《金融监管学》,人民出版社2011年版,第129~130页。

期借款作为其资金来源,[①]其中具体的融资渠道是发行企业债券和参与回购市场。如前所述,回购市场属于短期贷款市场,最常见的贷款类型是隔夜贷款,即便自动展期类型的回购,其期限一般也只有2年左右。正是由于"两房"的资产负债结构存在着严重的期限错配,所以到2008年7月,当它们已不能在回购市场上获取充足的贷款时,随即遭遇了流动性紧缺的困境。其二,不同于商业银行的融资大部分源于相对稳定的个人和企业的存款,投资银行的融资则完全来源于资本市场。这其中50%以上的资金来源是回购贷款,例如在2008年第一季度,美国五大投行对回购贷款的依赖度分别为贝尔斯登55%、雷曼46%、美林28%、摩根士丹利50%、高盛39%。[②] 虽然在市场正常时期,回购贷款因其融资成本低、借款期限灵活、质押证券多样化等特点而大受欢迎,但市场一旦发生逆转,回购贷款的融资成本将迅速上升,而回购交易对手也会迅速减少。另外,除了回购贷款,投资银行在负债结构中还依赖于短期头寸、应付账款等短期性债务。至于长期债务,通常只占投资银行资产负债表的一小部分。[③] 而在资产端,投资银行则大量投资于抵押贷款、结构化证券等长期资产。并且,当危机发生时,这些资产因大幅度减值沦为"有毒"资产,从而难以通过出售以改善流动性。其三,对冲基金的期限错配问题类似于投资银行,其融资来源一部分来自回购市场,还有一部分来自投资银行的贷款。并且,这些负债多是短期性的。而在资产端,对冲基金尤其是固定收益类型的对冲基金重仓投资了抵押贷款支持证券和债务抵押债券等中长期资产。尽管在日常经营中,对冲基金以频繁交易见长,但市场一旦发生逆转,这些结构化证券的流动性迅速变差,难以出售且大幅度减值,从而使其遭受流动性危机。其四,由于面临投资渠道的相关限制,货币市场基金的期限错配问题相对较轻,例如,货币市场基金资产池的加权到期日一般为60天。但是,在流动性管理方面,货币市场基金

---

① See The Financial Crisis Inquiry Commission, *The Financial Crisis Inquiry Report*, U. S. Government Printing Office, 2011, p. 40.

② 参见李澂、黄小军、赵艳洁、李勇:《别了,雷曼兄弟》,中信出版社2009年版,第207、209页。

③ See Tobias Adrian, Hyun Song Shin, *Liquidity and Leverage*, Accessed September 5, 2017. https://www.newyorkfed.org/medialibrary/media/research/staff_reports/sr328.pdf.

所受监管不多，一直以来它都是依赖自行决定的主办者资金支持来维持基金净值的稳定性，从而埋下了发生流动性危机的隐患。[①]

第二，个体化影子银行的经营活动中存在高杠杆。杠杆，亦即负债经营。可以说，在企业经营过程中，由于自有资本的有限性、资金回笼的必要周期、扩大再生产的现实需求等方面的原因，使用杠杆是一种既普遍又正常的经营策略。尤其是对于“以钱生钱”的金融机构来说，使用杠杆是业务经营过程中再正常不过的事情了。不过，杠杆对于企业而言是一把“双刃剑”——在市场上行时期，它会放大经营回报；而在市场下行时期，它也会放大经营损失。所以，出于平衡获取经营回报和防范经营风险之间关系的需要，金融机构必须对其杠杆水平进行必要的限制。例如，按照现行规定，我国商业银行的杠杆率（权益资本/总资产）不得低于4%，或者说，我国商业银行的杠杆倍数最高可达25倍。不仅如此，为了管理负债风险，商业银行监管中还引入了资本充足率指标（资本/加权风险资产），并且对资本的质量提出了具体要求。

相比之下，由于不受监管或所受监管不足，个体化影子银行为了获取高额利润和应对激烈市场竞争而在经营活动中普遍运用了高杠杆。具体到本书所探讨的几种个体化影子银行形式来说，除了货币市场基金一般不使用杠杆以外，“两房”、投资银行、对冲基金均存在着严重的高杠杆问题。

具体来说，第一，自20世纪80年代美国推行金融自由化、放松金融监管以来，美国的大型金融机构的资产规模便不断扩张。在这一过程中，“两房”的资产规模也增长迅速。究其原因，有利的条件主要有两个方面：一是由于享有国会授予的有关特权，“两房”的融资成本非常低，其借贷利率几乎与美国财政部的借贷利率一样低。这使其在资本市场上能够获得大量的廉价资金。二是“两房”所受到的资本金要求非常宽松。[②] 这一资本金要求针对“两房”的两个职能做了相应的具体规定，即在担保抵押贷款支持证券的信用风险方面，“两房”必须持有的资本缓冲量与担保额的比例是

---

① See IOSCO, *Money Market Fund Systemic Risk Analysis and Reform Options*, Accessed October 11, 2015. http://www.iosco.org/library/pubdocs/pdf/IOSCOPD379.pdf.

② 1992年，美国国会颁布了《联邦住房企业金融安全和稳健法》（Federal Housing Enterprises Financial Safety and Soundness Act），对“两房”的资本金制定了具体要求。

0.45%;在投资住房抵押贷款和抵押贷款支持证券方面,"两房"持有的资本须占总资产的2.5%。应当说,与其他金融机构相比,"两房"面临的资本金要求非常低,例如处于联邦存款保险之下的商业银行和储蓄机构持有住房抵押贷款的资本金要求至少要达到4%。[①] 正是由于以上两点,"两房"的资产规模和杠杆倍数得以不断上升。例如从2000年到2008年,"两房"的资产总规模由2.4万亿美元增长到5.3万亿美元,相应地,它们的杠杆倍数由56倍上升到75倍。[②] 第二,在投资银行方面,由于可以通过内部风险模型自行确定资本金水平,所以它们在使用杠杆时享有很大的自由度。[③] 于是,为了追逐高额利润,投资银行的杠杆倍数也迅速膨胀。根据美国证券业及金融市场协会的相关数据,美国整个投资银行业的平均杠杆倍数从2001年的24.72倍增长至2007年的37.98倍。[④] 具体到五大投行来说,截至2007年年底,高盛的杠杆倍数是32倍、贝尔斯登是38倍、雷曼兄弟和摩根士丹利则都达到了40倍。[⑤] 可以说,过高的杠杆比率使投资银行的经营风险不断上升,一旦投资出现问题会使其亏损程度远远超出资本金,从而引发流动性危机。例如,雷曼兄弟宣布破产时,其负债高达6130亿美元,而权益资本仅有260亿美元。[⑥] 第三,与其他金融机构相比,对冲基金因其操作的高度不透明性而常常被认为是使用杠杆最高的金融机构。但实际情况并不尽然。对此,美国国家经济研究局(National Bureau of Economic Research)2011年的一份专门研究对冲基金杠杆的工作论文披露:取决于对冲基金所采用的投资策略类型,它们使用的杠杆水平各不相同,比如在

---

① 参见[美]维拉尔·V.阿查亚等:《政府担保,福兮祸兮?——房利美、房地美及抵押金融的崩溃》,车丽娟、李悦译,东北财经大学出版社2014年版,第12~13页。

② See The Financial Crisis Inquiry Commission, *The Financial Crisis Inquiry Report*, U.S. Government Printing Office, 2011, p.42, 65.

③ 在2004年8月,华尔街投行成功游说了美国证券交易委员会(SEC),后者对1934年《证券交易法》中的净资本要求进行了修改,授权独立的投资银行使用内部模型来评估信用风险和相应的资本需求,从而使投资银行摆脱了此前在杠杆交易方面所受到的束缚。参见[美]范瑞尔·阿查里亚等编:《监管华尔街:〈多德-弗兰克法案〉与全球金融新架构》,梅世云、盛文军译,中国金融出版社2012年版,第126~127页。

④ 参见李凤云:《金融危机深度解读》,人民邮电出版社2009年版,第65页。

⑤ See The Financial Crisis Inquiry Commission, *The Financial Crisis Inquiry Report*, U.S. Government Printing Office, 2011, p.65, 281.

⑥ 参见李凤云:《金融危机深度解读》,人民邮电出版社2009年版,第66页。

2004年12月到2009年10月的样本中,采用相对价值策略、主要从事固定收益、掉期和其他衍生品交易的对冲基金平均使用的杠杆倍数最高,为4.8倍,但其中也有一些采用相对价值策略的对冲基金的杠杆倍数大于30倍;主要持有投资级和高收益的公司债券和信用衍生品的信用基金所使用的杠杆倍数平均为2.4倍;而采用权益对冲策略和重大事件驱动策略的对冲基金,它们主要投资于股票和不良公司债务,其杠杆倍数分别为1.6倍和1.3倍。[①] 具体到本轮全球金融危机来说,截至2006年年底,贝尔斯登旗下的那两只重仓投资债务抵押债券的对冲基金所使用的杠杆倍数分别为9.6倍和10.4倍。[②] 这意味着在缺乏外部资金持续注入的情况下,它们的投资损失一旦超过10%,就会丧失掉所有的流动性。

二、个体化影子银行的信用危机分析

在本轮全球金融危机之前,个体化影子银行因为直接或间接地过分投资了与次级抵押贷款有关的金融产品,而在危机中遭受了巨额资产损失。正所谓"投资有风险、入市需谨慎",对于实力雄厚的各家个体化影子银行来说,原本应当成熟、老练的它们为何在抵押贷款市场中忽视了基本的风险、丧失了应有的谨慎?概括而言,比较突出的原因主要有三个方面,即不合理的薪酬制度、不透明的结构化产品,以及对信用评级的过度依赖。

首先,个体化影子银行的薪酬制度诱发了风险的过度承担。总体来说,个体化影子银行在抵押贷款市场中过度承担风险的原因是多方面的,例如21世纪以来的宏观经济背景、政府的住房政策、美联储的货币政策。除了这些外部原因,个体化影子银行有缺陷的公司治理是其过度承担风险的内部原因,而其中的薪酬制度是一个重要的方面。具体来说,在美国,大型上市金融机构管理层的薪酬结构一般主要由三部分组成,即基本工资、现金奖金和股票期权。并且,在管理层的总收入中,现金奖金和股票期权所占的比重要远远高于基本工资。而薪酬结构和具体比重之所以被这样安排,完全

---

① See Andrew Ang, Sergiy Gorovyy, Gregory B. van Inwegen, *Hedge Fund Leverage*, Accessed October,11,2017. http://www. nber. org/papers/w16801.

② See The Financial Crisis Inquiry Commission, *The Financial Crisis Inquiry Report*, U. S. Government Printing Office,2011,p. 135.

是出于更好地协调公司股东与管理层之间的利益的需要。换言之,通过现金奖金和股票期权的设置使公司的所有人的利益与公司的实际管理人的利益尽可能保持一致,以此来解决企业经营过程中所有权与经营权相互分离情况下而产生的“委托—代理”问题。可以说,通过这样的安排,管理层的薪酬收入与企业的经营绩效密切地联系在了一起。然而,基于经营绩效的薪酬制度却产生了一个不良后果,即管理层为了获得更多的现金奖金和实现股票期权而在经营活动中过度承担风险以追求短期业绩的大幅度增长,从而为将来某个时点的危机爆发埋下了隐患。

具体到本书所探讨的几种个体化影子银行形式来说,“两房”、投资银行的管理层薪酬制度明显存在类似的问题。第一,在企业性质方面,“两房”是拥有政府支持背景的私人上市企业,由此决定了它们在完成政府住房政策目标的基础上,要实现股东收益的最大化。自然而然地,“两房”管理层的薪酬安排也与企业的经营收益相挂钩。尽管在2004年前后,“两房”就曾因与薪酬计划有关的会计账目操纵问题而被处罚和整改,但这并未影响“两房”从2005年开始为竞争市场份额、获取短期巨额收益而涉足高风险抵押贷款产品的一系列投资行动。彼时,美国房价仍处于上涨阶段。随着“两房”大幅获利,企业管理层也收入颇丰,例如2005年和2006年,房利美的净收入分别为60亿美元和40亿美元,由此在这两年间,首席执行官马德(Mudd)的薪酬收入共计2440万美元、首席商务官莱文(levin)共获得1550万美元的收入。同期,房地美也获利良多,使其管理层收入水涨船高。即便房地美在2007年因信贷损失遭受了巨额亏损,其首席执行官和首席运营官的当年收入也分别达到了1830万美元和380万美元。① 第二,投资银行在证券化市场上片面追求短期业绩增长、忽视投资风险的情况,同样离不开管理层薪酬制度的推动。21世纪以来,随着华尔街投行在抵押贷款证券化市场上的持续性的大规模投入,它们逐渐主导了证券化市场。并且,随着美国房价的不断上涨,各家投行也赚得盆满钵满。在此,以贝尔斯登和雷曼兄弟为例做一说明。根据相关研究数据,在2000年到2008年,贝尔斯登和

① See The Financial Crisis Inquiry Commission, *The Financial Crisis Inquiry Report*, U. S. Government Printing Office, 2011, pp. 181, 183.

雷曼分别向它们的管理层累计发放了 3 亿美元和 1.5 亿美元的现金奖金。即使在 2008 年,奖金发放所依据的财务结果发生了急剧的逆转,两家公司的薪酬安排却允许高管们保留所有已支付的奖金,而没有收回任何金额。不仅如此,同期,两家公司的管理层还从股票和期权套现中获得了巨额收益——分别为 11 亿美元和 8.5 亿美元。并且,管理层在公司倒闭之前的几年里所出售股份数量都超过了他们在 2008 年时仍然持有的股份数量。①

其次,结构化金融产品的高度复杂性和不透明性妨碍了个体化影子银行做出正确的投资判断。自 20 世纪 70 年代证券化产生以来,最初的产品形态主要是过手证券,即主办者不对现金流的偿付顺序、风险程度做任何的分割,而是直接转手交给投资者。即便在发展了十多年之后,到了 80 年代末、90 年代初,市场上的证券化产品也仅仅只是简单地划分为两个层级——风险较低、优先受偿的层级和风险较高、劣后受偿的层级。然而,自 20 世纪 90 年代以来,证券化产品变得日趋复杂。这一复杂性主要体现为三个方面:一是产品的分层越来越多。每个分层都对应于不同的现金流数量和风险水平。二是基础资产的种类、数量越来越庞杂。基于降低产品整体风险的考虑,不同地区、不同种类的抵押贷款被纳入同一资产池中。三是再证券化产品兴起。从新世纪开始到 2008 年全球金融危机爆发的这段时期,以抵押贷款支持证券为担保的债务抵押债券成长为一个千亿美元层级的市场,由此在相当程度上改变了美国抵押贷款市场的面貌。

从个案分析的角度来说,其一,以花旗集团 2006 年主办的一款证券化产品为例做一说明。在基础资产方面,贷款发起人新世纪金融公司将 4499 笔次级抵押贷款出售给花旗集团,花旗集团又转而将贷款卖给它在表外设立的 SPV,并基于这些贷款组成的资产池来发行抵押贷款支持证券。在产品分层方面,花旗集团设立的 SPV 将这款产品划分为 19 个层级。相应地,这些层级还会被信用评级机构评定为不同的信用等级。不仅如此,被评定为 3A 等级以下的层级又会被重新打包,组成新的资产池,以便发行债务抵

① See Lucian A. Bebchuk, Alma Cohen, Holger Spamann, *The Wages of Failure: Executive Compensation at Bear Stearns and Lehman* 2000 - 2008, *Yale Journal on Regulation*, 2010, 27(2), p. 260.

押债券产品。[①] 其二,在债务抵押债券产品的复杂性方面,实践中,例如上述花旗集团的例子,数千笔抵押贷款会被放入同一个资产池来发行一只抵押贷款支持证券产品,进而会有多达150只抵押贷款支持证券产品被重新打包、组成新的资产池来发行一只债务抵押债券产品。同样地,如同抵押贷款支持证券,债务抵押债券也会被划分为十几个、几十个层级。不仅如此,被信用评级机构评定为3A等级的债务抵押债券的部分还会被再次进行证券化处理,进而产生债务抵押债券的平方,甚至立方的产品形态。[②]

从以上分析可以看出,美国证券化市场经过40多年的发展形成了一个高度复杂的产品体系。并且,一直以来,这一市场的运作是高度不透明的——结构化证券的发行方与投资者之间存在严重的信息不对称。由于属于场外交易产品,抵押贷款支持证券和债务抵押债券的产品信息缺乏统一的披露要求,从而投资者一般难以获得有关产品的完整信息,通常包括基础资产的质量状况、证券化主办者的自留风险数量、产品违约概率的合理性分析等。而证券化主办者则是以所谓的充分信用增级措施、信用评级机构的高评级、房地产市场上涨的宏观形势等依据来向机构投资者们推销这些产品。

最后,个体化影子银行在证券化投资中普遍存在过度依赖信用评级的问题。可以说,在美国,无论是个人投资者还是机构投资者在其投资信用类产品时依赖信用评级是一种普遍的金融文化。具体来说,所谓的评级依赖可以分为两种:一是政府机构在监管活动中对信用评级的依赖;二是投资者在投资活动中对信用评级的依赖。而在美国之所以会形成依赖信用评级的金融文化,主要是因为自20世纪70年代以来美国政府机构在一系列监管法规中都有对信用评级的大量引用,尤其是美国证券交易委员会在1975年建立的"国家认可的信用评级机构"制度更是赋予了信用评级机构,尤其是国际三大信用评级机构在金融领域的"准监管者"的地位。正如上一章所提到的,鉴于国际三大评级机构在本轮全球金融危机中的糟糕表现及其事

---

① See The Financial Crisis Inquiry Commission, *The Financial Crisis Inquiry Report*, U. S. Government Printing Office, 2011, p. 71.

② See James Crotty, *Structural causes of the global financial crisis: a critical assessment of the new financial architecture*, *Cambridge Journal of Economics*, 2009, 33(4), pp. 566 – 567.

实上的垄断地位，为了增加竞争以提高评级质量和打破依赖信用评级的金融文化，美国政府从2010年开始着手取消一系列监管法规中的评级引用。

然而，不可否认的是，即使撇开监管活动中评级引用所带来的影响，实践中仍然大量存在投资者独立地依赖信用评级的情形，即对信用评级的依赖取代了自身的独立判断。并且，对于一些高度复杂的金融产品，投资者本应进行更大程度的、更为细致的尽职调查，但现实却是更容易过度依赖信用评级。不得不说，这是一个自相矛盾的现象。① 具体到本轮全球金融危机来说，基于结构化金融原理所设计出来的抵押贷款支持证券、债务抵押债券、合成型债务抵押债券等金融产品远比单笔的抵押贷款、普通的公司债券更难理解、更难定价。简单地讲，为了计算出这类产品的投资收益，投资者需要首先计算作为基础资产的那些抵押贷款或抵押贷款支持证券的违约概率，然后再计算违约可能造成的损失程度，以及这些损失对于不同层级的偿付影响各有多少。而为了做出每个环节的价值判断，投资者需要或主动收集、或要求证券发行人提供有关的信息，例如每一笔抵押贷款的发放信息、贷款人的房产评估价值、证券化主办者的风险自留和信用增级措施、房地产行业的区域性和全国性的宏观形势。正是由于针对这些结构化产品进行信用分析需要投入大量的人力和财力来收集数据、建立风险预警模型，所以投资者们更愿意选择直接依赖信用评级机构所给出的乐观评级。而就本书所探讨的几种个体化影子银行形式来说，无论是利润至上的投资银行、对冲基金，还是本应谨慎有加的"两房"、货币市场基金，在内部风险管理机制方面均存在着严重的缺陷，其中投资决策过程中过度依赖信用评级更是这一缺陷的集中体现，从而为之后遭受信用危机埋下了最大的隐患。

三、个体化影子银行的系统性危机分析

可以说，在本轮全球金融危机中，最让人触目惊心的时间节点是一些大型金融机构的破产可能会给整个金融体系带来重大冲击。例如，"两房"、投资银行、对冲基金和货币市场基金等个体化影子银行均引发了系统性危

---

① See Frank Partnoy, *Overdependence on Credit Ratings Was a Primary Cause of the Crisis*, Accessed October 20, 2017. https://ssrn.com/abstract=1430653.

机——在自身遭受流动性危机和信用危机的同时,也给其他金融机构造成了重大损失。应当说,这些个体化影子银行的失败之所以会引发系统性危机,是因为一方面它们的经营活动具有系统重要性,另一方面监管机构缺乏针对这类金融机构破产的有序解决方案。而制定这一有序解决方案的前提是对个体化影子银行的系统重要性展开细致分析。

具体来说,个体化影子银行具有系统重要性主要体现在两个方面:一是自身规模太大;二是与其他金融机构太过关联,由此导致了美国政府为了维系整个金融体系的运作而必须救助这些金融机构,从而出现了"太大而不能倒"和"太过关联而不能倒"的现象。可以说,对于那些具有系统重要性的金融机构来说,"太大而不能倒"和"太过关联而不能倒"的情况常常系于一身,只是实践中有所偏重罢了。

第一,在"太大而不能倒"方面:首先所谓的"太大而不能倒"是指一些金融机构,包括商业银行和非银行金融机构,因其规模巨大而被认为其失败会给其他经济行为者带来严重的负外部性,从而其原本不受保险保护的储户、债权人最终受到监管机构,亦即纳税人保护的情形。从这一定义可以看出,"太大而不能倒"有两个主要特征:一是规模巨大。一般来说,企业规模巨大的一个好处是对规模经济和范围经济的利用。其中,规模经济使企业生产单位产品的平均成本下降,从而获得成本优势。例如,"两房"凭借其政府支持背景和抵押贷款市场上的主导地位,相比其他金融机构,在购买抵押贷款和外部融资方面享有较大的成本优势。至于范围经济,则是指企业通过生产更多种类的产品而使平均成本降低的情形。例如,在再证券化方面,投资银行将那些3A评级以下、难以出售的抵押贷款支持证券重新打包和分层,以发行债务抵押债券,从而提高了成本收益比。二是这类机构的债权人获得了保护。正是为了追求规模经济和范围经济所带来的收益成长,各类企业都会寻求资产规模的不断增长。而对于金融业来说,个体金融机构的巨额规模意味着,一方面它对于具体金融产品市场的资产定价有着决定性的影响,另一方面它与其他金融机构存在广泛的借贷关系。所以,这类金融机构一旦倒闭,将会产生严重的外溢效应——威胁到其他金融机构的生存能力。由此,政府机构将不得不实施紧急救助,向其债权人提供保护。

第二,在“太过关联而不能倒”方面:所谓的“太过关联而不能倒”具体是指尽管一些金融机构的规模相对而言不是特别大,但由于其与金融体系的其他部分存在广泛的业务关联,它们一旦陷入破产,将会引发系统性危机。从而,政府机构必须救助这些金融机构。而具体就“太过关联”来说,通过相互关联的业务关系,非流动性、资产损失、破产危机会在金融体系中迅速蔓延。例如,在2007~2009年金融危机之前,对冲基金与经纪自营商、保险公司有着大量的双边关系,即通过机构经纪业务,对冲基金与经纪自营商之间形成了密切的借贷、集中清算、托管等业务关系;尤其是对冲基金的主要杠杆来源之一就是华尔街五大投行等大型经纪自营商;保险公司为对冲基金提供本金担保服务。[①] 因此,本轮全球金融危机中,当对冲基金因巨额资产亏损而面临倒闭之时,通过上述业务关联,风险会迅速传递给其他金融机构。此外,与对冲基金相比,货币市场基金的“太过关联而不能倒”属性更为典型,其风险传递路径为:一家对冲基金(“一级储备基金”)因投资了少量的雷曼兄弟商业票据而遭受了挤兑,同时这也削弱了投资者对其他货币市场基金的信心,于是这种羊群效应在货币市场基金行业引发了广泛的挤兑风潮,导致整个货币市场基金行业遭受了流动性危机。与此同时,由于货币市场基金是美国短期融资市场,尤其是商业票据市场的主要投资者,因此货币市场基金行业的流动性危机导致了美国商业票据市场冻结,使依赖商业票据融资的金融机构、实体企业随即陷入了融资困境和经营困境。鉴于此,美国政府不得不及时为货币市场基金提供紧急流动性担保,以缓解这一系统性危机。

可以说,无论是“太大而不能倒”,还是“太过关联而不能倒”,都给整个金融体系带来了系统性危机。并且,它们所造成的共同后果主要包括:一是纳税人花费了昂贵的救助费用。从2008年3月美联储推出面向一级交易商的定期证券借贷安排、隔夜信贷便利,到7月向“两房”提供流动性支持和9月接管“两房”,再到10月财政部实施不良资产救助计划,以及随后的

---

① See Monica Billio, Andrew W. Lo, Mila Getmansky Sherman, Loriana Pelizzon, *Econometric Measures of Connectedness and Systemic Risk in the Finance and Insurance Sectors*, Accessed October 25, 2017. https://papers.ssrn.com/sol3/papers.cfm?abstract_id=1963216.

一系列救助行动,美国政府为救助这些系统重要性金融机构花费了巨额资金,并最终由纳税人来买单。由此可见,这些救助行动在当时引发了强烈的社会争议。即便随后美国政府逐步从救助行动中退出,由金融危机和大规模救助而引发的社会不满情绪依然高涨,例如 2011 年 9 月至 11 月席卷美国的"占领华尔街"运动。二是市场纪律被削弱,导致金融机构获得承担更高风险的激励。由于存在政府救助的预期,金融资源配置机制被大大扭曲,主要体现为:债权人缺乏监督那些系统重要性金融机构的动力,从而使这类机构普遍受惠于低廉的资金成本,并且由于不需要完全承担倒闭的风险和成本,相比其他机构,这类金融机构的扩张动机也会更为激进,从而使整个金融体系的系统性风险不仅不会因政府救助而缓解,反而随着时间的推移而愈演愈烈。

通过上述对系统重要性金融机构引发系统性危机的成因、后果的分析,不难看出,政府监管机构有必要制定一套完备的日常监管制度和危机时期的有序破产制度,以解决金融体系中存在的系统性风险问题。

第三节 个体化影子银行的监管改革述评

自 2010 年以来,全球经济金融形势触底回升,由此步入了后危机时代。如果说,在危机持续蔓延期间,以美国为代表的欧美国家的主要任务是展开一系列的紧急救助,那么在后危机时代,针对金融体系的监管漏洞进行制度建设则成为工作重心。具体到影子银行的监管改革来说,除了上一章论述的体系化影子银行的监管改革,这项金融监管改革任务的另一个重要方面就是个体化影子银行的监管改革。

应当说,由于不同的个体化影子银行形式在金融危机期间是否受到了政府救助以及所受的紧急救助形式各有不同,因此在后危机时代,它们的监管改革进程也不尽一致。就本书论述的几种个体化影子银行形式来说,首先,与其他三种个体化影子银行形式相比,"两房"的监管改革由于牵动着美国整个住房金融体系的重构,其所涉范围广泛、利益错综复杂,尤其是"两房"自 2013 年以来扭亏为盈,其上缴的可观盈利有助于减少美国联邦赤字,因此美国国会并没有太多的紧迫感来解决这一问题,导致了“两房”至今仍处于政府的接管程序之下。而在美国政府层面,对“两房”监管改革的推动主要包括奥巴马政府在 2011 年提出的“逐步关闭‘两房’的方案”①和特朗普政府在 2018 年提出的“完全私有化‘两房’的方案”②。所以,接下来有关“两房”监管改革的述评主要围绕着这两套方案来展开。其次,在本轮全球金融危机中扮演重要角色的华尔街五大投资银行的命运各有不同——雷曼兄弟破产,贝尔斯登和美林分别被摩根大通和美国银行收购、高盛和摩根士丹利转型为银行控股公司。所以,在此之后对华尔街投行的监管改革主要体现为《多德 - 弗兰克法》等法律文件对银行控股公司的监管。再次,对冲基金因其明显的影子银行属性而被纳入了《多德 - 弗兰克法》的监管框架中,从而摆脱了一直以来几乎不受监管的状态。最后,在货币市场基金的监管改革方面,美国证券交易委员会(SEC)在 2009 年 6 月发布了有关的拟议草案,并在 2010 年 2 月发布了最终的监管规则,以及在 2014 年 7 月作了进一步的修订。

综上所述,尽管各种个体化影子银行形式在监管改革进程方面不尽相同,但在监管改革思路方面却是一致的,即增强个体化影子银行经营活动的稳健性、降低引发系统性风险的隐患。对此,接下来本书主要从“监管改革实践”和“监管改革评析”两个方面予以详细论述。

---

① 奥巴马政府在 2011 年 2 月 11 日向国会递交了《改革美国的住房金融市场》(Reforming America's Housing Finance Market)的报告,其中提出了逐步关闭房利美和房地美的改革方案。See The Department of the Treasury, United States Department of Housing and Urban Development, *Reforming America's Housing Finance Market*, Accessed October 26, 2017. https://www.treasury.gov/initiatives/Documents/Reforming%20America%27s%20Housing%20Finance%20Market.pdf.

② 特朗普政府在 2018 年 6 月 21 日发布了《在 21 世纪提供政府解决方案:改革计划和重组建议》(Delivering Government Solutions in the 21st Century: Reform Plan and Reorganization Recommendations)的报告。这份报告所涉范围非常广泛,其中在“改革联邦政府在抵押贷款融资中的角色”部分,提出了将房利美和房地美完全私有化的方案。See Executive Office of the President, *Delivering Government Solutions in the 21st Century: Reform Plan and Reorganization Recommendations*, Accessed August 10, 2018. https://www.whitehouse.gov/wp-content/uploads/2018/06/Government-Reform-and-Reorg-Plan.pdf.

一、个体化影子银行的监管改革实践

个体化影子银行在本轮全球金融危机中爆发了流动性危机、信用危机,并引发了系统性危机。于是,着眼于个体化影子银行经营活动中这三个方面的风险,有关的监管改革行动分别进行了针对性的规则设立或修订。因此,在这一部分,本书分别从流动性风险监管改革、信用风险监管改革和系统性风险监管改革等方面进行概述。

(一)流动性风险方面的监管改革

第一,在奥巴马政府的"逐步关闭'两房'方案"中,考虑"两房"还要在一段较长的时期内继续存续的现实状况,方案采取了一系列的举措来降低"两房"的经营风险,其中在流动性风险监管方面主要包括:首先,要求结束房利美和房地美一直以来享有的不公平的资本优势。在这里,所谓的"不公平的资本优势"是指相比其他私营金融机构,"两房"享有的低廉的融资成本和宽松的资本金要求。其次,要求房利美和房地美在对担保进行定价时依照与其他私营银行或金融机构相同的资本标准,从而使"两房"提供的担保的定价能够明确地反映贷款风险。最后,确保房利美和房地美有足够的资本履行现在或将来发行的任何担保,并有能力履行任何债务义务。

如果说奥巴马政府的"逐步关闭'两房'方案"是一个框架性的制度设计的话,那么特朗普政府的"完全私有化'两房'方案"就只能算是一个方向性的政策规划,其缺乏必要的实施细节。尽管如此,这一方案中的部分举措还是体现出了降低"两房"经营风险的目标设想,其中在流动性风险监管方面的措施主要是提议终止对"两房"的联邦特许和接管,即通过减少联邦政府的支持,使"两房"须持有更多的资本;要求成立一个新的联邦实体机构来对二级抵押贷款市场进行监管,并确保包括"两房"在内的所有参与者的资本都是充足的。

第二,随着贝尔斯登和美林分别被摩根大通和美国银行收购,高盛和摩根士丹利转型为银行控股公司,这几家华尔街投行面临的监管局面发生了巨大变化——由之前只需接受 SEC 监管变为了将面临以美联储为首的数家联邦监管机构更为严格的监管。其中,在流动性风险方面的监管改革主要有：(1)美联储等联邦监管机构为银行控股公司设立最低资本标准，包括最低杠杆比率要求和最低风险资本要求。其中，最低杠杆比率为4%；一级资本比率从4%提高到6%，普通股一级资本比率最低为4.5%。[①] (2)对于存在系统性风险的银行控股公司，监管机构应当就证券化产品买卖、衍生品交易、回购交易等会带来系统性风险的经营活动制定附加资本要求。[②] (3)美联储应当为银行控股公司建立逆周期资本要求标准，使其资本规模能够适应经济周期的变动。[③] (4)对于合并总资产不低于500亿美元的银行控股公司，适用更严格的审慎监管标准，主要包括风险资本要求、杠杆比例限制、应急资本要求、流动性要求、短期债务限制等。此外，在计量上述资本、杠杆、流动性水平时，需要将表外业务一同并表。[④]

第三，在2007~2009年的全球金融危机过程中，美国政府并未向对冲基金提供紧急救助，而危机后有关对冲基金的监管改革也只是着重于它具有的系统性风险，对其流动性风险、信用风险则没有作直接的政府干预。[⑤] 尽管如此，危机之后，对冲基金在流动性管理方面仍然受到了较大的影响，从而在一定程度上使其面临的流动性风险降低。详言之，对冲基金进行杠杆运作的主要外部融资来源是银行借款和回购协议，一方面，随着商业银行、银行控股公司面临的监管程度日趋严格、完善，相比危机之前，对冲基

---

① See Federal Reserve Board, *Enhanced Prudential Standards for Bank Holding Companies and Foreign Banking Organizations*, Accessed October 29, 2017. https://www.gpo.gov/fdsys/pkg/FR-2014-03-27/pdf/2014-05699.pdf.

② See Dodd-Frank Wall Street Reform And Consumer Protection Act, § 171(b).

③ See Dodd-Frank Wall Street Reform And Consumer Protection Act, § 616(a).

④ See Dodd-Frank Wall Street Reform And Consumer Protection Act, § 165(b),(k).

⑤ 危机中，政府机构之所以没有向对冲基金提供紧急救助，一方面，因为对冲基金并不直接涉及大众投资者，其只对专业机构和高净值客户开放，而这些投资者承担风险的能力普遍较强，如果政府选择救助对冲基金，将会引发严重的社会舆论压力；另一方面，相比华尔街五大投行、“两房”、美国国际集团、货币市场基金等金融机构，对冲基金具有的系统性风险更小一些。此外，许多对冲基金是由华尔街投行设立和管理的，例如贝尔斯登旗下的对冲基金，所以通过救助华尔街投行也可以起到在危机时期间接缓解对冲基金系统性风险的目的。危机后，有关对冲基金的监管改革之所以只关注其系统性风险，而未直接干预其流动性风险和信用风险，原因主要在于其投资者群体特征和固有的高风险、高杠杆的经营模式、投资策略，使政府出于尊重市场经济规律的考虑，不宜进行过度干预。

金从这些机构能够获得的融资规模会相应下降。另一方面，同样的情形也出现在回购市场上。不同于此前回购市场不受监管的状况，美联储在危机之后加强了对回购市场的监管，例如加强信息披露以增强回购市场操作的透明度、要求第三方托管机构进行风险资本金计提、建立担保品折算率动态管理和损失准备金制度。[①]

第四，鉴于货币市场基金在本轮全球金融危机中暴露出的严重风险问题，在《多德－弗兰克法》正式颁布前数月，SEC 就及时通过了关于货币市场基金的监管改革，并且在 2014 年启动了第二轮监管改革。应当说，货币市场基金监管改革的重中之重是防范其挤兑风险。为此，2010 年和 2014 年的监管改革行动在解决货币市场基金流动性风险方面采取的措施主要有：(1)要求货币市场基金采取适当的措施以确定基金份额持有人的风险特征，例如份额持有人的每月或更频繁的工资需求、年度假期和纳税需求、份额持有者的集中度。(2)要求货币市场基金对非流动性证券的投资不得超过总资产的 5%。(3)建立每日和每周流动性资产要求，即要求所有应税货币市场基金的"每日流动性资产"比重至少占到总资产的 10%；所有货币市场基金的"每周流动性资产"比重至少占到总资产的 30%。(4)要求每个货币市场基金的董事会采取措施，定期对其投资组合进行压力测试。(5)投资组合的最大加权平均投资期限从 90 天减少到 60 天、加权平均存续期为 120 天。(6)要求货币市场基金每个月在其网站披露它的投资组合信息，如投资类别、发行人名称、本金数额、到期日。[②] (7)如果基金的周度流动性资产下降到其总资产的 30% 以下，允许货币市场基金最高收取 2% 的流动性费用或者暂停赎回(在一个 90 天期间中最多 10 个工作日)；如果基金的周度流动性资产下降到其总资产的 10% 以下，要求货币市场基金对所有的赎回收取 1% 的流动性费用，除非基金的董事会认为收取流动性费用不符合基金的最佳利益；(8)要求面向机构投资者的优质型货币市场基

---

① 参见安麟、庞业军：《美国三方回购市场：改革与启示》，载《金融市场研究》2015 年第 12 期。

② See SEC, *Money Market Fund Reform*, Accessed November 15, 2017. https://www.sec.gov/rules/final/2010/ic-29132.pdf.

金和市政型货币市场基金基于浮动资产净值出售和赎回份额。[①]

(二)信用风险方面的监管改革

在上一节“个体化影子银行的风险成因”中的信用危机分析部分，本书主要阐释了三个方面的共通性原因，即不合理的薪酬制度、不透明的结构化产品，以及对信用评级的过度依赖。对此，危机之后的监管改革都进行了针对性的治理。此外，有关具体的个体化影子银行形式的各项监管改革也出台了一系列个别化的措施来降低它们的信用风险。因此，本书接下来从“共通性措施”和“个别化措施”两个方面来概述信用风险方面的监管改革。

在共通性措施方面：

一是对管理层薪酬制度进行改革，其内容主要有：(1)至少每三年一次披露在股东会或其他会议上由股东投票以批准管理层薪酬的单独决议；允许股东对“黄金降落伞”安排进行表决。但是，上述两项投票表决对董事会的决定不具有约束力。(2)采取一系列措施确保公司的薪酬委员会的独立性和薪酬委员会聘用的薪酬顾问的独立性。(3)加强对管理层薪酬的披露，即具体要求披露管理层所获薪酬与公司业绩之间的关系，包括公司股票价值变动、股息分配等，公司首席执行官的年度总薪酬、首席执行官之外公司所有员工年度总薪酬的中值。(4)收回错误发放的薪酬，要求公司披露其根据证券法要求报告的财务信息而采用的基于激励的薪酬方案，并且当公司提交的财务报表与证券法的要求严重不符而被要求重新编制财务报表时，其应当收回此前三年根据错误财务数据而发放给现任或前任管理层高管的超出应付部分的薪酬。(5)披露公司雇员和主管的对冲避险措施，即要求在年度股东会材料中，公司应当披露其是否允许雇员和主管通过购买金融工具来规避作为薪酬一部分的公司股票市值的缩水。(6)加强对已承保金融机构的薪酬结构的监管。美联储、联邦存款保险公司等监管机构应当联合制定规则以要求已承保金融机构向其披露基于激励的薪酬结构。如果这些薪酬结构会鼓励金融机构承担不适当的风险，那么监管机构将有权

---

① See SEC, *Money Market Fund Reform; Amendments to Form PF*, Accessed November 15, 2017. http://www.sec.gov/rules/final/2014/33-9616.pdf.

予以禁止。①

二是在证券法中增加资产支持证券的信息披露要求。按照《多德－弗兰克法》第942条b款的要求，SEC于2014年8月发布了关于资产支持证券信息披露的具体规则，主要内容包括：(1)采用标准化的基础资产披露要求，如要求披露的时间分为上市披露和持续性披露、以标准化的XML格式进行披露，披露内容包括如下标准数据信息：与基础资产相关的现金流数据，抵押品数据，借款人的信用评分、借款人收入和就业状况的核实情况，抵押贷款保险的覆盖程度，基础资产的持续性表现，资产服务机构减少损失的努力，可能转嫁给投资者的损失。(2)对资产信息披露过程中债务人隐私的保护。为保护债务人的个人信息和财务信息，SEC要求对于那些对投资者进行独立尽职调查并不必要的信息，美国的《公平信用报告法》并不予以使用。同时，对住房抵押贷款支持证券和汽车贷款支持证券的信息披露做进一步的特别安排，例如将贷款的地理标识符从居住统计区代码修改为2位数的邮政编码，不予披露唯一的经纪人标识符、贷款发放日期、第一个支付日期、债务人破产和丧失抵押品赎回权的历史等信息。(3)对招股说明书信息披露要求的修订，主要包括要求在招股说明书中披露基础资产池的统计信息摘要、关于交易协议中修改基础资产条款的说明、对静态资产池和标准化拖欠声明更多的解释性说明、扩大对交易参与方的披露。②

三是降低投资者对信用评级的过度依赖。除了通过加强资产支持证券的信息披露以为投资者进行尽职调查提供便利之外，有关监管机构还通过取消监管法规评级引用、要求金融机构建立内部评级机制等方式来降低投资者对信用评级的过度依赖。首先，对于经纪自营商业务，即之前华尔街投行的主营业务，SEC在2013年12月发布的实施规则中，要求取消经纪自营商在进行净资本计算时对NRSROs信用评级的引用，而是由经纪自营商根据各种因素，运用公司内部的政策和程序来确定投资的风险程度。至于这一公司内部的政策和程序，则应当包括信用利差、证券发行人能否履行债务

① See Dodd-Frank Wall Street Reform And Consumer Protection Act, § 951－956.

② See SEC, *Asset-Backed Securities Disclosure and Registration*, Accessed December 9, 2017. https://www.sec.gov/rules/final/2014/33－9638.pdf.

承诺的研究、内部或外部信用风险评估、信用增级情况等八项指标。[①] 其次，对于货币市场基金，SEC 在 2015 年 9 月发布的实施规则中，要求在取消对评级引用的同时，货币市场基金应当建立“最低信用风险测定”标准。具体而言，货币市场基金的董事会在自行开展“最低信用风险测定”时，应当考虑四个方面的因素，即：(1) 证券发行人的财务状况，例如现金流、收入、盈利能力、杠杆率；(2) 流动性来源，主要指银行信贷额度和其他流动资金来源；(3) 对证券发行人在各种情况下的风险分析，尤其是在非常不利的情况下偿还债务的能力；(4) 发行人或担保人在其行业内的竞争地位。此外，实施规则还要求货币市场基金对其投资组合中的证券进行持续性监控，并就信用恶化的情况执行压力测试。[②]

在个别化措施方面，监管机构采取的监管行动主要有：其一，在降低“两房”信用风险方面，奥巴马政府的“逐步关闭‘两房’方案”要求在房利美和房地美提供的担保之前增加私人资本——从私人保险公司和其他资本提供者那里获得额外的信贷损失保护，以及要求借款人支付更大的首付款。另外，还要求“两房”实施更严格的承销标准，从而使其担保的新贷款的质量相比过去提高许多。而特朗普政府的“完全私有化‘两房’方案”同样也要求包括“两房”在内的抵押贷款市场参与者实施负责任的贷款承销标准。其二，在降低银行控股公司的信用风险方面，最引人瞩目的措施是“沃尔克规则”的实施。具体来说，《多德 - 弗兰克法》第 619 条规定：除了豁免情形以外，任何银行实体不得从事自营交易，以及取得或保留在对冲基金、私募股权基金中的所有者权益、支持关系等利益；对于美联储监管的非银行金融机构，当它们在参与上述经营活动时，会受到额外的资本要求和规模限制。为具体实施这一规则，2013 年 12 月美联储、SEC 等监管机构联合发布了实施规则，其中为保障监管活动的顺利开展，银行控股公司等金融机构需要满足两项要求：一是度量指标报告要求，即银行实体在从事担保交易时，应当

---

① See SEC. *Removal of Certain References to Credit Ratings Under the Securities Exchange Act of* 1934, Accessed December 9, 2017. https://www.sec.gov/rules/final/2013/34-71194.pdf.

② See SEC, *Removal of Certain References to Credit Ratings and Amendment to the Issuer Diversification Requirement in the Money Market Fund Rule*, Accessed December 10, 2017. https://www.sec.gov/rules/final/2015/ic-31828.

提供指标的量化测量,如风险和头寸的限制、使用情况,风险因素敏感性,综合利润和损失归因,资产折旧。二是合规方案要求,即要求任何银行实体在参与《银行控股公司法》第13条规定的活动时,都要制定和管理一个适合其活动和投资的规模、范围和风险的合规方案。并且,从事这些活动的最大型的金融机构需要使用强化版的合规方案,以及定期向监管机构报告交易活动的数据。① 其三,在降低货币市场基金的信用风险方面,除了如前所述的货币市场基金应当建立"最低信用风险测定"标准以消除对信用评级的过度依赖之外,货币市场基金还被要求限制可以投资的证券范围。一是减少对二级证券的投资,即:(1)将可投资于二级证券的比例从之前占总资产的5%降低到3%;(2)将其总资产中被允许投资单一发行人的二级证券的集中度从1%或100万美元(以较高者为准),统一降至该基金总资产的0.5%;(3)不得投资任何剩余到期日超过45天的二级证券。二是取消货币市场基金投资资产支持证券时,该证券必须至少取得一个NRSRO评级的要求,而是要求其自行开展"最低信用风险测定"。此外,在回购协议投资方面,货币市场基金被要求只能投资于那些以现金或政府证券作为抵押的回购协议。并且,货币市场基金的董事会或其代表还应当评估回购协议交易对手的信用度。②

(三)系统性风险方面的监管改革

个体化影子银行在本轮全球金融危机中引发系统性危机的两个直观体现是"太大而不能倒"和"太过关联而不能倒"。因此,有关个体化影子银行系统性风险的监管改革自然主要是为解决这两个方面的问题而展开。总体来说,以《多德-弗兰克法》为代表的美国金融监管法规应对个体化影子银行系统性风险的主要思路是将那些可能诱发系统性危机的金融机构认定为"系统重要性金融机构",进而对其施加更严格的审慎监管要求。此外,对于那些虽然个体规模可能不是特别大,但在行业整体层面

---

① See OCC, Board, FDIC, SEC, *Prohibitions and Restrictions on Proprietary Trading and Certain Interests In, and Relationships With, Hedge Funds and Private Equity Funds*, Accessed December 10,2017. https://www.sec.gov/rules/final/2013/bhca-1.pdf.

② See SEC, *Money Market Fund Reform*, Accessed November 15, 2017. https://www.sec.gov/rules/final/2010/ic-29132.pdf.

却存在系统性风险的金融机构①,有关的监管法规也做了相应的制度安排。概言之,这些应对个体化影子银行系统性风险的制度安排大体上可分为七个方面:

第一,系统重要性金融机构的认定。危机之后,美国的个体化影子银行主要以银行控股公司和非银行金融公司的形式存在。因此,以银行控股公司和非银行金融公司为目标对象的系统重要性金融机构认定,可以基本涵盖个体化影子银行中那些具有系统性风险的机构。具体来说,在银行控股公司方面,《多德 - 弗兰克法》将合并总资产等于或大于 500 亿美元的银行控股公司认定为具有系统重要性。② 而在非银行金融公司方面,金融稳定监督委员会(Financial Stability Oversight Council,FSOC)被授权决定哪些非银行金融公司具有系统重要性,从而必须接受美联储的监管。至于具体的考量因素,不同于银行控股公司的系统重要性认定中单一遵循总资产规模的做法,《多德 - 弗兰克法》为 FSOC 在判断一家非银行金融公司是否具有系统重要性时规定了一系列需要考虑的风险因素,例如公司的性质、规模、关联性、表外风险敞口。③ 为此,FSOC 在 2012 年 4 月发布了"要求对某些非银行金融公司进行监督和管理的权力"的最终规则。这一规则规定了 FSOC 在认定非银行金融公司的系统重要性时应当遵循的程序和具体做

---

① 这类金融机构的主要代表是对冲基金和货币市场基金。尽管这类机构在个体层面因其规模、性质、经营范围等因素,可能不会被认定为"系统重要性金融机构",但在行业整体层面,它们与金融体系的其他部分存在着广泛的关联,因此一旦发生行业性危机,它们也会给整个金融体系造成一定的系统性危机。

② 2018 年 5 月 22 日,美国众议院通过了此前已由参议院批准的《多德 - 弗兰克法》修正案——《经济增长、监管放松与消费者保护法》(Economic Growth, Regulatory Relief, and Consumer Protection Act),其中第 401 条款放松了对资产规模等于或大于 500 亿美元的银行控股公司的监管要求,即资产规模在 500 亿美元到 1000 亿美元的银行控股公司不再被认定为系统重要性金融机构;资产规模在 1000 亿美元到 2500 亿美元的银行控股公司是否需要进行压力测试,不再做统一规定,而是由监管机构相机决策。See 115th Congress, *Economic Growth, Regulatory Relief, and Consumer Protection Act*, Accessed September 6, 2018. https://www.congress.gov/115/plaws/publ174/PLAW - 115publ174.pdf. 对此,正如本书在上一章评析体系化影子银行监管改革时所言,金融监管过程中始终存在效率与安全之间的价值冲突,因此在将金融安全和稳定提高到一个新的高度的同时,随着经济金融形势的好转以及进一步促进经济成长的需要,新一轮的自由主义和放松管制会随之而来。但是,已经建立起的消费者金融保护机制和其他监管机制可以发挥其有力的牵制作用,以防范新一轮的金融业治乱循环。

③ See Dodd-Frank Wall Street Reform And Consumer Protection Act, § 113.

法,例如关于信息收集和听证的法定要求和程序、运用六种类别的分析框架以确定一家非银行金融公司符合法定标准的情况、判断一家非银行金融公司是否接受美联储监管时应当遵循的程序。①

第二,对系统重要性金融机构适用更严格的审慎监管标准。经由认定过程,被 FSOC 认定为具有系统重要性的非银行金融公司和银行控股公司应当接受美联储的监管,并在原有所受监管的基础上,接受更严格的审慎监管要求。具体来说,有关的审慎监管标准主要涉及:(1)风险资本要求。美联储应按照统一的标准为其监管之下的非银行金融公司和某些银行控股公司设定最低资本要求,并且不能低于适用于其他普通类型的银行控股公司、已承保商业银行的风险资本要求。(2)杠杆倍数限制。被认定为具有系统重要性的金融机构在举债能力方面会受到限制,其杠杆倍数不得超过 16 倍。(3)流动性要求和短期债务限制。为降低系统重要性金融机构的流动性风险,美联储顺应国际银行业监管的新趋势,将流动性监管要求纳入了审慎监管的核心指标之中,内容包括流动性缓冲、流动性压力测试等。(4)或有资本要求。或有资本是指在金融机构遭遇财务困难时,一些债务自动转换为权益,从而维持其原有资本水平。(5)单一风险敞口限制。系统重要性金融机构对任何一家非附属公司的风险敞口不得超过其自身股本和盈余额总和的四分之一。此外,为保障上述监管指标的准确、充分地实施,美联储要求其监管之下的系统重要性金融机构定期向 FSOC、美联储和联邦存款保险公司报告公司财务状况、信用风险敞口等财务信息。②

第三,要求系统重要性金融机构提交"生前遗嘱"。所谓"生前遗嘱",是指金融机构事先制定的、关于当其发生重大财务困境或濒临破产之时所采用的快速、有序的解决方案。美联储要求其监管之下的系统重要性金融机构定期向 FSOC、美联储和联邦存款保险公司报告其自身制定的"生前遗

---

① See FSOC, *Authority to Require Supervision and Regulation of Certain Nonbank Financial Companies*, Accessed December 16, 2017. https://www.treasury.gov/initiatives/fsoc/rulemaking/Documents/Authority%20to%20Require%20Supervision%20and%20Regulation%20of%20Certain%20Nonbank%20Financial%20Companies.pdf.

② See Dodd-Frank Wall Street Reform And Consumer Protection Act, § 165(b), (c), (e), (g), (j).

嘱”。另外,这一“生前遗嘱”的内容应当包括:(1)与本公司有关联的任何被保险的存款机构以何种方式、在何种程度上受到保护,以便免受本公司的任何非银行子公司活动所产生的风险;(2)对公司所有权结构、资产、负债和合同义务的完整描述;(3)确定与不同证券相关的交叉担保、确定主要交易对手以及确定公司的抵押品具体抵押给哪些交易对手;(4)美联储和联邦存款保险公司共同要求的其他信息。①

第四,对系统重要性金融机构的规模加以限制。首先,在适用前提方面,美联储通过对认定系统重要性金融机构时所需关注因素的考量,从而认为现有的系统重要性金融机构对美国的金融稳定构成严重威胁时,经由FSOC中不少于2/3的有投票权的成员的赞成批准,美联储应当对这一系统重要性金融机构采取规模限制措施。其次,在具体措施方面,可以分为一般限制措施和拆分措施。其中,前者主要包括限制其收购、合并或成为其他公司的附属机构的能力;限制其提供金融服务或产品的能力;对公司的个别业务形式规定附加条件。如果在采取了一般限制措施之后仍不足以削减这家机构对美国金融稳定的严重威胁,美联储可以采取拆分措施,即要求该机构终止、出售那些具有严重风险的业务。最后,在救济措施方面,相应的金融机构可以在收到通知后的30天内向美联储提出抗辩,而美联储则应当为其举行听证会。②

第五,对陷入财务困境的系统重要性金融机构进行早期整改。为了降低系统重要性金融机构破产的可能性以及破产之后对美国金融稳定的潜在危害,美联储应当在系统重要性金融机构陷入财务困境之时,对其采取早期整改措施。③ 为此,美联储在2011年12月发布了拟议规则。④ 这一规则建立了一个包含整改触发事件和整改要求在内的早期整改框架。其中,在早期整改触发事件方面,主要的衡量标准是以风险为基础的资本/杠杆水平、

---

① See Dodd-Frank Wall Street Reform And Consumer Protection Act, § 165(d).

② See Dodd-Frank Wall Street Reform And Consumer Protection Act, § 121.

③ See Dodd-Frank Wall Street Reform And Consumer Protection Act, § 166.

④ 这一拟议规则的全称是“Enhanced Prudential Standards and Early Remediation Requirements for Covered Companies; Proposed Rule”。此前,由于该项规则制定中所涉问题的复杂性和广泛性,美联储还为此延长了征求公众意见的期限。但是,截至2020年6月,美联储一直没有发布最终规则。

压力测试、增强的风险管理标准、增强的流动性风险标准和市场指标；在早期整改要求方面，根据触发事件的风险程度，这一框架将整改要求划分为四个层级，即：(1)第一层级的整改要求是加强监督检查。在系统重要性金融机构首次出现财务困境或重大风险管理缺陷的情况下，美联储会30天内出具一份报告以证明该机构的财务恶化程度，并确定该机构是否应被提升至更高的整改级别。(2)第二层级的整改要求是初期整改。在系统重要性金融机构财务状况恶化的初始阶段，美联储对其采取的整改措施主要有：禁止在任何一个季度中分配的资本超过前两个季度平均净收入的一半；未经美联储事先批准，禁止直接或间接地获得任何公司的控股权，等等。(3)第三层级的整改要求是恢复。在财务状况恶化的后期阶段，该机构会被禁止进行任何资本分配，以及增加其管理层或董事的薪酬或支付任何奖金。此外，该机构还会被禁止任何一个季度中平均总资产或平均风险加权资产超过上一季度的平均总资产或平均风险加权资产、直接或间接地收购任何公司的任何权益，等等。(4)第四层级的整改要求是清算。通过评估该机构已经违约或处于违约的危险是否会对美国金融体系的稳定构成威胁，美联储会考虑向财政部和联邦存款保险公司提出建议而对该机构实施有序清算。①

第六，对那些个体规模可能不是特别大、但在行业整体层面存在系统性风险的金融机构的监管。首先，在货币市场基金方面，其之所以具有系统性风险，根源在于自身所面临的挤兑风险。因此，加强对货币市场基金流动性风险和信用风险的监管，有利于降低其面临的挤兑风险，而单一货币市场基金机构稳健性的普遍提升则进一步降低了行业整体的系统性风险。除此之外，SEC 在 2010 年针对货币市场基金的第一轮监管改革中，为货币市场基金确立了新的报告义务，即要求货币市场基金以标准电子文档形式向 SEC 报告每个月的投资组合信息。同时，SEC 为这些投资组合信息建立了一个全面、可搜索的数据库，从而使其能够实时监控货币市场基金的持仓情况和

---

① See Federal Reserve Board, *Enhanced Prudential Standards and Early Remediation Requirements for Covered Companies*; *Proposed Rule*, Accessed January 2, 2018. https://www.gpo.gov/fdsys/pkg/FR-2012-01-05/pdf/2011-33364.pdf.

风险概况。① 其次，在对冲基金方面，《多德－弗兰克法》要求任何从事与证券相关业务的对冲基金投资顾问必须在 SEC 注册，同时在每个财政年度向 SEC 提交经营状况信息报告，大型对冲基金投资顾问还必须在每个财政季度更新相关信息。至于所需报告的信息则主要包括基金的规模、杠杆、投资表现、衍生品头寸的总名义价值、投资策略，等等。另外，SEC 还需要将收集到的基金信息向 FSOC 报告，使其能够基于这些信息来判断对冲基金的活动在多大程度上会构成系统性风险。②

第七，为系统重要性金融机构建立有序清算机制。根据《多德－弗兰克法》第二章以及美国联邦存款保险公司（FDIC）随后发布的一系列实施规则③，这一有序清算机制的主要内容包括：(1)在启动条件方面，美国财政部长应当确定一家系统重要性金融机构的违约或违约的可能性将对美国的金融稳定产生严重负面冲击，并且没有其他可替代性的私人部门解决方案。(2)由美国财政部长指定 FDIC 作为该机构的清算管理人。同时，FDIC 组建过桥金融公司（bridge financial company）来承接原公司的资产和债务。(3)对客户、债权人和股东的不同影响。本着保障客户利益的原则，对于客户账户中的证券、资金等财产，应当按照规定的方式和数量满足有关的索赔请求；而对于股东和无担保债权人，则应由他们承担该机构的损失。(4)将清算行动对整个金融体系的冲击最小化。对此，有序清算机制采取的措施主要有：允许有偿付能力的一些附属公司与该机构相分离而继续运营；不得中止或结束对某些符合条件的金融合约的履行，例如任何担保协议或信用增级安排、回购协议、互换协议。(5)在财政部之下设立"有序清算基金"以为清算活动提供贷款支持。过桥金融公司将预先安排的债务等级转换为股

---

① See SEC, *Money Market Fund Reform*, Accessed November 15, 2017. https://www.sec.gov/rules/final/2010/ic－29132.pdf.

② See CFTC, SEC, *Reporting by Investment Advisers to Private Funds and Certain Commodity Pool Operators and Commodity Trading Advisors on Form PF*, Accessed January 2, 2018. https://www.sec.gov/rules/final/2011/ia－3308.pdf.

③ 有关的实施规则主要包括：2011 年 7 月发布的 Certain Orderly Liquidation Authority Provisions under Title II of the Dodd-Frank Wall Street Reform and Consumer Protection Act；2013 年 12 月发布的 Resolution of Systemically Important Financial Institutions：The Single Point of Entry Strategy。

权。借助股权和有限责任安排，新公司从而进入金融市场为运营活动进行融资。然而，如果市场被冻结或无法进入，FDIC 可以利用“有序清算基金”给新公司提供贷款。事后，如果存在净成本，那么 FDIC 会通过向系统重要性金融机构收取费用来收回所花的钱。①

二、个体化影子银行的监管改革评析

如果说体系化影子银行为本轮全球金融危机的一场场“剧目”搭建了“舞台”的话，那么在其间扮演主角的往往是一些个体化影子银行形式——房利美和房地美、华尔街五大投行、对冲基金、货币市场基金、住房抵押贷款公司，等等。因此，后危机时代的影子银行监管改革一方面着重于体系化影子银行，另一方面则着重于个体化影子银行。从一般意义上讲，“法律的制定和实施是为了满足实践理性的要求，达到保障人类共同幸福的实现”②。而作为经济法律子项之一的金融监管法，其主要立法目标之一在于通过保障个体金融机构的稳健运营和整体金融体系的平稳协调，从而促进资本形成、推动社会经济发展。以此观瞻，本书拟从宏观和微观两个层面对个体化影子银行的监管改革做一评析。

（一）宏观层面的评析

1. 金融自由化政策与个体化影子银行监管改革

自 20 世纪 70 年代中期以来，一直到 2008 年全球金融危机爆发为止，以美国为代表的西方发达国家和拉美地区的一些发展中国家普遍在金融领域推行了自由化政策。简单地讲，金融自由化政策，与金融抑制政策相对应，其主要特征是放松管制和资本自由流动，而内容则主要包括：（1）放松利率管制，如美国在 20 世纪 80 年代开始逐步取消了利率限制；（2）减少指导性信贷计划，如从 20 世纪 70 年代开始，一些拉美国家开始减少对金融活动的政府直接干预；（3）放松对金融机构经营活动的限制，促进行业竞争，如美国在 1999 年颁布的《金融服务现代化法》在立法层面确认了美国金融

---

① See Aaron Klein, *A primer on Dodd-Frank's Orderly Liquidation Authority*, Accessed January 2, 2018. https://www.brookings.edu/blog/up-front/2017/06/05/a-primer-on-dodd-franks-orderly-liquidation-authority/.

② 鄂振辉：《自然法学》，法律出版社 2005 年版，第 173 页。

业混业经营的现实需要;(4)积极发展资本市场,以提高直接融资的比重;(5)逐步放开对汇率和资本账户的管制。

历史地来看,金融自由化政策的推行,无论是在西方发达国家,还是在拉美发展中国家,都产生了相当大的争议和弊端。尤其是在拉美发展中国家,由于普遍缺乏相对稳定的宏观经济背景和价格机制的配套改革,以及片面执行放松管制政策等方面的原因,[①]这些国家所预期的长期生产性投资并未显著增加,相反,由于短期投机活动盛行,企业采用高风险融资策略,易受国际经济震荡冲击等方面的原因,自20世纪80年代以来,这些国家发生了一系列的债务危机、银行业危机,乃至经济崩溃。[②]

与此同时,在以美国为代表的西方发达国家,金融自由化政策的推行一直以来也是毁誉参半,尤其是2008年全球金融危机的爆发使得对这一政策的声讨浪潮达到了顶点。具体来说,以美国为例,金融自由化政策的推行主要体现为一系列的放松管制。首先,在利率管制放松方面,由于自"大萧条"以来,美国银行业法规对利率实行严格管制,诸如活期储蓄账户等都无法获得利息支付。而随着美国经济在20世纪70年代陷入"滞涨"阶段,事实上的负利率状况导致当时金融"脱媒"现象日益严重。其中,"脱媒"资金大量涌入的一个渠道就是当时刚刚面世的货币市场基金。并且,随着存款资金的不断流失,商业银行也纷纷通过大额存单等存款类产品的金融创新,甚至成立自己的货币市场基金等方式来进行流动性管理。于是,在银行业的持续游说、推动之下,美国国会自1982年起颁布了一系列银行业法规,从而逐步取消了对利率的严格管制。然而,对于在此过程中应运而生的货币市场基金,在"有效市场假说"和金融自由化趋势的影响下,SEC并没有予以充分监管。尤其是,SEC在1983年允许货币市场基金使用"摊余成本法"对其投资组合中的证券进行估值,从而使其能够以稳定的价格出售和赎回基金份额,而不需要考虑证券价值的微小变化。[③] 可以说,这一不变资

---

① 参见黄达主编:《金融学》(第3版),中国人民大学出版社2012年版,第654~655页。

② See Philip Arestis, Peter Mooslechner, Karin Wagner, *Housing Market Challenges in Europe and the United States*, Palgrave Macmillan UK, 2009, p. 42.

③ See SEC, *Money Market Fund Reform; Amendments to Form PF*, Accessed November 15, 2017. http://www.sec.gov/rules/final/2014/33-9616.pdf.

产净值的出现标志着货币市场基金事实上扮演了商业银行的信用中介角色。但是,SEC有关货币市场基金的监管立法始终囿于证券投资范围方面,一直以来都忽视了其存在的流动性风险和系统性风险。从而,货币市场基金成为个体化影子银行的重要代表之一。

其次,在混业经营管制放松方面,1999年《金融服务现代化法》的颁布标志着美国国会在立法层面正式认可了美国金融业混业经营的现实需要。然而,这一立法层面的认可并非混业经营的“准行证”,而只是对混业经营的事后“盖章”而已。这是因为早在数年之前,美国金融行业就已经展开了大规模的混业经营实践,例如1998年花旗集团和旅行者集团的合并案。再以华尔街投行为例,在20世纪90年代初,华尔街投行为追逐高额利润,纷纷将业务重点从之前的企业上市、并购等传统业务转移到自营交易、金融衍生品交易等业务类型。而为了满足巨额资金需求,华尔街投行普遍依赖于回购市场、短期债券等来为其提供短期、廉价的资金。这就使其在这些高风险、高利润业务中普遍面临着极大的流动性风险和信用风险,并且一旦市场发生逆转,巨额损失还会引发系统性危机。然而,SEC并没有及时将监管边界扩展至这些业务领域,甚至在2004年还授权华尔街投行使用内部模型来评估自身的信用风险和相应的资本需求。由此可见,可以说,华尔街投行自身的激进做法和SEC的严重监管疏失共同导致了华尔街投行成为个体化影子银行的重要代表之一。

最后,在满足特定群体金融需求的监管方面,金融自由化政策的影响同样深刻。其一,在“两房”方面,房利美和房地美的设立初衷是为了服务于美国中低收入、少数族裔群体的住房融资需求。然而,在政府支持企业的身份之外,它们还兼具私人上市公司的身份。可以说,双重身份的便利,一方面使其能够获得低廉的信贷资金,另一方面也使其内含着强烈的盈利动机。于是,“两房”自21世纪以来不断涉足高风险抵押贷款领域。与此同时,1992年颁布的《联邦住房企业金融安全和稳健法》以及“两房”的监管机构——联邦住房企业监督局一直以来对于“两房”的监管要求都十分宽松。于是,“两房”在宽松的监管环境下逐步成为举足轻重的个体化影子银行形式之一。其二,在对冲基金方面,不同于其他个体化影子银行形式大多所受监管不足的情况,对冲基金由于其私募性质和服务于高净值客户的特点,从而几乎完全不受监管。于是,高杠杆、高风险投资的经营模式使其个体化影子银行的属性在本轮全球金融危机之后,由不为人知而变得众所周知。

综上所述,不可否认,金融自由化政策的推行直接带动了金融增长——金融资产规模和金融机构数量的扩张,并且客观上促进了金融发展——金融对经济发展需求的满足程度和贡献作用。然而,金融自由化也在相当程度上加剧了金融业固有的脆弱性,导致金融危机频发,[①]而这其中,由个体化影子银行引发的本轮全球金融危机则是最新、最严重的一场。

鉴于此,金融自由化政策的支持者在这一进程中适时进行了理论修正,即认为导致金融自由化政策失败的一些原因主要是隐性或显性的政府担保的存在、金融监管的不足,以及宏观经济的不稳定等因素。[②] 可以说,这三个方面的因素在个体化影子银行的急剧扩张中都扮演了重要的角色。而危机之后,一系列与个体化影子银行有关的监管改革则是对上述因素的及时回应,例如取消"两房"享有的政府隐性担保、填补有关金融监管漏洞、美联储货币政策的检讨。

2. 政府适度干预原则视角下的个体化影子银行监管改革

不同于其他部门法学,一直以来,由于各国经济实践的客观差异,以及学者研究角度、视野范围和表述方式的不同,我国经济法学的基础理论研究中始终呈现着学说林立、观点聚讼的场景。不过,随着学界研究水平的不断提升、思想交流的不断深入,尤其是我国经济体制改革的不断深化[③],学界在经济法学基础理论方面的研究共识也在不断扩大。这其中,在经济法的属性方面,许多学者都认为经济法是"确认和规范政府干预经济之法",只

---

① 参见黄金老:《金融自由化与金融脆弱性》,中国城市出版社2001年版,第48、85页。

② See Philip Arestis, Peter Mooslechner, Karin Wagner, *Housing Market Challenges in Europe and the United States*, Palgrave Macmillan UK, 2009, p. 43.

③ 党的十四大提出:"要使市场在社会主义国家宏观调控下对资源配置起基础性作用";党的十五大提出:"使市场在国家宏观调控下对资源配置起基础性作用";党的十六大提出:"在更大程度上发挥市场在资源配置中的基础性作用";党的十七大提出:"从制度上更好发挥市场在资源配置中的基础性作用";党的十八大提出:"更大程度更广范围发挥市场在资源配置中的基础性作用";党的十八届三中全会提出:"使市场在资源配置中起决定性作用和更好发挥政府作用;"党的十九大提出:"使市场在资源配置中起决定性作用,更好发挥政府作用。"参见中国共产党新闻网:《中国共产党历次全国代表大会数据库》,载 http://cpc.people.com.cn/GB/64162/64168/415039/index.html,最后访问日期:2017年12月7日。

不过,有的学者将其认定为经济法的本质;[①]有的学者将其认定为经济法的特征;[②]有的学者将其认定为经济法的宗旨。[③] 可以说,“确认和规范政府干预经济之法”的学理定位包含着两个密不可分的方面,一是为应对市场失灵而确认政府干预经济的必要性,二是为防范政府失灵而规范政府干预经济的界限。由此,可以符合逻辑地引申出在经济法律制度的构建、实施过程中应当遵循政府适度干预原则。简单地讲,所谓适度干预,是指政府对市场的干预要有限度,而其对立面则是干预不足和干预过度。

为什么经济法对市场的规制应当遵循适度干预原则?如何做到适度干预?对此,我们可以结合个体化影子银行的监管改革做一分析和评价。

首先,从干预对象——市场的角度来看,同样是作为资源配置的方式,与计划机制相比,市场机制由于遵循了有限理性人的认知假定和有限道德人的人性假定,从而产生了更高的资源配置效率。然而,市场机制并不是完美无缺的,在其运行过程中总是存在不尽如人意的地方,即各种各样的市场失灵现象。其中,在个体化影子银行领域,主要存在以下市场失灵现象:其一,盲目性问题。市场经济是一种逐利经济。在市场经营过程中,市场主体往往表现出盲目追逐利润、过度承担风险的问题。就本书论述的几种个体化影子银行形式来说,“两房”、投资银行、对冲基金等在它们各自的经营活动中普遍存在着严重的期限错配、流动性错配、高杠杆、大量涉足高风险贷款类产品的情况。从而,盲目的逐利行为使它们遭受了流动性危机、信用危机,并引发了系统性危机。其二,信息失灵问题。一般而言,信息失灵主要表现为信息不充分、信息不对称以及信息不准确。[④] 就个体化影子银行的投资活动来说,各类结构性金融产品在它们的投资组合中占有重要的比重。但是,由于一方面在整个证券化链条上,放贷机构与购房者之间、证券化主办机构与放贷机构之间、投资者与证券化主办机构之间、债券担保机构与证券化主办机构之间,甚至不同的证券化主办机构之间存在多重的信息失灵问题,而另一方面结构性金融产品大多属于场外交易,并不需要进行证券信

---

① 参见王保树:《经济法原理》,社会科学文献出版社2004年版,第44~48页。
② 参见王卫国、李东方:《经济法学》,中国政法大学出版社2008年版,第91~100页。
③ 参见邱本:《经济法研究》(上卷),中国人民大学出版社2008年版,第149~160页。
④ 参见吴晓求:《金融危机启示录》,中国人民大学出版社2009年版,第160页。

息披露，从而导致各类结构性金融产品的价格信号严重失真，随后给个体化影子银行造成了巨额损失。其三，负外部性问题。负外部性一般是指个人或厂商的经济行为影响了他人或其他厂商，却没有为之承担相应的成本，亦即该行为对外界具有一定的侵害性，进而引起他人的效用降低或成本增加。[①] 就个体化影子银行的系统性风险来说，由于事实上的"太大而不能倒"和"太过关联而不能倒"，一些个体化影子银行机构在自身遭受流动性危机和信用危机的同时，还给整个金融体系造成了系统性危机。

正是因为市场机制在运行过程中存在种种失灵现象，并且这些失灵现象无法由市场机制自行彻底解决，所以需要政府运用公权力、以经济法的法律形式进行必要的干预。换言之，经济法对市场的干预，完全源于市场失灵的存在。所以，经济法的干预范围应该严格限定在市场失灵的范围之内。[②] 在个体化影子银行领域，主要存在盲目性、信息失灵和负外部性等市场失灵问题。因此，有关个体化影子银行的监管改革范围也应当严格限定在上述问题领域之内。而通过之前的梳理，不难看出，美国金融监管机构通过加强对个体化影子银行的流动性风险监管、信用风险监管和系统性风险监管，致力于解决盲目性、信息失灵和负外部性等市场失灵问题。

其次，从干预主体——政府的角度来看，由于在克服市场失灵过程中，政府拥有征税权、禁止权、处罚权，以及由其独有的强制力而导致的较低交易成本的优势，[③]因此相比其他外力形式，政府成为最主要的市场干预主体。然而，尽管具有以上种种优势，但是政府对市场的干预有时也被证明是低效甚至无效的，也就是所谓的政府失灵的情形。之所以会存在政府失灵，是因为一方面政府干预市场的能力存在局限性，另一方面政府具有经济人的属性。详言之，其一，政府干预市场的能力存在局限性。应当说，这一点已经随着经典计划机制在 20 世纪的失败而被充分证明了。即便是在市场机制之下，政府干预市场的边界已经大为收缩的情况下，政府对经济活动的调控和监管也常常难言成功。这是因为与一般市场主体一样，政府在进行

---

① 参见张思峰等编：《公共经济学》，西安交通大学出版社 2008 年版，第 46 页。

② 参见李昌麒：《经济法理念研究》，法律出版社 2009 年版，第 193 页。

③ 参见[美]斯蒂格利茨：《政府为什么干预经济》，郑秉文译，中国物资出版社 1998 年版，第 74 页。

决策时也会面临信息不足的问题,同时一项政府措施的出台还需要兼顾各方合理诉求,从而这都会增加合理决策的难度。在本轮全球金融危机爆发之前,各类个体化影子银行形式大都经历了30多年的发展历程,与此同时,美国的金融监管架构却仍然长时间维持着"大萧条"以来的格局。这就导致个体化影子银行在几乎不受监管或所受监管不足的情况下恣意扩展,进而埋下了危机爆发的重大隐患。其二,政府具有经济人的属性。理论上讲,政府作为一个社会的公共代表,应当以公共利益作为其一切行动的依归,不应有个体利益诉求。然而,现实并非总是如此。这是因为政府虽然是为实现公共利益而存在的,但组成政府的自然人却是经济人,所以政府不可避免地会具有一定的经济人属性。① 至于其具体表现,则主要有:一是名义上为了公共利益,但在相当程度上是为了个体利益。例如,尽管"两房"的成立宗旨是满足美国中低收入、少数族裔群体的住房融资需求,但政治家为了追求政绩、谋求胜选而提出"居者有其屋计划",并且片面追求住房自有率。从而,政府监管机构对"两房"的监管可谓聊胜于无。二是政府监管机构被受规制行业所"俘获"而导致监管失败。现实中,监管机构在追求公共利益目标上的低效,有时是缘于被监管者的压力、影响和"贿赂"。② 例如,2004年SEC在华尔街投行的大力游说之下,同意其采用自身内部模型来评估信用风险和资本需求程度;又如SEC在1983年允许货币市场基金使用"摊余成本法"进行证券估值。

正是由于政府在干预市场过程中存在以上失灵情形,所以经济法律的制定应当一方面注重满足政策制定者的信息需求,以便提高其干预能力,另一方面注重抑制监管机构的经济人动机,以便促进公共利益的实现。而具体到个体化影子银行的监管改革,针对各类个体化影子银行形式的一系列信息披露、报告义务有利于监管机构实时了解金融行业发展动态,避免再次出现严重的监管漏洞。另外,金融稳定监督委员会的成立则使政府能够从全局性的高度审视金融风险状况,从而解决个体监管机构间的"监管俘获"

① 参见李昌麒:《经济法理念研究》,法律出版社2009年版,第196页。

② 参见[英]安东尼·奥格斯:《规制:法律形式与经济学理论》,骆梅英译,中国人民大学出版社2008年版,第58页。

"监管竞次"问题。

最后,从干预成本的角度来看,政府对市场的干预实质上是一项创设新的制度安排的行为,但每一项新的制度安排都需要耗费成本,例如创设费用、消除旧制度安排的费用、制度变迁造成的损失、实施费用,以及随机费用等。① 由此可见,政府在干预市场时应当进行成本—收益分析。如果收益大于成本,则这种干预在经济上是可行的;如果成本大于收益,则这种干预的合理性就应该被怀疑、被重新检讨。② 就本轮全球金融危机而言,在危机爆发之时,美国政府在一片质疑声中,为了防止整个金融系统崩溃,而采取了一项又一项的大规模救助行动。并且,随着危机在2010年步入尾声,被救助机构都陆续还清了相关救助费用。因此,当初的救市行动不但是及时的、必要的,也是满足收益大于成本的经济考量的。

正是由于存在干预成本,政府在对市场进行干预时应当权衡干预收益和干预成本,从而为干预活动设定成本界限,以避免不经济的干预行为。③ 而具体到个体化影子银行的监管改革,一系列的制度安排都体现了以上要求,例如"两房"的逐步关闭方案或完全私有化方案、系统重要性金融机构资产规模标准的提高、对冲基金的注册和报告义务、机构型货币市场基金实行"浮动资产净值"。

综上所述,通过从干预对象、干预主体和干预成本三个方面的分析,可以发现,个体化影子银行的监管改革遵循了市场界限、政府界限和成本界限,体现了经济法的政府适度干预原则的要求。

(二)微观层面的评析

在对个体化影子银行的监管改革进行宏观评析之后,这一部分将分别评析监管改革的三个方面。

1. 对流动性风险监管改革的评析

应当说,在个体化影子银行的监管改革中,流动性风险的监管改革具有基础性的决定意义。正如本书在第一章所言,影子银行之所以具有"银行"

① 参见卢现祥:《西方新制度经济学》(修订版),中国发展出版社2003年版,第130页。

② 参见李昌麒:《经济法理念研究》,法律出版社2009年版,第197页。

③ 参见李昌麒:《经济法理念研究》,法律出版社2009年版,第197页。

的性质，是因为它们开展各类投资活动所运用的资金是通过负债业务取得的，从而使其具有了类似商业银行的信用中介功能以及相应的流动性风险。因此，如何监管个体化影子银行的流动性风险决定了个体化影子银行风险监管的整体性方向。

总体来说，就本书论述的几种个体化影子银行形式来说，监管机构主要采用了两种思路来应对它们的流动性风险，即“去影子性质”的思路和“去银行性质”的思路。

其一对应于影子银行的两类“影子”性质，即所受监管不足和不受金融安全网的保护，“去影子性质”的思路就是通过加强监管，甚至使其获得金融安全网保护的方式来应对流动性风险。首先，在加强监管方面，本书论述的几种个体化影子银行形式在危机之后均受到了更为严格的监管。具体到加强流动性监管来说，有关的措施类型主要包括提高资本金要求、限制杠杆使用程度、降低短期债务占比、提高流动性资产占比、表外业务并表计量等。其次，在扩展金融安全网覆盖范围方面，这仅仅局限于华尔街投行转型为银行控股公司的情形。通过转型为银行控股公司，华尔街投行在获得了金融安全网保护的同时，在所受监管方面也由之前只受 SEC 单独监管变为了以美联储为代表的数家监管机构的共同监管，并且还要遵守针对银行控股公司的一系列监管要求。

其二是所谓“去银行性质”的思路，是指通过将个体化影子银行由信用中介转变为一般金融中介的方式来降低其流动性风险。由此可见，个体化影子银行将不再具有类似商业银行的信用中介功能。就本书论述的几种个体化影子银行形式而言，这一思路主要体现在货币市场基金的监管改革中。SEC 在 2014 年 7 月启动的第二轮货币市场基金监管改革中，要求面向机构投资者的优质型货币市场基金和市政型货币市场基金在出售和赎回基金份额时采用浮动资产净值，而不再维持 1 美元的不变资产净值。这就使得机构投资者与这两类货币市场基金的法律关系由之前的债权债务关系变为了委托投资关系。从而，这两类货币市场基金因丧失原有的信用中介功能而降低了流动性风险。

综上所述，监管机构运用“去影子性质”的思路和“去银行性质”的思路来应对个体化影子银行的流动性风险，从而降低了它们经营过程中的期限错配、流动性错配和杠杆操作的严重程度，进而大幅度提高了经营活动的稳健性。

2. 对信用风险监管改革的评析

在应对个体化影子银行信用风险方面，监管机构采取的措施可分为共通性的措施和个别化的措施。应当说，这些措施的出台都有利于提高个体化影子银行自身的风险评估能力，降低其面临的信用风险。同时，在这些措施中，薪酬制度的改革、“沃尔克规则”的实施都引发了较大程度的关注乃至争议。因此，下文着重就这两个方面的改革行动做一探讨。

其一，在薪酬制度改革方面，首先需要明确的一点是薪酬制度改革的目标是什么？毋庸置疑，目标之一是为了防范不合理的薪酬制度刺激管理层过度承担风险。同时，还要明确任何薪酬制度改革都要立足于能够吸引和留住杰出人才。因此，将这两个方面的目标相结合来考虑，不难发现，薪酬制度改革的过程是一个平衡各方利益诉求的过程。进而，在评价薪酬制度改革措施时，应当着眼于整体和全局。具体来说，措施之一是赋予股东对管理层的薪酬和“黄金降落伞”安排的投票表决权，但这一表决对董事会不具有约束力。对此，可以说，这一规定一方面保护了股东表达观点、提出建议的权利，另一方面维护了董事会在公司治理中的权威性。措施之二是确保公司中薪酬委员会及其顾问的独立性。对此，因为薪酬委员会的职责是就薪酬制度是否会导致过度风险激励进行专业的评估、判断，所以不应受到其他各方的利益影响。措施之三是“回补机制”，即将之前基于错误会计报表而发放的薪酬追回。应当说，这是最具亮点和新意的一项薪酬改革措施。这一事后惩罚机制的引入有利于遏制管理层过度承担风险的动机。措施之四是披露管理层的薪酬和是否允许对冲股权风险。这一安排增加了管理层薪酬安排的透明度，有利于包括监管机构在内的各方审视薪酬安排的风险激励情况。

此外，有些观点主张直接规定管理层的薪酬上限和延期发放薪酬。[①]这些建议并没有为有关规则所采纳。因为高薪酬本身并非导致管理层过度承担风险的原因，其与短期绩效挂钩才是问题的关键，以及延期发放薪酬会

---

① 参见［美］范瑞尔·阿查里亚等编：《监管华尔街：〈多德－弗兰克法案〉与全球金融新架构》，梅世云、盛文军译，中国金融出版社2012年版，第415～416页。

挫伤管理层的工作积极性,进而导致公司市值和活力的下降。

其二,在整个《多德 – 弗兰克法》一系列规则条款中,可以说,“沃尔克规则”引发了最严重的争议,由此导致在《多德 – 弗兰克法》颁布之后的第七年,“沃尔克规则”才得以全面实施①,并且,在 2018 年被进一步修正②。

“沃尔克规则”的实施过程之所以波折不断,主要是由以下两个方面的原因导致的:

一是“沃尔克规则”削弱了美国银行业机构的盈利能力,引发了强烈的抗议。在美国,自营业务无论是在商业银行机构,还是在投资银行机构都占有相当的比重,并大幅拓展了金融机构的盈利空间,例如根据标准普尔公司的评估数据,如果实施不附加豁免条件的“沃尔克规则”,将导致美国最大的 8 家银行业机构的税前利润每年减少 80 亿美元到 100 亿美元。③ 并且,“沃尔克规则”的实施过程还给金融机构附加了复杂的报告义务、举证责任等。因此,“沃尔克规则”从一经推出,到逐步实施的整个过程中,都遭到了美国银行业机构的普遍反对。鉴于此,美联储等监管机构在 2018 年 5 月 30 日公布的修订提案中,拟通过简化规则的方式来降低金融机构的合规成本。

二是“沃尔克规则”本身存在一些有待进一步明确的条款,从而增加了实施的难度和不确定性。这主要体现为:一是自营交易和与之对应的代客交易之间存在着一些交叉领域,如实际业务操作中,银行业机构为更好地服务客户,会提前买入有关的证券产品、金融衍生品等,但之后可能无法匹配到合适的客户买家,从而需要再次卖出或买入其他金融产品。在这种情形

---

① 按照《多德 – 弗兰克法》的规定,监管机构应当在 2012 年 7 月之前发布关于“沃尔克规则”的实施细则,并给予银行机构两年的过渡期。但是,直到 2013 年 12 月,美联储等监管机构才发布这一实施细则。并且,随后美联储三度延长银行机构的过渡期,由此导致“沃尔克规则”在 2017 年 7 月才得以全面实施。

② 2018 年 5 月 22 日,美国众议院通过了此前已由参议院批准的《多德 – 弗兰克法》修正案——《经济增长、监管放松与消费者保护法》(Economic Growth, Regulatory Relief, and Consumer Protection Act),其中涉及“沃尔克规则”的部分允许资产规模在 100 亿美元以下的银行机构从事自营交易。See 115th Congress, *Economic Growth, Regulatory Relief, and Consumer Protection Act*, Accessed September 6, 2018. https://www.congress.gov/115/plaws/publ174/PLAW-115publ174.pdf.

③ 参见王龙云:《美国想用“沃尔克规则”管住谁》,载《经济参考报》2013 年 12 月 12 日,第 1 版。

下，如何认定交易的性质则有待明确。并且，如果简单地认定为代客交易，则会产生较大的监管套利空间。二是“沃尔克规则”允许银行业机构对与做市、对冲等“合理相关”的金融产品进行投资，但在执行过程中如何区分“合理的”与“有害的”投资行为却是一个难题。[①]

尽管存在上述难题，但不可否认，“沃尔克规则”的实施有利于增强银行业机构自身的经营稳健性，同时通过对规则进行一定的简化和完善，可以降低由此带来的影响和冲击。从这一进程中可以看出，美国金融监管机构试图随着经济金融形势的变化而在“再监管”和“去监管”之间取得平衡，从而实现维护金融机构安全和激发金融活力的双重目标。

3. 对系统性风险监管改革的评析

在国际货币基金组织、金融稳定理事会和国际清算银行于 2009 年联合向 G20 财长和央行行长峰会提交的报告中，系统性风险被定义为“由金融系统的全部或部分受损造成的金融服务受到破坏的风险，并且有可能对实体经济产生严重的负面影响”[②]。从这一定义可以看出，系统性风险的本质是其具有负外部性，即对金融系统和实体经济存在显著的溢出效应。不仅如此，由此引发的政府救助还产生了许多不良影响，例如破坏了市场纪律、鼓励了过度冒险、让纳税人付出了巨额代价，等等。由此可见，系统性风险的诸多弊端为政府干预提供了坚实的理由。

以《多德－弗兰克法》为代表的美国金融监管法规主要从七个方面入手来应对个体化影子银行的系统性风险。概括而言，整个应对流程可划分为事前、事中和事后三个阶段，具体来说：

在事前阶段，以加强监管为核心。“那些对系统性风险作出贡献的金融机构必须将它们所创造的外部效应内部化。更高的审慎标准将是实现这一目标的一种方式”。[③] 因此，相比那些一般性质的中小型金融机构，系统

① 参见廖政军：《从混业经营到强化监管——“沃尔克规则”影响超越华尔街》，载《人民日报》2014 年 1 月 20 日，第 23 版。

② IMF, FSB, BIS, *Guidance to Assess the Systemic Importance of Financial Institutions, Markets and Instruments: Initial Considerations*, Accessed January 16, 2018. https://www.imf.org/external/np/g20/pdf/100109.pdf.

③ Jaime Caruana, *Systemic risk: how to deal with it?*, Accessed January 16, 2018. https://www.bis.org/publ/othp08.htm.

重要性金融机构需要持有更多的资本和流动性缓冲,并且直接的杠杆率限制将作为风险加权资本措施的后盾,等等。应当说,更加严格的审慎标准是对系统重要性金融机构的权利义务的重新调整,使之与其所造成的风险状况相匹配。换言之,在整个金融系统中,系统重要性金融机构与中小型金融机构之间的风险地位是不平等的,由此二者对系统性风险的贡献度有着天壤之别,并且中小型金融机构在陷入危急之时往往无法获得政府救助,而只能接受市场纪律的约束。鉴于此,可以得出,对系统重要性金融机构施加更严格的审慎标准一方面在实践上有利于确保公平竞争的市场环境和系统性风险的降低,另一方面在理论上体现了经济法上的实质公平原则。

在事中阶段,以规模限制为核心。当一家系统重要性金融机构对美国的金融稳定构成严重威胁时,经 FSOC 批准,美联储应当对其采取相应的规模限制措施,包括业务限制和拆分。一般来说,法律规则的逻辑结构包括假定条件、行为模式和法律后果,但在具体的规则表述中,一些要素会被省略。就该项规则而言,行为模式是一家系统重要性金融机构对美国的金融稳定构成严重威胁;法律后果是会遭受到美联储的业务限制,乃至会被拆分。应当说,这一规则具有明显的经济法责任的属性。详言之,经济法的社会本位价值取向决定了经济法责任具有社会性特征,即经济法责任的创设应当是基于社会公共性的考虑,以维护社会整体利益为宗旨,体现了一种全局性而非局部性、公众性而非私人性的特征。① 具体到该项规则来说,"对美国的金融稳定构成严重威胁"说明这家系统重要性金融机构侵犯的是不特定群体的公共利益,具有很大的社会公共危害性。因此,美联储代表整个纳税人的利益而对其实施业务限制和拆分。此外,就法律效果来说,通过实施业务限制和拆分,降低乃至消除了某些系统重要性金融机构的系统性风险,从而避免了风险进一步演化成危机的可能性。

在事后阶段,以有序清算为核心。无论是"太大而不能倒",还是"太过关联而不能倒",它们之所以不能倒,是因为其一旦倒闭,将会给整个金融体系带来巨大冲击。因此,建立有序清算机制的初衷就是解决这一难题。其中,一个重要的方面是要确保系统重要性金融机构的交易对手不受其倒

---

① 参见钟雯彬:《经济法律责任社会性研究》,载《四川大学学报》2004 年第 1 期。

闭的影响,从而限制违约在整个金融体系中的进一步扩散。鉴于此,有序清算机制注重将清算行动对整个金融体系的冲击最小化,为此要求不得中止或结束对某些符合条件的金融合约的履行,以及允许有偿付能力的一些附属公司与该机构相分离而继续运营。除此之外,有序清算机制要求股东和无担保债权人承担该机构的损失,以及"有序清算基金"事后向其他系统重要性金融机构收取费用以收回支出成本,则有效避免了道德风险的产生。

不过,有关系统性风险监管改革的方案也引发了一些争议,例如系统性风险税的征收问题。在《多德－弗兰克法》制定过程中以及通过以后,许多学者都建议对系统重要性金融机构征收系统性风险税,以此作为将外部性内化的重要手段。[①] 但《多德－弗兰克法》并未采纳这一建议,而原因则主要有:如何精确地计量系统性风险以及合理地划分税率层级有待进一步研究;征税成本最终会被转嫁给客户,并且可能会削弱美国金融机构的竞争力;对系统重要性金融机构施加更严格的审慎监管要求同样可以达到将外部性内化的目的。[②] 此外,在债权人的保护范围、金融安全网的覆盖范围、"有序清算基金"的事后征收等方面也存在诸多争议。[③]

综上所述,通过事前、事中和事后三个阶段的解决措施,《多德－弗兰克法》以及后续一系列实施细则建立起了应对系统性风险的制度安排。并且,这一制度安排以降低系统性冲击和避免产生道德风险为宗旨。不过,正如美联储前主席本·伯南克所言,"希望金融危机能够完全消除是不现实的,尤其是在维持一个充满活力和创新的金融体系的同时。尽管如此,这些措施应该有助于减少危机的频繁程度和破坏性,从而为美国经济和全球经

---

① 代表性的文章主要有:Viral V. Acharya,etc,*A Tax on Systemic Risk*,Accessed January 16,2018. https://vlab. stern. nyu. edu/public/static/SR-tax-nber. pdf; Donato Masciandaro,Francesco Passarelli,*Financial systemic risk: Taxation or regulation?*,*Journal of Banking & Finance*,2011,37(2),pp. 587－596; Michael Keen,*Rethinking the Taxation of the Financial Sector*,*Cesifo Economic Studies*,2011,57(1),pp. 1－24; Eric D. Chason,*Taxing Systemic Risk*,*University of New Hampshire Law Review*,2017,16(1),pp. 1－49。

② See Jaime Caruana,*Systemic risk: how to deal with it?*,Accessed January 16,2018. https://www. bis. org/publ/othp08. htm.

③ See Arthur E. Wilmarth,*The Dodd-Frank Act: A Flawed and Inadequate Response to the Too-Big-To-Fail Problem*,*Oregon Law Review*,2011,89(3),pp. 986－1047.

济更好地成长做出贡献”①。

本章小结

不同于体系化影子银行的融资链条机制，个体化影子银行直接复制了传统银行的信用中介功能，即在一张资产负债表中完成了信用中介功能，相应地，也就把与信用中介功能相伴随的流动性风险、信用风险等集于一身。由此可见，因为危机之前所受监管严重不足，所以“两房”、投资银行、对冲基金、货币市场基金等个体化影子银行自身都遭受了流动性危机、信用危机，并且给整个金融系统带来了系统性危机。具体来说，这些机构在业务经营中普遍存在着期限错配、高杠杆、过度承担风险、过度依赖信用评级等问题，并且一些个体化影子银行机构由于自身规模过大或者与其他金融机构太过关联而具有了系统重要性，因此当这些机构出现问题时，会迫使政府为了维系整个金融体系的运作而不得不予以紧急救助。

危机之后，尽管个体化影子银行的监管进度各不相同，但在监管改革思路方面却是一致的，即增强个体化影子银行经营活动的稳健性、降低引发系统性风险的隐患。而具体到监管措施来说，在流动性风险监管方面，主要体现为提高资本要求、降低杠杆比率、短期债务限制；在信用风险监管方面，主要体现为改革管理层薪酬、增加资产支持证券的信息披露要求、降低投资者对信用评级的过度依赖；在系统性风险监管方面，监管部门明确了“系统重要性金融机构”的认定标准，并进而对其施加更严格的审慎监管要求。总之，上述措施的出台，虽然不能够完全消除金融危机，但是有助于降低个体化影子银行的风险，从而为经济社会发展创造更好的金融环境。

---

① Ben S. Bernanke, *Financial Reform to Address Systemic Risk*, Accessed January 19, 2018. https://www.federalreserve.gov/newsevents/speech/bernanke20090310a.htm.

第四章　我国影子银行监管的完善思考

前述两章的探讨，一方面使我们可以细致地了解国际影子银行的发展动态、监管动向，另一方面我们可以从中吸取有益经验以更好地完善我国影子银行的监管。由此，接下来的章节将对我国影子银行的监管问题展开分析，具体拟从三个方面来展开：一是我国影子银行的风险表现及成因。本书在第一章就我国影子银行的外延划分、产生原因等进行了简要的分析。承接前文，在此部分将对我国影子银行的具体风险表现和风险成因进行概述、总结。二是我国影子银行的监管应对及评析。针对我国影子银行暴露出的风险状况，我国中央政府、各金融管理部门、地方政府都采取了一系列的监管行动。应当说，这些监管行动在缓解我国影子银行风险的同时，也存在一些不足。三是我国影子银行监管的完善路径。尽管在经济发展阶段、经济发展模式、金融体制状况等方面存在诸多差异，但国际影子银行监管实践中的一些做法仍然值得我们学习借鉴。在此基础上，本书试就我国影子银行的监管完善提出建议。

第一节 我国影子银行的风险表现及成因

本书在第一章“我国影子银行的外延划分”部分采用以是否受到国家金融监管当局的正式监管为标准,将一系列金融交易活动分为“正规金融”和“非正规金融”两大领域,并就这两个领域的影子银行活动做了列举。在此,进一步而言,我国正规金融领域的影子银行形式集中表现为以银行理财产品为代表的各类资产管理业务,而非正规金融领域的影子银行活动则主要包括三类,分别是非正式金融机构从事的影子银行活动、P2P网络借贷和传统民间金融。

那么,为什么上述金融活动会被称为影子银行?这些影子银行形式的风险状况具体如何?相应的风险因素是如何产生的?对此,下文拟分别进行概述和分析。

一、我国影子银行的风险表现

从20世纪80年代后期开始,随着我国商品经济的不断发展、民营经济的不断成长,在浙江、福建等民营经济起步较早的地区就出现了许多民间金融活动。可以说,这些民间借贷一方面起到了互助合作、促进生产的作用,另一方面也存在一些影子银行风险。除此之外,21世纪以来,以银行理财产品为代表的各类资产管理业务发展迅速,但其中也存在一些规避监管、增加金融风险的影子银行问题。尤其是2008年国际金融危机之后,无论是在正规金融领域还是在非正规金融领域都出现了更多的影子银行风险问题。对此,本书接下来将逐一进行概述。

(一)正规金融领域的影子银行风险

所谓“正规金融”意指那些受到国家金融监管当局正式管制的金融机构的业务活动,在我国,则主要包括受银保监会监管的商业银行、信托公司、保险公司等;受证监会监管的证券公司、基金公司、期货公司等。在这些金融机构中,除了信托公司和基金公司本身即以资产管理作为它们的主营业务之外,商业银行、证券公司等其他金融机构都有其各具比较优势的经营业务。不过,随着混业经营趋势的不断增强,尤其是自 2012 年以来监管层发布了一系列"去管制"的资产管理新政①,我国逐渐进入了多元化、多层次的"大资管"时代。

尽管当前各类金融机构在资产管理行业都占有一席之地,但相比之下,银行理财产品业务在其中居于最核心的地位②,由此引发的影子银行问题也最为突出。总体来说,以银行理财产品为代表的各类资产管理业务中的影子银行风险问题主要表现为以下四个方面:

1."多层嵌套"以规避有关监管

所谓"多层嵌套"是指一个资产管理产品投资另一个或多个资产管理产品,从而不同的资产管理产品在交易结构上相互链接的产品形式。对此,以银信合作为例,在银信合作信托贷款的最基本形式中,通常是一家商业银行发行理财产品以募集资金,然后将其投资于信托公司的单一资金信托计划,从而实现为企业变相发放贷款的目的;而在银信合作信贷资产的最基本形式中,通常是 A 银行发行理财产品以募集资金,然后将理财资金投资于信托公司设立的信托计划,而该信托计划则进而运用这笔委托资金购买 B 银行为某家企业放贷而形成的信贷资产。虽然在表面上看来,这一安排是 A 银行购买了 B 银行的信贷资产,但实际上是 A 银行在表外对某家企业变相放贷,而信托公司的信托计划和 B 银行在整个流程中只是扮演"通道"

---

① 例如,证监会在 2012 年 9 月发布实施的《期货公司资产管理业务试点办法》,标志着期货公司开展资产管理业务正式开闸。10 月发布的《证券公司客户资产管理业务管理办法》及配套的《证券公司集合资产管理业务实施细则》《证券公司定向资产管理业务实施细则》,则对券商资产管理的审批、投资范围等进行了"松绑";保监会在 2012 年 10 月发布的《关于保险资金投资有关金融产品的通知》、2013 年 2 月发布的《关于保险资产管理公司开展资产管理产品业务试点有关问题的通知》标志着保险资产管理公司开始向资产管理行业全面进军。参见智信资产管理研究院:《中国信托业发展报告(2013)——大资产管理时代的信托业》,社会科学文献出版社 2013 年版,第 30~54 页。

② 银行理财产品之所以在各类资产管理业务中占据最核心的地位,原因主要有:(1)商业银行拥有广泛的客户群体优势,并且银行理财产品以公募发行为主;(2)银行理财产品投资门槛较低,最新的监管规定将投资门槛从之前的 5 万元降至 1 万元;(3)银行理财产品起步较早,自 2004 年以来已充分发展了十余年。参见张晨曲:《理财新规落地 类货基产品成银行主打》,载 http://finance.eastmoney.com/a/20181015961665029.html,最后访问日期:2018 年 8 月 15 日。

"代理人"的角色。①

需要指出的是,上述银信合作的产品嵌套类型只是最基本的形式。实践中,为了规避监管,相关的交易结构安排会更为复杂,例如引入过桥企业、增加信托受益权转让,等等。此外,当银信合作在2010年受到监管层的限制之后,银证合作、银保合作、银基合作等资产管理产品的嵌套类型随即应运而生。

应当说,资产管理产品的"多层嵌套"直接体现了影子银行的一大特征——规避监管。通过借道信托公司、证券公司等金融机构的资产管理产品,商业银行得以实现表外放贷的目的,从而一方面规避了资本充足率、贷存比、信贷额度等监管指标,另一方面也绕开了国家对房地产、城投公司等特定行业部门的信贷限制政策。

2."资金池"运作引发流动性风险

所谓"资金池"运作是指金融机构在发售资产管理产品时,并无明确的投资标的,而是先将所募集的资金放入一个"资金池"中,然后再决定具体的投资方向。应当说,自2009年以来,无论是在银行理财产品中,还是在信托公司、证券公司等金融机构的资产管理产品中,"资金池"运作都普遍存在。

一般来说,"资金池"运作具有滚动发行、集合运作、分离定价等特征。②详言之,滚动发行意味着随着一些理财产品到期而出现资金流出之时,同时又有新募集的资金流入。从会计手法上来说,就是旧的理财产品到期后,其持有的资产转入新的理财产品的持仓中,而不是在市场上出售。应当说,这是一种类似"借短贷长"的操作方式;集合运作意味着"资金池"中的所有资金都被混同在一起而进行资产投资。换言之,每一期理财资金并不与有关的资产组合一一对应;至于分离定价,应当说是集合运作的必然逻辑结果。由于理财资金与投资组合之间不是一一对应的关系,因此无法单独计算每一期理财产品的具体收益。对此,实践中常见的分离定价操作是:管理人在

① 参见张明、高海红、刘东民:《透视中国影子银行体系》,中国社会科学出版社2014年版,第69~70页。

② 参见中国人民银行金融稳定分析小组:《中国金融稳定报告(2017)》,中国金融出版社2017年版,第120页。

最初发售某款资产管理产品时，如果投资者是以某个价格认购的，比如每个份额1元，那么接下来无论投资收益如何，后续的投资者仍然以每个份额1元的价格进行认购，而对于那些先退出的投资者，则按照事先确定的预期收益率水平确定投资收益。①

从以上“资金池”的具体运作方式来看，这一操作模式完全与商业银行存贷款业务的经营模式相同，都是运用短期资金来为长期资产融资。由此，其内在的期限转换、流动性转换则意味着，一旦新发行的理财产品无法及时销售完毕，将会直接影响那些到期理财产品的偿付，从而引发严重的流动性风险。

3. 资产端隐含重大信用风险

在过去数年中，以银行理财产品为代表的资产管理业务之所以发展迅猛②，其中的一个重要背景就是许多受到宏观经济政策影响的行业、企业，比如产能过剩行业、房地产企业、中小企业、地方政府融资平台等，无法从正规金融渠道获得必要的金融资源。由此可见，在2010年前后，银行理财产品等资产管理业务进入了“信贷类产品”“资产池类产品”的高发期。③相应地，资产管理业务资产端的资金也在很大程度上流向了上述行业和企业，例如据测算，我国银行理财产品的资金流向以非标准化债权资产为主，其中截至2016年年末，银行理财投资房地产市场和地方政府融资平台的规模上限分别达到了2.49万亿和1.46万亿。④

与此同时，伴随着资产管理行业规模的不断扩容，近年来多家银行的理财产品爆发违约事件，例如招商银行、交通银行、华夏银行等。⑤ 尽管具体

---

① 参见佚名:《资管新规下资金池业务判断与解析》，载 https://www.sohu.com/a/231365048_467322，最后访问日期:2018年6月17日。

② 以银行理财产品为例，其总体规模由2012年的5.58万亿元增加到2016年年末的33.64万亿元。参见殷剑峰、吴建伟、王增武主编:《钱去哪了:大资管框架下的资金流向和机制——中国理财产品市场发展与评价(2013～2017)》，社会科学文献出版社2017年版，第3页。

③ 参见殷剑峰、王增武主编:《影子银行与银行的影子——中国理财产品市场发展与评价(2010～2012)》，社会科学文献出版社2013年版，第10页。

④ 参见殷剑峰、吴建伟、王增武主编:《钱去哪了:大资管框架下的资金流向和机制——中国理财产品市场发展与评价(2013～2017)》，社会科学文献出版社2017年版，第3～9页。

⑤ 参见佚名:《理财产品违约潮或到来 你准备好了吗?》，载 http://news.jstv.com/a/20180110/1515551637553.shtml? bsh_bid=1919742593，最后访问日期:2019年5月4日。

违约细节各有不同,但从中可以看出一个共同的问题——银行理财等资管产品事实上在资产端面临着重大的信用风险。

4.“刚性兑付”易诱发系统性风险

所谓“刚性兑付”是指资产管理产品的发行人事先向投资者或明示、或暗示、或即便没有作出有关的收益承诺或保本承诺,但当预期收益无法达到相关水平时,发行人仍按照一定的收益水平向投资者履行兑付义务。

实践中,“刚性兑付”的典型表现是资产管理产品的发行机构以自有资金或关联机构的资金受让该资产管理计划项下的受益权,而原投资者获得受让价款后退出,该资产管理计划继续存续;或者在资产管理产品的发行机构以自有资金直接向投资者兑付本金和收益之后,该资产管理计划结束。当然,在资产管理计划发生兑付困难时,并非所有的发行机构的兑付行为均属于“刚性兑付”,例如发行机构通过处置资产管理计划项下的资产而在处置收益范围内向投资者兑付;发行机构代表投资者将资产管理计划的受益权转让给资产管理公司等第三方机构,原投资者获得受让价款后退出,而该资产管理计划则继续存续。[①] 总之,认定“刚性兑付”有两个关键要点:一是发行机构是否以一定的收益水平进行兑付;二是发行机构是否以自有资金或关联机构的资金进行兑付。

应当说,长期以来,以银行理财产品为代表的资管业务普遍存在刚性兑付,或者说隐性担保的情况。这完全背离了资产管理业务“受人之托、代人理财”的本质,将名义上投资者与发行人之间的委托投资关系变为了实质上的债权债务关系。如前所述,信用中介的法律属性即是双重债权债务关系的存在,而“刚性兑付”则使得有关的资产管理产品成为典型的影子银行形式,并进而导致其所蕴含的流动性风险、信用风险在金融系统中累积,从而给金融系统埋下了系统性风险的隐患。同时,“刚性兑付”还使资本市场价格机制失灵,由此诱发的道德风险和逆向选择大大扭曲了金融资源的合理配置,从而造成了经济发展的低效率。

(二)非正规金融领域的影子银行风险

在我国,非正规金融领域主要涉及两个方面:一是由地方政府负责管理

---

① 参见中建投信托研究中心、中国建投投资研究院:《中国信托业研究报告(2013)》,社会科学文献出版社2013年版,第222~223页。

的非正式金融机构,例如小额贷款公司、融资性担保公司、典当行、投资公司等。这些非正式金融机构并不拥有金融牌照,相应地也就不受银保监会、证监会等国家金融监管机构的直接监管,而是由各地方政府进行管理。二是民间金融活动,包括 P2P 网络借贷、民间合会[①]、地下钱庄[②]等组织。可以说,民间金融活动在我国有着相当长的历史,尤其是改革开放以来,随着民营经济的发展和个人财富的增长,民间金融活动在规模和范围方面都迅速扩大。

总体来说,非正规金融领域的影子银行风险主要体现为:

1. 存在突出的流动性风险

首先,对于小额贷款公司、融资性担保公司等非正式金融机构而言,即使完全合规经营,也会面临一定的流动性风险,例如小额贷款公司将自有资金或从其他金融机构借入的资金用于发放贷款后,往往会面临资金不足的状况,由此会出现无法按时偿还相关借款或不能及时满足新客户融资需求的情况。然而,当这些非正式金融机构以向社会公众筹集资金的方式涉足影子银行活动时,虽然在一定程度上有助于缓解自有资金不足的状况,但其面临的流动性风险在原有基础上将大幅度上升,即无法及时满足公众的取款需求。

其次,自 2007 年国内首家网贷平台“拍拍贷”成立以来,我国的 P2P 网络借贷行业在较长一段时间中都处于监管空白、野蛮发展的状况。由此,我国的 P2P 网络借贷由“信息中介”的应有定位异化为了“信用中介”,即事实上成为一种典型的影子银行形式。具体到 P2P 网络借贷存在的流动性风险来说,以 2018 年 6、7 月的“爆雷潮”为例,国内 P2P 行业遭受了一次严重

① “民间合会”是一种内部成员之间共同储蓄、相互提供信贷的民间金融形态。它的种类主要有轮会、摇会和标会三种。其中,标会是最普遍的形式,同时也是最容易产生影子银行风险的形式,即会员为了更早地得到本合会的会钱,而以较高的利息进行竞标,拿到钱之后,再去参加规模更大、人数更多的标会,借此获得高额利息。参见中央财经大学金融学院课题组:《中国民间金融发展研究报告》,知识产权出版社 2013 年版,第 67 ~ 73 页。

② 根据中国人民银行的相关定义,“地下钱庄”是一种特殊的非法金融组织,游离于金融监管体系之外,利用或部分利用金融机构的资金结算网络,从事非法买卖外汇、跨国(境)资金转移、资金存储及借贷等非法金融业务。参见黎友焕:《揭秘地下钱庄》,经济日报出版社 2010 年版,第 2 ~ 3 页。

的流动性危机，表现为众多 P2P 平台出现了延期兑付，甚至停止兑付的情况，并且问题一直延续至今。例如，据统计，2019 年上半年我国 P2P 行业运营中的平台数量减少了 749 家，其中原因主要集中于“提现困难”“平台失联”等方面。①

最后，如果说 P2P 网络借贷是带有互联网基因的新型民间借贷形态，那么民间合会、地下钱庄就是传统民间借贷的典型代表了。而民间合会、地下钱庄的部分业务，实质就是影子银行。具体到其中的流动性风险来说，其一，民间合会的会员通过参与不同的合会，以“吃息差”的方式进行投机操作。应当说，这种“以会养会”的方式很容易爆发流动性风险。例如，2011 年福建福鼎倒会案、2012 年福建厦门倒会案等案件中普遍存在因高息诱导引发的跨会投机行为。② 其二，地下钱庄从事的非法金融业务之一即是“资金存储及借贷”，即高息揽储，然后再放高利贷。实践中，不少储户因贪图所谓的高息而把资金投入地下钱庄，但常常会发生取款困难、取款不能的情况，而这与地下钱庄开展存贷款业务所必然面临的流动性风险密切相关。

2. 面临严重的信用风险

其一，对于小额贷款公司、融资性担保公司等非正式金融机构来说，涉足影子银行业务会在很大程度上加剧其自身所面临的信用风险。其中，对于小额贷款公司来说，最近几年暴露出的违法行为集中体现为：一方面，在自身合规资金全部放贷出去之后，隐蔽使用股东个人或社会公众的资金进行放贷，会极大地增加其自身面临的信用风险。另一方面，很多小贷公司近几年采用恐吓甚至暴力的方式进行讨债，这与它们的信用风险不断上涨的态势是紧密相关的。③ 同样地，对于违规涉足影子银行业务的融资性担保公司来说，其面临的信用风险也急剧放大。这也为近几年爆发的几起重大案件所印证，例如，在“宁波金诚担保有限公司案”中，实际控制人李某以其

---

① 参见佚名：《130 家 P2P 上半年数据画像：七成平台客群收缩　6 月代偿金额大幅回落》，载 https://news.p2peye.com/article-548194-1.html，最后访问日期：2019 年 8 月 16 日。

② 参见中央财经大学金融学院课题组：《中国民间金融发展研究报告》，知识产权出版社 2013 年版，第 71 页。

③ 参见张文：《小额贷款公司　严管才有未来》，载《人民日报》2018 年 6 月 25 日，第 10 版。

个人和所控制企业的名义非法吸收公众存款，进而违规放贷；在“河南金邦担保案”中，同样存在非法集资、高利放贷的情况。最终，它们都因资金链断裂而案发。[①]

其二，在我国，由“信息中介”异化为“信用中介”的P2P网络借贷，在最近几年里，遭遇了持续不断的信用危机。以2018年夏天的“爆雷潮”为例，在短短三个月里，有多达200多家平台出现停业、倒闭、清盘、跑路等情况，由此带动整个2018年的平台数量相比2017年减少了1219家。[②] 应当说，这一方面与金融领域去杠杆、强化监管等宏观环境有关，另一方面也与借款人的大量违约密不可分。并且，在平台退出经营之后，一些借款人还会选择“逃废债”，即恶意不还款，尤其是那些多头借贷的群体。例如，据北京互联网金融协会统计，其辖区内会员单位在2019年上半年上报的“逃废债”数据就达19万条之多。[③] 由此可见，P2P网络借贷在异化为“信用中介”的同时，并没有建立起有效的风控机制，从而使其遭受了严重的信用危机。

其三，完全处于监管之外的传统民间金融活动有时被称为“地下金融”，而正因为处于“地下”，所以相比于正规金融，传统民间金融所面临的信用风险更为严重。首先，对于民间合会，其具体形式无论是轮会、摇会，还是标会，作为合会组织者的“会首”都在其中承担着兜底责任，尤其是在“标会”形式中，参与人数越多，竞标利息也就越高，导致拆东墙补西墙——“以会养会”或“跨会投机”的行为突出。而一旦资金链条上的某个人违约或携款跑路，会首就要承担还款责任，如果会首无力承担、甚至跑路的话，就会出现大规模的“倒会”事件。[④] 例如，最近十几年来，我国浙江、福建、广东等东南沿海省份爆发了多起大规模的“倒会”事件。其次，以非法吸存、非法借贷为业务类型之一的地下钱庄同样在近几年里发生了数起借贷危机事件。例如，在鄂尔多斯民间借贷危机中，大约有1000亿的民间资金经由地

---

① 参见郭雳、关涵之：《信用担保领域的典型案例、行业发展与法律规范》，载《金融监管研究》2013年第8期。

② 参见网贷之家：《P2P网贷行业2018年年报正式发布》，载 https://www.wdzj.com/news/yc/3652157.html，最后访问日期：2019年7月26日。

③ 参见程婕：《36家机构上报逃废债名单》，载《北京青年报》2019年8月9日，第A06版。

④ 参见李建军、徐赛兰、田光宁主编：《中国影子金融体系研究报告》，知识产权出版社2012年版，第211页。

下钱庄流入了房地产、煤炭等行业；在温州民间借贷危机中，有高达1500亿的民间资金流入了各家出口导向型的中小企业。[①] 而随着外贸环境的恶化、过剩产能的淘汰等因素的冲击，借款企业普遍发生了亏损、倒闭的状况，从而不可避免地爆发了借贷危机。

3. 构成严重的系统性风险

总的来说，非正规金融活动涉足影子银行业务，即在缺乏监管的前提下扮演信用中介角色，会造成严重的系统性风险。而这一系统性风险在逻辑层面表现为风险会从非正规金融领域传导至正规金融领域，从而带来整个金融领域的系统性风险。在现实层面，系统性风险体现为区域性金融危机的爆发。如上所述，本书探讨的非正规金融活动主要包括三个方面，即小额贷款公司、融资性担保公司等非正式金融机构、P2P网络借贷，以及包括民间合会、地下钱庄在内的传统民间金融机构。这些非正规金融活动都造成了怎样的系统性风险呢？对此，以下详述之。

其一，就其行业定位而言，小额贷款公司、融资性担保公司、典当行等非正式金融机构在整个金融体系中只是扮演补充、辅助的角色，即它们主要服务于那些不能被正规金融领域所完全覆盖的企业或个人。并且，与角色定位相适应，这些非正式金融机构所能动员的社会金融资源也是相当有限的。然而，当它们"越位操作"——涉足影子银行业务之后，其行业风险在被急剧放大的同时，也会被传导至正规金融领域，从而造成整个金融体系的系统性风险。例如，对于小额贷款公司和典当行，它们有限的资金来源中除了自有资本以外，其余部分则主要来自商业银行的贷款。由此可见，当它们违规从事信用中介业务时，其因此所承担的高涨的流动性风险、信用风险，会直接增大商业银行对它们的贷款风险。并且，面向公众的非法吸存、非法放贷行为还会对当地的金融稳定、社会稳定造成冲击。同样地，融资性担保公司的本身定位是在贷款业务中承担担保义务，因此其自身稳健的重要性非同一般。而当融资性担保机构违规从事信用中介业务时，自然地，会直接损害银行贷款业务的可靠性。

其二，由于P2P网络借贷服务于个人对个人之间的借贷，并且其在业

---

① 参见段育文：《借贷危机》，电子工业出版社2013年版，第58、90页。

务运作流程中基本独立于商业银行系统,所以它能够造成系统性金融风险的可能性较小,即便在我国其异化为信用中介的形式。不过,即便如此,P2P 行业的兴起给商业银行系统带来的风险冲击依然不容小觑。首先,异化为“影子银行”的 P2P 网络借贷直接降低了商业银行的特许权价值。当今,各国的商业银行一般都有着严格的进入限制,集中体现为商业银行拥有着“吸收存款、发放贷款”的经营特许权。[①] 而 P2P 行业的“影子银行化”意味着信用中介的头衔不再为商业银行所独有,由此“存款搬家”等现象会削减银行利润,进而可能刺激商业银行选择冒进的经营策略。其次,如果说“影子银行化”的 P2P 行业侵蚀商业银行特许权价值只是表面现象,那么其背后的监管套利则是本源动机。商业银行之所以能够从事信用中介业务,前提在于受到严格的监管,比如资本充足率、杠杆率等。而异化为影子银行的 P2P 行业则完全是在缺乏监管的环境下从事信用中介业务的,从而一方面破坏了金融领域监管制度的一致性,另一方面使其行业系统积聚了大量风险,给自身行业稳定和地方金融生态造成了严重威胁。最后,尽管 P2P 行业基本上独立于商业银行体系,但现实中二者之间还是存在直接或间接的风险关联。例如,按照监管要求,P2P 平台应当在商业银行设立资金存管账户。[②] 尽管存管行并不对借贷交易提供保证或担保,但银行对接的平台若发生问题,必然会影响银行声誉。[③]

其三,民间合会、地下钱庄等传统民间金融也是系统性金融风险的重要来源之一。这主要表现为大量的银行资金违规进入民间市场牟取暴利。详言之,由于民间借贷利率事实上远远高于商业银行借贷利率,所以这种巨大的利差收益必然会驱使相关人员想尽办法逃避监管、顶风作案,从而将银行资金导入民间金融市场。[④] 第一,银行信贷资金流入民间借贷的一个主要途径是融资性担保公司联合银行内部人员共同实施。融资性担保公司由于

---

① 参见周莉萍:《银行业监管:一般理论及实践发展》,载《金融评论》2016 年第 5 期。

② 参见《网络借贷信息中介机构业务活动管理暂行办法》(银监会令〔2016〕1 号)第 35 条。

③ 参见张雪囡:《36 家 P2P 资金存管后仍问题频出　波及 15 家银行》,载 http://www.stcn.com/2018/0503/14197396.shtml,最后访问日期:2019 年 8 月 1 日。

④ 参见段育文:《借贷危机》,电子工业出版社 2013 年版,第 37 页。

有一定的融资杠杆，往往在银行存入一定的保证金，就能获得几倍于保证金的信贷额度。可以说，担保公司发放高利贷已是行业内皆知的秘密。第二，一些上市公司或国企事实上成为“二银行”。具体来说，在信贷紧缩时期，市场利率飙升，其回报甚至远高于实体经济收入，因此，一些上市公司或国企将其从银行融入的资金不仅没有投入到实际生产环节，反而以委托贷款、违规放贷等形式以期获取高额收益。据调查，在2011年温州借贷危机爆发之前，当地的一些国企以年息8%从银行获得贷款，然后投入地下钱庄以获取24%的年收益，从而除去还给银行的利息，坐收16%的净利。[①] 应当说，商业银行体系通过各种途径参与民间借贷的做法，一方面违反了相关的监管制度，另一方面经济一旦下行，将会给自身带来系统性风险。

二、我国影子银行的风险成因

我国影子银行的外延，或者说具体表现形式，主要包括银行理财产品、P2P网络借贷、民间金融以及违规经营的小贷公司、融资性担保公司等。针对这些研究对象，前面已经分析了它们所存在的风险，那它们的风险成因是什么？换言之，也就是要回答为什么我国会出现影子银行风险？对此，我们可以从一般成因和根源成因两个层面进行分析。

（一）一般成因——“不受监管的信用中介”

“银行”对应于“信用中介”，“影子”对应于“不受监管”，因此影子银行的本质是“不受监管的信用中介”。之所以影子银行会诱发风险，原因也在于此。其中，“信用中介”意味着期限转换、信用转换、高杠杆等；“不受监管”意味着与信用中介活动相伴生的风险无法得到抑制。对此，我国的影子银行活动同样存在这样的风险特征。

1. 我国影子银行活动中的期限转换

所谓期限转换，“即发行短期负债（如存款）并将它们转变为中长期资产（例如贷款）”[②]的活动。由此可见，期限转换会带来借短贷长的期限错配

---

① 参见段育文：《借贷危机》，电子工业出版社2013年版，第100、160页。

② FSB, *Shadow Banking: Scoping the Issues*, Accessed August 4, 2019. http://www.fsb.org/2011/04/shadow-banking-scoping-the-issues/.

现象,或者说流动性错配现象。这一现象在我国的影子银行活动中是如何体现的呢?

一方面,在以银行理财产品为代表的资管业务中,因为相比其他资管产品,银行理财产品购买门槛较低、易筹集公众资金,所以各类资管业务往往会以银行理财产品作为资金流的入口。对于购买者来说,尽管银行理财产品不像活期储蓄那样可以随时提取,但银行理财产品的期限仍然普遍较短,1 个月以内的产品和 1 ~ 3 个月(含)的产品构成了市场主流。① 而在资产端,银行理财产品的投向主要是固定收益类产品、借贷类产品以及投资方向不明确的资金池类产品。这些资产的期限大多在 6 个月以上,甚至期限更长。由此,这种资产端和负债端的期限不匹配形成了期限错配或者是流动性错配的结果,与之相应的即是流动性风险。

另一方面,虽然 P2P 网络借贷定位为“个人对个人”的借贷,但这并不意味着借款人就是小额资金需求的自然人。尤其是在我国,许多无法利用正规金融系统满足自身资金需求的中小微企业也会寻求 P2P 网络借贷这一融资渠道。因此,P2P 网络借贷中充斥着大额借款标的。相应地,这些大额标的的借款期限也相对较长。实践中,为了匹配资金供需双方在金额、期限上的不同需求,网贷平台往往采取“拆标”手法,即将一个大额标的拆分成一个个期限较短的小额标的,例如借款金额是 100 万元,借款期限是 12 个月。对此,平台可以将金额拆分成 10 个 10 万元、将期限拆分成 1 个月且连续发布 12 次。在这一过程中,如果借款方每期不能及时还款,或者没有足够的其他资金来回补,那么就很容易发生流动性风险。

此外,民间金融以及违规经营的小贷公司、融资性担保公司等在从事影子银行业务过程同样存在相似的期限转换。不再赘述。

2. 我国影子银行活动中的信用转换

“信用,也称信贷,是指货币资金借贷活动的总称。”②而至于信用转换,则意味着双重借贷活动的产生。对此,从金融法律关系角度来看,信用转换

① 银监会在 2011 年 7 月叫停了 1 个月以内的理财产品,此后 1 ~ 3 个月(含)的理财产品的占比大幅上升。参见殷剑峰、王增武:《影子银行与银行的影子》,社会科学文献出版社 2013 年版,第 12 页。

② 朱大旗:《金融法》(第 3 版),中国人民大学出版社 2015 年版,第 4 页。

意味着双重债权债务关系的产生，一方面是作为信用中介的组织或个人与资金盈余者（贷款人）之间的债权债务关系，另一方面是作为信用中介的组织或个人与资金短缺者（借款人）之间的债权债务关系。从融资链条的角度来看，虽然借款人所获得的资金实际上来源于贷款人，但借款人的违约风险并不是直接由贷款人承担的，而是由在其间扮演信用中介的组织或个人来承担的。由此，信用中介在融资活动中不可避免地会面临信用风险。

在此，同样以银行理财产品为例进行说明。商业银行发行理财产品以筹集资金，然后投向借贷类产品、固定收益类产品等。其中的借款人大多是融资渠道受限的中小企业、政府融资平台等。显然地，在理财产品融资链条中，商业银行与这些中小企业、政府融资平台之间是债权债务关系。而值得注意的是，商业银行与购买理财产品的社会公众之间形成了怎样的法律关系？大体上，理财产品可划分为保本类和非保本类。对于保本类理财产品，商业银行对购买者负有还本付息的义务，所以双方是债权债务关系；而对于非保本类理财产品，从法律关系角度看，商业银行与购买者之间只是委托投资关系——商业银行收取相应的服务费用，融资风险则由购买者自行承担。然而，现实情况往往并非如此。一方面，商业银行基于声誉考虑，往往会在投资端出现损失之时选择兜底；另一方面，购买者基于对理财产品背后的商业银行自身信用的惯性认识，也会有意忽视理财产品的风险。所以，无论是保本型理财产品，还是非保本型理财产品，信用风险最终还是会由商业银行承担。经由这一信用转换过程，商业银行在理财产品活动中仍然是信用中介的角色。

3. 我国影子银行活动中的高杠杆

高杠杆意味着高负债，亦即自有资本在总资产中占比较低。一般而言，资本数量的多少直接对应着金融机构承受风险能力的强弱。因此，为应对随时可能出现的流动性风险、信用风险、市场风险、利率风险等诸多金融风险，各类金融机构都会持有一定数量的自有资本，以保证经营活动的稳健性和自身整体的安全性。

相应地，我国的影子银行活动之所以频频爆出“跑路”“失联”“停业清算”等问题，与其高杠杆所导致的自身避险能力贫弱密切相关。以 P2P 网络借贷为例，不同于传统金融机构的重资产模式，原本意义上网贷平台的运营模式是轻资产模式，即网贷平台利用大数据、云计算、人工智能等新一代数字信息技术来给借款人“画像”，以便更好地匹配借贷双方的投融资需求。在此意义上，网贷平台在金融市场中应当是扮演第三方服务者的角色，与会计师事务所、律师事务所、信用评级机构等在金融市场中的定位相类似。更具体地说，它只是一个信息中介，而非信用中介。这一定位决定了它在业务运营中只需要满足一般工商企业的注册资本金即可，不需要像其他金融机构那样面临严格的资本金要求。然而，在我国，异化为信用中介的网贷平台绝非所谓的金融科技先锋，其实际上只是传统商业银行的粗劣模仿者而已——在严重缺乏资本金和风险审核能力的情况下，直接介入到借贷双方融资链条中，发挥信用中介的作用。由此可见，这导致了它既面临着严重的信用风险，又缺乏足够的资本金来吸收和化解有关风险。总之，网贷平台的高杠杆操作预示了其非理性的繁荣—覆灭的结局。

同样地，高杠杆操作也存在于银行理财产品、民间金融、违规经营的小贷公司等影子银行之中。

4. 我国影子银行活动长期缺乏有效监管

正是因为信用中介功能的发挥会随着一系列的风险，所以在各国金融监管实践中，银行业的监管都是重中之重。概括而言，银行业监管的核心是净资本监管，具体主要包括资本充足率、流动性比率、杠杆率、贷款集中度、不良贷款比率等。监管部门通过要求商业银行满足这些监管指标，从而确保商业银行经营活动的稳健性和金融系统的稳定性。

与之形成鲜明对比的是，我国的影子银行虽然事实上从事了类似商业银行的信用中介活动，但却长期处于监管不足，甚至不受监管的状态。第一，我国的银行理财产品最初于 2004 年面世①，且发行规模不断攀升，尤其是在 2008 年全球金融危机之后，规模迅速递增的同时，银行理财产品的“影子银行”性质也愈发明显。因此，从 2010 年开始，当时的银监会即着手解决银行理财产品的风险问题。但受限于分业监管的桎梏，“头痛医头、脚痛医

---

① 2004 年 2 月，中国民生银行发售了两款结构类银行理财产品，拉开了银行理财产品的序幕。参见殷剑峰主编：《中国理财产品市场发展与评价》，中国财政经济出版社 2010 年版，第 2 页。

脚”式的监管很容易就被金融机构规避，即商业银行在自身理财产品发行渠道受限之后，采取和信托公司、证券公司、保险公司等机构合作的方式，开发出一系列结构复杂、风险隐蔽的“影子银行式”理财产品。直到2018年统一的“资管新规”的出台，银行理财产品监管效果不彰、监管不一致的状况才得以改善。第二，如果说正规金融领域的影子银行活动只是存在监管不足的话，那么非正规金融领域的影子银行活动则几乎长期处于不受监管的状态。限于地方金融监管力量的薄弱，无论是P2P网络借贷、传统民间金融，还是违规经营的小贷公司、融资性担保公司等，其影子银行风险长期得不到重视，往往直到爆发行业性、区域性危机之后，才会受到监管层的重视，甚至在政府干预介入之后，风险问题依旧频发。

（二）根源成因——“金融抑制”

“金融抑制”理论最早由美国学者罗纳德·麦金农和爱德华·肖在其著作中分别提出，①这一理论描述了在发展中国家的经济发展中普遍存在的一种现象，即政府采取各种手段对金融体系进行了过多干预，导致金融体系的发展受到抑制的情况。例如，政府对利率、汇率等金融价格进行严格的管制。简单地说，“金融抑制”理论是以20世纪50年代到70年代许多发展中国家的实践做法为背景的。这一时期，许多发展中国家受当时主流发展经济学理论的影响，纷纷实施了以进口替代政策为核心的“经济赶超战略”。然而，实施进口替代政策面临着一对矛盾，即一方面进口替代需要大量的投资，另一方面发展中国家普遍存在资金短缺的情况，资金的市场成本很高。在这种情况下，金融抑制成为一个自然的选择。②

总体来说，在实行金融抑制政策的发展中国家中，金融抑制的手段大体可分为结构型手段和价格型手段。其中，结构型手段是指对一国的金融结构进行控制，由此主要表现为：（1）金融机构极其单一。在一国金融活动中，商业银行居于绝对的主导地位，非银行金融机构则不发达；金融机构的专业化程度很低，承担着部分政府的功能，比如将资金投向政府补贴的工业

① 参见［美］R. I. 麦金农：《经济发展中的货币与资本》，卢骢译，生活·读书·新知三联书店1988年版，第76～83页；［美］爱德华·肖：《经济发展中的金融深化》，邵伏军、许晓明、宋先平译，格致出版社2014年版，第64～89页。

② 参见姚洋：《发展经济学》（第2版），北京大学出版社2018年版，第260页。

项目。(2)直接融资市场十分落后。一国中的企业,尤其是私营企业和中小企业的资金来源主要是自我积累和银行贷款。而即使存在直接融资市场,所发行的金融工具也表现出形式单一、规模有限的特点。(3)金融体系存在明显的“二元结构”。这主要表现为中心城市和偏远农村、国有企业和私营企业等所能获得的金融资源存在明显差别。至于价格型抑制,则主要表现为政府对存贷款利率设置上限、对汇率进行严格控制。除此之外,政府还常常对信贷规模和投向、国际资本流动以及金融业的准入实行全面限制和干预。①

具体到我国来说,在改革开放前,我国实行的是计划经济体制,体现为政企不分、财政金融不分等特点,由此同样存在着与其他发展中国家相似的金融抑制状况。改革开放后,经过不断探索,我国确立了社会主义市场经济体制,开启了经济领域的市场化进程。但是,一直以来,我国对于金融体系仍然保留着普遍而深度的干预,亦即金融抑制状况依然严重。根据世界银行的数据测算出的金融抑制指数表明,中国的金融抑制指数从 1980 年的 1 下降到 2015 年的 0.6。尽管这表明中国金融体系的市场化进程一直在推进,但是在 2015 年有数据的 130 个经济体中,中国的金融抑制指数排在第 14 位,远远高于其他中等收入国家甚至低收入国家的平均水平。②

那么我国的金融抑制具体体现在哪些方面呢?第一,金融结构是典型的“银行主导型”,同时资本市场的功能无法有效发挥。金融结构是指在一个经济体中直接融资和间接融资的比例。我国目前的金融结构主要是以四大国有控股商业银行为主,这是计划经济的产物,但依然是我国金融体系的核心。③ 截至 2017 年年底,人民币贷款占社会融资规模的比例约为 68%。企业债券和股票分别占 10.5% 和 3.8%。并且,银行构成以大银行为主体。2017 年我国大型商业银行资产总额占银行总资产的比例约为 46%,存款总

---

① 参见夏丹阳主编:《货币银行学》(第 2 版),经济管理出版社 2013 年版,第 451 ~ 452 页。

② 金融抑制指数由对银行所有权、利率管制、信贷干预和资本管制等指标综合测算获得。指数区间为[0,1],0 表示无金融抑制。截至 2015 年,低收入国家、中等收入国家和高收入国家的平均金融抑制指数分别为 0.49、0.45、0.35。参见《径山报告》课题组:《中国金融改革路线图:构建现代金融体系》,中信出版社 2019 年版,第 4 ~ 5 页。

③ 参见林毅夫:《解读中国经济》(第 3 版),北京大学出版社 2018 年版,第 191 页。

额占人民币存款余额的比重高达59%。[①] 由此可见,我国的金融结构是典型的"银行主导型"。与此同时,资本市场的功能发挥受到抑制。尽管我国股票市场和债券市场的市值已位居世界前列,但过度的政府干预使其无法有效发挥其功能。例如,证券发行仍然由行政主导,市场机制不足,体现为证券发行的数量、节奏和新股发行价受到严格控制;监管部门通过"核准制"保留了实质性审查权;衍生品市场发展滞后,使得我国的证券市场仍为"单边市场",由此严重影响了价格发现、风险管理等功能的发挥。第二,我国的商业银行受到严格管制,远非自主经营的市场主体。影子银行的产生原因是"利率管制""偏高的资本充足率""过高的存款准备金""信贷额度控制"和"信贷结构缺陷"等方面对商业银行的严格控制和束缚。除此之外,这种严格管制还体现为:其一,财政风险金融化,即政府一直以来都把金融部门当作准财政资源,强行要求其为政府和国有企业融资。政府实施的各种刺激政策、融资项目,其中大部分开支都是由金融机构埋单,反过来政府又不得不一次次为金融机构兜底。其二,金融机构没有真正建立现代企业制度。目前,我国绝大多数大型金融机构都是由国家控股,虽然逐步建立了现代公司治理框架,但金融机构的日常经营活动仍然会受到多方面的干预和制约。由此可见,我国的金融机构在很大程度上远非自主经营的市场主体。

既然我国确立了市场化取向的社会主义市场经济体制,那么为什么政府对于金融体系仍然进行严格的管制呢?毕竟选择进行市场化取向的经济体制改革,即意味着改变原有计划经济体制下的经济增长的动力机制和资源配置机制。应当说,这一状况的直接诱因在于我国的经济体制改革是一种渐进式改革,或者说"双轨制"改革方式,一方面作为计划经济基础的国有经济仍然按照命令经济的规则运转,另一方面新成长起来的民营经济成分虽然在不同程度上依附于基层政府,但其供产销规则大体上是市场导向的。[②] 具体而言,在改革初期,由于国有企业通常效率比较低,需要外部支持才能继续生存,所以政府通过扭曲劳动力、资金、土地、能源等生产要素市场的

① 参见《径山报告》课题组:《中国金融改革路线图:构建现代金融体系》,中信出版社2019年版,第238页。

② 参见曹远征:《大国大金融:中国金融体制改革40年》,广东经济出版社2018年版,第44~45页。

方式来变相补贴国有企业。从而,市场形态呈现出产品市场全部放开、要素市场普遍扭曲的特点。这一特点在金融领域的体现就是金融抑制政策的实施,并直接促成了"金融双轨制"——非国有企业的融资难度明显大于国有企业、非国有企业的融资成本显著高于国有企业。并且,政府一直以来延缓了生产要素的市场化进程。换言之,在金融资源的分配过程中,我国仍存在着相当强的行政干预,导致很多经济主体的合理融资需求无法从正规金融部门得到满足,而只能转向非正规部门。[①] 于是,近十年来中国的影子银行始终处于活跃期。

第二节　我国影子银行的监管措施及评析

2008 年全球金融危机爆发之后,伴随着国内外宏观经济形势的变化,我国的影子银行活动进入了高度活跃期,例如 2009 年以来银行理财产品的规模不断递增、2013 年"互联网金融元年"的开启。相应地,我国影子银行的风险也在不断累积,并在 P2P 网络借贷、民间金融等领域暴露出严重问题。鉴于此,以中国人民银行为代表的金融管理部门出台了诸多法律文件予以应对。总的来说,这些应对措施基本上做到了"对症下药",不过,在监管节奏、执法力度、措施完备性等方面也存在一些不足。

一、我国影子银行的监管措施

(一)正规金融领域影子银行活动的监管措施

我国金融体制的一大特征是"银行主导型",即银行业在全社会融资活动中扮演主导角色。[②] 所以,实践中,正规金融领域的影子银行活动主要表

---

① 参见《径山报告》课题组:《中国金融改革路线图:构建现代金融体系》,中信出版社 2019 年版,第 5 ~ 8 页。

② 根据中国人民银行统计,截至 2018 年年末,我国金融业机构总资产为 293.52 万亿元,其中银行业机构总资产为 268.24 万亿元,占比超过 90%。参见中国人民银行:《2018 年末金融业机构总资产 294 万亿元》,载 http://www.pbc.gov.cn/goutongjiaoliu/113456/113469/3806559/index.html,最后访问日期:2019 年 8 月 10 日。

现为以银行理财产品为代表的资产管理产品。对此,前文将这类影子银行活动的风险概括为“多层嵌套”以规避有关监管、“资金池”运作引发流动性风险、资产端隐含重大信用风险,以及“刚性兑付”易诱发系统性风险。

首先,对于“多层嵌套”以规避有关监管,应当说其实质就是监管套利。如同美国抵押贷款证券化的复杂流程,银行理财产品的多层嵌套一方面极大地增加了这一融资法律关系的复杂性,导致底层资产的不透明,另一方面一次又一次地规避了当时中国银监会颁布的各类监管措施,使得风险不仅没有被降低,反而得以不断累积。我国金融管理部门针对这一问题采取了诸项措施,其中主要包括:(1)针对银信合作业务,要求信托公司在银信合作业务中应当坚持自主管理原则,不得开展通道类业务,并且对信托公司融资类银信合作业务实行余额管理;①(2)针对银证合作业务、银基合作业务,中国证券业协会要求证券公司在履行集合资产管理计划管理人职责时,不得通过集合资产管理计划开展通道业务;②(3)2017 年 5 月中国证监会明确要求证券基金经营机构不得从事让渡管理责任的所谓“通道业务”;③(4)在此过程中,统一监管的趋势日渐明显,2017 年 4 月中国银监会针对银行业金融机构的跨行业交叉性金融业务中存在的嵌套多、链条长、套利多等问题展开专项治理,要求明确整改和问责进度安排;④(5)2018 年 4 月中国人民银行、中国银保监会等机构联合发布的“资管新规”针对资产管理业务中的多层嵌套、套利严重等问题,设定了统一的规制标准,即明确要求金融机构不得提供规避监管要求的通道服务,并且资管产品只能最多嵌套一层其他的资管产品。⑤

其次,针对“资金池”运作问题,在 2018 年统一的“资管新规”颁布之

---

① 参见《中国银监会关于规范银信理财合作业务有关事项的通知》(银监发〔2010〕72 号)第 2、4 条。

② 参见《关于进一步规范证券公司资产管理业务有关事项的补充通知》(中证协发〔2014〕33 号)第 4 条。

③ 参见证监会:《证监会通报对新沃基金专户业务风控缺失导致重大风险事件的处理情况》,载 http://www.csrc.gov.cn/pub/newsite/zjhxwfb/xwdd/201705/t20170519_317015.html,最后访问日期:2019 年 8 月 10 日。

④ 参见《中国银监会办公厅关于开展银行业“监管套利、空转套利、关联套利”专项治理的通知》(银监办法〔2017〕46 号)。

⑤ 参见《关于规范金融机构资产管理业务的指导意见》(银发〔2018〕106 号)第 22 条。

前，金融管理部门就在一些监管文件中予以关注，例如2013年7月中国证券业协会要求证券公司在开展银证合作业务时，不得从事资金池运作。①但是，总的来说，有关的规定一直不够细致和完善。2018年“资管新规”针对这一问题，明确规定金融机构资产管理业务不得开展或参与资金池业务，并且将资金池业务的特征细化为“滚动发行、集合运作、分离定价”。相应地，“资管新规”要求资产管理产品的资金运作遵循“三单”原则，即单独管理、单独建账、单独核算。为此，“资管新规”还要求资产管理产品的资产必须交由具有托管资质的第三方机构独立托管。② 而为落实“资管新规”的有关规定，中国银保监会于2018年9月发布了《商业银行理财业务监督管理办法》，其中具体阐释了“三单”原则的具体含义，明确要求商业银行以“三单”原则为标准，从而确保每只理财产品与所投资资产相对应，真正实现理财产品的独立性。③

再次，针对资产端隐含重大信用风险，显然，监管的逻辑思路在于对资产管理产品的投资方向做出要求和限制。对此，2018年“资管新规”主要从明确投资方向、加强资产信息披露、降低投资集中度、计提风险准备金和建立统一的登记和报告制度等方面予以规制。具体包括：(1)明确投资方向。一是要求对非标准化债权资产的投资需要遵循限额、流动性等监管指标，其中具体到银行理财产品，投资非标准化债权类资产的余额，不得超过理财产品净资产的35%或本行总资产的4%，投资单一债务人及其关联企业的非标准化债权类资产余额，不得超过本行资本净额的10%；二是明确要求不得直接投资信贷资产、不得直接或间接投资于本行信贷资产受(收)益权、面向非机构投资者发行的理财产品不得直接或间接投资于不良资产受(收)益权；三是不得直接或者间接投资法律法规和国家政策禁止进行债权或股权投资的行业和领域。(2)加强资产信息披露。金融机构应当向投资者主动、真实、准确、完整、及时披露资产管理产品的有关信息，主要包括募

① 参见《关于规范证券公司与银行合作开展定向资产管理业务有关事项的通知》(中证协发〔2013〕124号)第2条。

② 参见《关于规范金融机构资产管理业务的指导意见》(银发〔2018〕106号)第14条、第15条。

③ 参见《商业银行理财业务监督管理办法》(银保监会令〔2018〕6号)第18条。

集信息、资金投向、杠杆水平、估值方法、托管安排、风险和收费等。(3)降低投资集中度。比如，单只公募资管产品投资单只证券不得超过该资管产品净资产的10%，等等。(4)计提风险准备金。金融机构应当按照管理费收入或其他风险指标来计提风险准备金。其中，对于商业银行开展的理财业务，应当按照商业银行的资本要求计提操作风险资本，并且对于保本型理财产品，相关资产应按规定计提资本和拨备。(5)对杠杆水平进行限制。资管产品应当设定负债比例(总资产/净资产)上限，同类产品适用统一的负债比例上限。例如对于商业银行理财产品，每只开放式公募理财产品的杠杆水平不得超过140%，每只封闭式公募理财产品、每只私募理财产品的杠杆水平不得超过200%。(6)建立统一的登记和报告制度。中国人民银行会同金融监管部门负责相关金融基础设施的建立和运作。其中，在登记方面，商业银行总行应当按照不同的时间要求在全国银行业理财信息登记系统对理财产品的相关信息进行集中登记，并且要保证登记信息的真实性、准确性、完整性和及时性；在报告方面，金融机构应当将含债权投资的资产管理产品信息报送至金融信用信息基础数据库。具体到银行理财产品，商业银行还需要将有关资管产品的信息向中国银保监会进行报告。①

最后，针对"刚性兑付"易诱发系统性风险，金融管理部门将其作为重点问题予以应对，所采取的措施主要包括：(1)加强投资者教育和投资者适当性管理。金融机构应当通过多种方式开展投资者教育，以提高投资者的金融知识水平和风险意识，使其树立风险自负的理念。同时，在向投资者销售资管产品时，应当使产品的风险状况与投资者的风险识别能力、承担能力相匹配，并不得欺诈或误导投资者。(2)明确禁止刚性兑付，即一是明确了资管产品的性质为金融机构表外业务，由此不得在表内开展资产管理业务、不得承诺保本保收益；二是细化了刚性兑付的认定标准，并明确了刚性兑付被认定之后的纠正措施和处罚措施。(3)健全金融机构理财业务管理制度，主要包括风险管理、内部控制、人员管理等，从而将理财业务风险管理

① 参见《关于规范金融机构资产管理业务的指导意见》(银发〔2018〕106号)第4条、第11条、第12条、第16条、第17条、第25条；《商业银行理财业务监督管理办法》(银保监会令〔2018〕6号)第12条、第22条、第26条、第39条、第40条、第48条、第51条、第75条。

纳入其全面风险管理体系。(4)重构资产管理业务组织管理体系。金融机构应当设立具有独立法人地位的资产管理子公司开展资产管理业务,强化法人风险隔离。具体到商业银行理财业务,商业银行应当通过具有独立法人地位的子公司开展理财业务,目的是确保理财业务与其他业务相分离。[①]而对于银行理财子公司,其市场准入、业务经营、风险管理、市场退出、所受监管等事项均须遵循有关的监管要求。(5)明确要求中国人民银行对资产管理业务进行宏观审慎管理,并会同金融监督管理部门建立工作机制,持续监测资产管理业务的发展和风险状况,定期评估标准规制的有效性和市场影响,及时修订完善。[②]

(二)非正规金融领域影子银行活动的监管措施

非正规金融领域的影子银行活动主要包括民间金融、P2P 网络借贷以及违规经营的小贷公司、融资性担保公司等。它们的影子银行风险主要表现为:存在突出的流动性风险、面临严重的信用风险、构成严重的系统性风险。

首先,就民间金融这个部分来说,对于民间合会、地下钱庄等民间金融形式所从事的影子银行活动,实践中更一般的称谓其实就是非法集资行为。一直以来,我国都以高压态势予以打击,集中体现为刑法上的"非法吸收公众存款罪"和"集资诈骗罪"。并且,由原中国银监会起草的《处置非法集资条例》在 2019 年 5 月被国务院列入了拟制定的行政法规。[③] 因此,将来以有关的行政法规和基本法律为依据,相信对非法集资行为的处置将更加规范和完善。

其次,对于小额贷款公司、融资性担保公司等非银行金融机构这个部分来说,其从事的影子银行活动明显属于违规经营,即与现有监管规范中的法律定位和业务范围等相违背。例如,无论是各省根据《关于小额贷款公司

① 参见《关于规范金融机构资产管理业务的指导意见》(银发〔2018〕106 号)第 2 条、第 6 条、第 7 条、第 13 条、第 19 条、第 20 条;《商业银行理财业务监督管理办法》(银保监会令〔2018〕6 号)第 14 条、第 15 条、第 16 条、第 26 条、第 42 条、第 69 条。

② 参见《商业银行理财子公司管理办法》(银保监会令〔2018〕7 号)。

③ 参见《国务院办公厅关于印发国务院 2019 年立法工作计划的通知》(国办发〔2019〕18 号)。

试点的指导意见》(银监发〔2008〕23 号)自行制定的关于小额贷款公司的监管办法,还是国务院就融资性担保公司颁布的监管条例①,都明确了小额贷款公司、融资性担保公司不得进行任何形式的吸收公众存款和集资活动。此外,由于小额贷款公司、融资性担保公司等非银行金融机构的日常监管主要由各省的地方金融监管部门负责,所以近年来针对这些机构的影子银行活动,各省都采取了一系列的合规经营检查行动,使这一领域的影子银行活动得到了一定程度的遏制。②

最后,就 P2P 网络借贷这个部分来说,尽管 P2P 网络借贷早在 2007 年就在我国出现,并且从 2013 年开始进入快速发展期,但直到 2015 年 P2P 网络借贷才被正式纳入监管,③由此我国的 P2P 网络借贷行业在很长一段时间里都呈现出高速发展且乱象丛生的状况。总体来说,自 2016 年以来,我国逐步构建出了关于 P2P 网络借贷的"1 + 3"监管体系。④ 与此同时,2016 年 4 月由央行牵头联合多部委,结合地方政府及相关金融监管部门组成的互联网金融风险专项整治小组成立,其中针对 P2P 网络借贷领域开展了一系列的检查执法行动。接下来,针对 P2P 网络借贷中的流动性风险、信用风险和系统性风险,下文拟对上述监管文件和监管行动的相关对策做一梳理和概括。

一是明确 P2P 网络借贷平台的信息中介定位。在 2015 年 7 月中国人民银行等十部委联合发布的《关于促进互联网金融健康发展的指导意见》

① 参见《融资担保公司监督管理条例》(国令第 683 号)第 23 条。

② 例如四川省在 2018 年 5 月的检查行动中,对 71 家小额贷款公司予以处罚,其中 25 家被勒令停业整顿,46 家被取消业务资格。参见新华社:《四川重拳整顿小贷行业 处罚 71 家公司》,载 http://www.sc.gov.cn/10462/10464/10797/2018/6/6/10452513.shtml,最后访问日期:2019 年 8 月 13 日。

③ 2015 年 7 月中国人民银行等十部委联合发布《关于促进互联网金融健康发展的指导意见》(银发〔2015〕221 号),其中将 P2P 网贷平台定位为信息中介,由此标志着 P2P 网贷行业开始被正式纳入监管。

④ 所谓 P2P 网络借贷的"1 + 3"监管体系,其中的"1"是指《网络借贷信息中介机构业务活动管理暂行办法》(银监会令〔2016〕1 号),而"3"是指依据这一暂行办法所颁布的 3 个指引,分别是《网络借贷信息中介机构备案登记管理指引》(银监办发〔2016〕160 号)、《网络借贷资金存管业务指引》(银监办发〔2017〕21 号)和《网络借贷信息中介机构业务活动信息披露指引》(银监办发〔2017〕113 号)。

中，P2P 网络借贷平台的法律性质被明确为信息中介。[①] 承接这一监管思路，于是在随后形成的"1 + 3"监管体系中，网络借贷信息中介机构成为 P2P 网络借贷平台在法律上的规范术语，由此进一步明确了其业务范围仅为"以互联网为主要渠道，为借款人与出借人（贷款人）实现直接借贷提供信息搜集、信息公布、资信评估、信息交互、借贷撮合等服务"，同时不得从事或者接受委托从事"为自身或变相为自身融资；直接或间接接受、归集出借人的资金；直接或变相向出借人提供担保或者承诺保本保息；发放贷款"等行为。[②]

二是降低 P2P 网络借贷的流动性风险和信用风险。这主要包括：其一，要求网络借贷信息中介机构（以下简称网贷机构）对借贷双方的信息进行必要审核，确保相关信息的真实性、合法性；其二，网贷机构不得将融资项目的期限进行拆分、不得开展债权转让行为；其三，对借款方向进行限制，即不得向借款用途为股票投资、场外配资等高风险的融资提供信息中介服务；其四，要求借款人不得就同一实质融资项目而多平台重复融资，以及为其在同一借贷平台和不同借贷平台上的借款余额设置上限；其五，要求借款人自行承担因借贷导致的本息损失；其六，网贷机构应当加强与征信机构的合作，在业务开展过程中依法提供、查询和使用有关金融信用信息；其七，建立客户资金第三方存管制度，即网贷机构需要委托商业银行保管由借款人、出借人和担保人等进行投融资活动形成的专项借贷资金及相关资金；其八，网贷机构应当向出借人充分披露借款人、融资项目、风险状况、资金运用等各项融资信息，以确保出借人充分知悉借贷风险；[③]其九，将恶意逃废债的借款人信息纳入央行征信系统，从而对相关行为人形成制约。[④]

三是降低 P2P 网络借贷的系统性风险。应当说，金融监管部门将 P2P

---

① 参见《关于促进互联网金融健康发展的指导意见》（银发〔2015〕221 号）。

② 参见《网络借贷信息中介机构业务活动管理暂行办法》（银监会令〔2016〕1 号）第 2 条、第 3 条、第 10 条。

③ 参见《网络借贷信息中介机构业务活动管理暂行办法》（银监会令〔2016〕1 号）第 9 条、第 10 条、第 13 条、第 15 条、第 17 条、第 21 条、第 28 条、第 30 条；《网络借贷资金存管业务指引》（银监办发〔2017〕21 号）第 3 条。

④ 参见互联网金融风险专项整治工作领导小组下发的《关于报送 P2P 平台借款人逃废债信息的通知》（整治办函〔2018〕99 号）。

网络借贷平台定位为信息中介，使其不能再从事信用中介业务，就使得网络借贷领域的系统性风险大幅度下降。与之相配合，一些具体制度安排有助于进一步降低这一领域的系统性风险，主要包括：第一，对网络借贷信息中介机构实行备案管理。由此可见，网贷机构需要向地方金融监管部门提交有关自身机构的各项信息、合规经营承诺书、经营总体情况等材料。同时，地方金融监管部门需要将网贷机构的基本信息予以公示，并将备案信息与本辖区银监局进行共享，为后续日常监管提供依据。第二，要求网贷机构报送、披露、报告有关信息，比如网络借贷有关债权债务的信息；经会计师事务所审计的年度审计报告要及时向地方金融监管部门报送并登记；向资金存管银行充分披露自身基本信息、借贷项目信息、借款人基本信息及经营情况等；在经营活动发生重大事件时，立即采取应急措施并向工商登记注册地的地方金融监管部门报告。第三，地方金融监管部门应当配合好国家金融管理部门开展的一系列执法行动，并且在长效机制的探索方面，地方金融监管部门主导建立的网络借贷行业重大事件的发现、报告和处置制度可以说至关重要。①

（三）近年来与影子银行治理有关的金融供给侧改革

如果把影子银行比作金融领域的“堰塞湖”，那么解决这一棘手问题需要疏堵结合。应当说，前述正规金融领域、非正规金融领域的影子银行监管应对主要立足于“堵”，以防风险四溢。同时，解决影子银行问题还要立足于“疏”，即通过金融供给侧改革来缓解大量金融需求得不到有效满足的状况。这方面的改革举措主要包括：

一是商业银行监管指标的部分放松。第一，取消贷存比考核。2015 年我国新修订的《商业银行法》删除了“贷款余额与存款余额比例不得超过75%”的规定，即将贷存比指标由法定监管指标转为流动性监测的参考指标。第二，下调拨备监管标准。2018 年原中国银监会下发《关于调整商业银行贷款损失准备监管要求的通知》（银监发〔2018〕7 号），其中将拨备覆

① 参见《网络借贷信息中介机构备案登记管理指引》（银监办发〔2016〕160 号）第 6 条、第 7 条、第 11 条、第 15 条、第 16 条；《网络借贷信息中介机构业务活动管理暂行办法》（银监会令〔2016〕1 号）第 9 条、第 36 条、第 38 条；《网络借贷资金存管业务指引》（银监办发〔2017〕21 号）第 9 条。

盖率监管要求由150%调整为120%～150%，贷款拨备率监管要求由2.5%调整为1.5%～2.5%。第三，为激励商业银行加大对中小企业的信贷投入，而适当放宽考核指标要求。这方面的举措主要包括：细化小微企业贷款不良容忍度管理、完善授信尽职免责规定、加大对基层机构发放民营企业、小微企业贷款的激励力度等。①

二是着力解决中小微企业融资难融资贵问题。对此，除了适当放宽商业银行考核指标要求之外，还包括以下主要措施：首先，在央行层面，中国人民银行采取了合理调整商业银行宏观审慎评估参数、完善普惠金融定向降准政策、增加再贷款和再贴现额度以及加大对民营企业票据融资支持力度等措施。其次，积极支持符合条件的民营企业扩大直接融资。例如，2019年6月科创板在上海证券交易所正式开板并试行注册制；加快民营企业首发上市和再融资审核进度；稳步推进新三板发行与交易制度改革等。再次，提高金融机构服务实体经济能力。例如，对商业银行储备资本等进行逆周期调节；在中小商业银行发行股票时，将其服务中小企业的融资质量和规模作为重要考量因素。② 此外，自2014年7月深圳前海微众银行获批以来，民营银行的试点也是缓解融资供需失衡的重要举措之一。

三是推进利率市场化改革。自2004年10月取消贷款利率上限和存款利率下限管制并实行利差管理之后，我国的利率市场化改革进程相对缓慢。随着经济发展进入新常态和流动性格局的根本改观，我国才于2012年开始加快利率市场化的步伐。至于所采取的改革措施则主要包括：2012年6月允许存款利率上浮10%；2013年7月取消了贷款利率管制；2014年11月进一步将存款利率上浮区间扩大至基准利率的1.2倍，简化了存贷款基准利率的期限档次，扩大了利率市场化定价的空间。2015年以来，中国人民银行在下调存贷款基准利率的同时，将存款利率上限进一步扩大至基准利率的1.5倍，并于当年10月取消了对金融机构存款利率上限管制。由此可见，以2015年10月完全取消存贷款利率浮动限制为标志，我国基本完成了

---

① 参见2019年4月中共中央办公厅、国务院办公厅印发的《关于促进中小企业健康发展的指导意见》。

② 参见2019年2月中共中央办公厅、国务院办公厅印发的《关于加强金融服务民营企业的若干意见》和4月印发的《关于促进中小企业健康发展的指导意见》。

狭义的利率市场化。①

二、我国影子银行的监管评析

针对影子银行风险成因的一般成因和根源成因,前文对近年来我国影子银行的监管应对措施进行了梳理。应当说,这些监管应对措施的背后隐含着我国影子银行监管的基本思路,而这一基本思路大体上契合了我国金融体制改革的总体路径,有利于平衡防风险、稳增长、去杠杆、调结构等多重目标,不过同时也存在一些不足之处。

(一)我国影子银行监管的基本思路

所谓思路,即思维的条理脉络,可以被分解为逻辑主线、总体策略、基本方法等。具体到我国影子银行监管的基本思路,同样可以从上述三个方面加以解读。

首先,我国的影子银行监管行动中始终贯穿着一条清晰的逻辑主线,即信用中介功能属于商业银行特许经营权的范畴,换言之,除了商业银行之外,任何机构和个人不得从事信用中介活动。由此,对于各类影子银行的监管,金融管理部门所持态度均为"去银行化",即不得从事信用中介活动。例如,要求资产管理业务回归本源,不得在表内开展资产管理业务,不得承诺保本保收益;将 P2P 网络借贷平台定位为信息中介,不得提供增信服务,不得非法集资;严厉打击违规经营的非银行金融机构、从事非法集资的民间金融机构。

其次,通过梳理、概括我国影子银行的监管应对措施,从中不难发现我国金融管理部门所采取的总体策略为"疏堵结合"。其中,"堵"就是"去银行化"或者说"去信用中介化",具体体现为前文概述的"正规金融领域、非正规金融领域影子银行的监管应对",使其不能再具体从事期限转换、流动性转换和信用转换,从而也就降低了这类活动中的流动性风险、信用风险和系统性风险。至于"疏",则体现为前文概述的金融领域的供给侧改革。本质上讲,影子银行的产生反映了我国存在着突出的金融资源供需矛盾。对

① 参见陈元、黄益平主编:《中国金融四十人看四十年》,中信出版社 2018 年版,第 333、336、337、343 页。

于这一矛盾,若仅仅采取“堵”的方式,只会是“治标不治本”,导致那些有效融资需求依旧得不到满足,从而成为新型影子银行形式的产生动因,因此,在“围堵”的同时,还需要采取一系列“疏导”措施,唯此才能真正化解影子银行问题。

再次,我国影子银行监管的基本方法主要包括三种:一是机构监管与功能监管相结合。自 2003 年原中国银监会成立以来,我国的金融监管体制一直是分业监管,而监管方法则主要是机构监管。但随着混业经营趋势的加剧,机构监管方法日益显得“捉襟见肘”,由此反映在影子银行监管上就是监管不足、监管标准不一。为此,我国影子银行监管引入了功能监管,即按照产品类型实施监管,做到同一产品类型适用同一监管标准,例如 2018 年“资管新规”对各类资产管理产品实行统一监管。二是透明度监管,或者说穿透式监管。此前无论是多层嵌套的资产管理产品,还是野蛮发展的 P2P 网络借贷,都存在融资法律关系复杂、监管套利问题严重的情况。为此,我国影子银行监管实行透明度监管,即通过实行备案、登记、上报、限制嵌套层数、强制信息披露等制度安排,以实现真正识别产品的最终投资者和底层资产的目的。三是强化宏观审慎管理。2008 年国际金融危机的爆发暴露出原有金融监管体制的一大缺陷——宏观审慎管理严重不足。于是,随后各国普遍加强了自身金融领域的宏观审慎管理。① 相应地,我国也赋予了中国人民银行宏观审慎管理的职责,并且在 2017 年 11 月成立了国务院金融稳定委员会以进一步强化央行的职责。具体到我国影子银行的监管,无论是资产管理业务的监管,还是 P2P 网络借贷乱象的治理,抑或是打击民间金融领域的非法集资,后期普遍都是由国务院金融稳定委员会做总体部署,进而由央行牵头联合各金融监管部门建立起影子银行业务的宏观审慎政策框架,从宏观、跨市场的角度来完善政策工具以加强有效监管。

如前所述,我国经济体制改革的总体路径是“双轨制”改革,或者说渐进式增量改革,而金融体制作为经济体制的核心部分同样遵循着这一路径。

---

① 宏观审慎管理机构的设置主要有两种模式,一是中央银行负责本国的宏观审慎管理,例如新加坡金融管理局,二是成立专门的机构负责本国的宏观审慎管理,例如美国金融稳定监管委员会。具体分析参见叶文庆:《金融业宏观审慎监管法律问题研究》,法律出版社 2015 年版,第 72 ~ 76 页。

并且,在这一改革进程中,要素市场价格的改革普遍滞后于一般商品的价格改革。应当说,在很长一段时间里,这种渐进式改革对我国的体制转轨和经济平稳发展起到了良好的推进作用。但是随着社会经济的发展,金融领域双轨制改革的滞后日益成为经济社会发展的一大制约因素,即表现为很多合理的金融服务需求没有被很好地满足。由此可见,近年来影子银行活动呈现爆发式增长的态势。为化解影子银行问题,我国采取了以维护银行特许经营权为主线,"疏堵结合"的总体策略以及创新性监管方法的思路框架。应当说,在当前经济领域"去杠杆、调结构、补短板"的背景下,这一思路框架大体契合了这一主题。毕竟,对于影子银行这一内在金融问题,无论是完全放任,还是一味单方面打击,都不符合促进经济社会发展的现实需要。当然,与此同时,当前我国中小企业融资难融资贵等问题的凸显,表明了我国的影子银行监管仍然存在一些不足之处,有赖于通过进一步推进改革、完善监管来予以化解。

(二)我国影子银行监管的不足之处

可以说,通过近几年的重拳治理,我国的影子银行风险正逐步得到化解。不过,就总体成效而言,有关的监管治理仍然存在一些不足之处。如前所述,我国影子银行监管的总体策略是"疏堵结合"。相应地,这些不足之处既体现在"堵"的方面,也体现在"疏"的方面。

一方面,在"堵"的方面,主要的不足之处表现在:(1)金融监管体制有待进一步完善。观察我国影子银行监管的总体过程,不难发现对于影子银行这一跨机构、跨市场、跨行业的融资形态,我国分业监管体制下的各监管机构普遍选择是"各扫门前雪",由此必然导致监管空白、监管不足。其中,一个典型的例子就是"银证合作业务",即囿于监管权的限制,当时的中国银监会无法对证券公司、基金公司所从事的通道业务进行规制。对此,具有监管权的中国证监会基于部门利益等原因①也迟迟没有采取有效监管行动,而是由中国证券业协会在2014年2月下发文件进行自律监管。直到

---

① 据统计,截至2016年年末,券商资管的通道业务为12.4亿元,基金子公司的通道业务为7.5亿元,都分别占到各自资产管理业务总规模的七成以上。参见佚名:《深度解析金融通道业务》,载http://www.sohu.com/a/160104483_509953,最后访问日期:2019年8月20日。

2017 年 5 月中国证监会才明确要求证券基金经营机构不得从事让渡管理责任的所谓“通道业务”。虽然近年来中国人民银行的宏观审慎管理职责不断强化,尤其是随着 2017 年 11 月国务院金融稳定发展委员会的成立,我国目前的金融管理体制呈现出“一委一行两会”的架构,但是这一体系仍有进一步完善的空间和必要。(2)金融监管部门缺乏独立性。金融业界常说监管应该作为制度,而不应该作为宏观逆周期调控的工具。换言之,金融监管的目标是很清晰的,就是维持金融体系的秩序和稳定。然而,我国的金融监管已经成为宏观调控的一个重要部分。例如,在金融去杠杆过程中,许多业务一夜之间说不能做就不能做了。[①] 又如,之前处于萌芽期的 P2P 网络借贷在 2013 年互联网金融元年之后进入快速增长期。尽管以 P2P 网络借贷为代表的互联网金融在金融销售渠道、金融获取渠道上有所创新,但它并没有改变金融交易的本质——跨期价值交换。但是,由于当时宏观政策层面突出强调“互联网 +”“大众创业、万众创新”,所以导致金融监管部门难以及时介入。(3)金融消费者保护有待进一步加强。无论是 2008 年全球金融危机的爆发,还是近年来我国 P2P 网络借贷乱象的频发,其中都隐含着金融消费者保护严重不足的诱因。因此,对金融消费者的保护是金融监管的重中之重。而通过梳理我国影子银行的监管措施,可以发现其中有关金融消费者保护的措施主要有三点,即要求金融机构加强投资者教育、注重投资者适当性管理以及强化信息披露。应当说,这些措施对于保护金融消费者合法权益都是必要的,但金融消费者保护是一个系统工程,仅仅采取赋予金融机构有关义务的方式是远远不够的。

另一方面,在“疏”的方面,主要的不足之处表现在:(1)对商业银行依然存在过度管制。为了缓解中小企业融资难融资贵的问题,我国金融管理部门适当放松了商业银行的一些考核指标要求。但是,我国商业银行所受到的管制状况依然严重,集中表现为信贷额度控制、信贷投放控制等直接干预商业银行经营自主权的行为。即便是近年来为解决中小企业融资难融资贵而采取的部分措施中,也体现出了过度管制的色彩,例如,要求商业银行

---

① 参见伍戈:《三个角度谈影子银行:宜疏不宜堵》,载 http://www.cf40.org.cn/plus/view.php?aid=13665,最后访问日期:2019 年 8 月 18 日。

执行“三个不低于”的监管要求①,以及之后又变更为“两增两控”②。“殊不知,小微企业融资难主要是因为获客难、信用评估难做并且贷款利率不够灵活”。③ 并且,政府的过度干预会极大地扭曲资金价格,导致金融资源供需矛盾依旧难解。(2)小额贷款公司等非银行金融机构盈利困难。我国影子银行的表现形式之一是违规经营的小贷公司、融资性担保公司等非银行金融机构。这些机构之所以会违规从事影子银行活动,与其盈利困难是密不可分的。而其中的原因,例如因融资渠道少导致的融资成本较高,因没有接入征信系统导致的获客难度大以及事实上的税负较重,很多都与现有监管政策有关。因此,为从根源上降低这类机构违规从事影子银行活动的冲动,有必要采取相应措施来拓宽其发展空间。(3)金融增量改革进展缓慢。我国的金融结构是典型的“银行主导型”,并且在银行业中,大型商业银行占主导地位。应当说,这一金融结构是伴随着我国金融体制改革而形成的,并且也有力地支持了此前要素驱动型的经济增长。但是,随着经济增长方式日益转变为创新驱动,当前的金融结构已不能有效满足实体经济的合理需求。而改进、完善这一金融结构的进路,除了减少政府对银行业的过度干预之外,着力进行金融增量改革是另一重要选项。不过,近年来我国的金融增量改革进展缓慢,集中表现为直接融资规模占比一直维持在15%上下,且每年相对变化不大。④ 此外,在银行业部门方面,民营银行的试点工作推进缓慢,导致国有控股商业银行的高度垄断状态一直持续。

---

① 所谓“三个不低于”,是指在有效提高贷款增量的基础上,努力实现小微企业贷款增速不低于各项贷款平均增速,小微企业贷款户数不低于上年同期户数,小微企业申贷获得率不低于上年同期水平。参见《中国银监会关于2015年小微企业金融服务工作的指导意见》(银监发〔2015〕8号)。

② 所谓“两增两控”,是指总量明显增长,户数明显增加,贷款质量和综合成本得到有效控制。参见《中国银监会办公厅关于2018年推动银行业小微企业金融服务高质量发展的通知》(银监办发〔2018〕29号)。

③ 《径山报告》课题组:《中国金融改革路线图:构建现代金融体系》,中信出版社2019年版,第24页。

④ 参见中国证监会:《直接融资和间接融资的国际比较》,载http://www.csrc.gov.cn/pub/newsite/yjzx/sjdjt/zbsczdjcyj/201505/t20150514_276935.html,最后访问日期:2019年8月20日。

第三节 我国影子银行监管的完善路径

应当说,所有的政策建议都是针对现实问题而被提出的。在此意义上,尽管在表现形式上,我国的影子银行与前述美国式影子银行差别显著,但是其内在本质却是完全一致的,即都可以被统合在“缺乏有效监管的信用中介”之下,因此具体到我国影子银行监管的完善进路来说,一方面需要大胆借鉴国际影子银行监管的有益经验,另一方面也要结合我国国情,针对前述不足之处而提出具体完善建议。相应地,本节主要从两个方面展开:一是提炼可供我国影子银行监管借鉴的国际经验,二是提出完善我国影子银行监管的具体建议。

一、汲取国际影子银行监管的有益经验

“他山之石,可以攻玉。”为弥补我国影子银行监管中存在的不足之处,学习借鉴国外的有益经验是非常必要的。鉴于美国等西方发达国家作为全球金融行业先驱者和引领者的角色,所以这其中以美国为代表的欧美影子银行监管经验尤其值得研究和学习。当然,对此有学者认为,“我国影子银行和国外影子银行除名称相同外,几乎没有共通之处,缺少统合在一个概念下的基础。因此,在讨论中国影子银行的文章中提到国外影子银行或者其监管措施时,都是相当尴尬的”①。其实,这种所谓的“尴尬”是完全没有必要的,除了刚刚提到的我国影子银行与美国式影子银行都可以被统合在“缺乏有效监管的信用中介”之下,从理论层面来讲,金融监管的价值取向基本上以效率、安全、公平为基准,而目标则是维护金融体系的秩序和稳定。以此为基础,就具体监管某一类内在本质完全相同的金融活动而言,各国之间完全可以并且有必要相互借鉴和学习。

---

① 夏戴乐:《中国影子银行概念的重构——基于监管目的的分析与调整》,北京大学2016年博士学位论文,转引自张量:《反思与重构:影子银行监管的域外经验及中国路径》,载杨慧主编:《中财法律评论》第九卷,中国法制出版社2017年版,第37页。

此外,近年来 FSB 和 IMF 针对影子银行问题开展了一系列的研究,并提出了相应的监管策略,因此也是值得重点参考的对象。

(一)加强宏观审慎监管以降低影子银行的系统性风险

2008 年全球金融危机爆发后,传统的微观审慎监管维护金融稳定的有效性受到了广泛的质疑。于是,宏观审慎监管成为全球金融监管改革的核心内容。① 相应地,在针对影子银行的一系列监管行动中,加强宏观审慎监管以降低其系统性风险可谓最重要的措施。具体而言,一是在机构设置方面,大多数国家的宏观审慎监管机构都是采用联合委员会的形式,微观审慎监管机构是联合委员会的成员机构。例如,根据《多德 - 弗兰克法》,美国新设了金融稳定监督委员会作为其宏观审慎监管机构,而美国联邦储备委员会、证券交易委员会、货币监理署等作为成员机构加入金融稳定监管委员会。② 尤其重要的是,《多德 - 弗兰克法》和《美国金融稳定监督委员会组织规则》对美国金融稳定委员会的职责、权限、工作流程等做了细致规定。同样的例子还包括英国设立了金融政策委员会,欧盟设立了系统性风险委员会。二是在监管方法方面,FSB 在研究全球影子银行监管的一系列报告中,将非银行信用中介的系统性风险、监管套利问题作为关注焦点。而鉴于组成影子银行系统的工具、市场和实体通常是复杂的、不透明的,并且影子银行业务倾向于快速发展以满足新的市场条件,FSB 建议采取分步骤的方法予以应对,即首先观测所有非银行信用中介以确保数据收集和监测能覆盖可能会出现与影子银行有关联的风险的所有活动,其次缩小关注焦点以集中于那些存在期限/流动性转换、信用转换、杠杆操作的非银行信用中介活动。③ 为此,FSB 建议各国监管当局应当建立一个具有系统性广度的监测框架,以获得关于影子银行系统和它对整个金融系统所造成的风险,并且要在常规和连续的基础上识别和评估这些风险。而为了实现这一点,有关的数据收集必不可少,因此监管当局应当有权力收集所有必要数据和信息,并

① 参见叶文庆:《金融业宏观审慎监管法律问题研究》,法律出版社 2015 年版,第 2 页。

② 参见叶文庆:《金融业宏观审慎监管法律问题研究》,法律出版社 2015 年版,第 79 ~ 80 页。

③ See FSB, *Shadow Banking: Scoping the Issues*, Accessed August 21, 2019. http://www.financialstabilityboard.org/2011/04/shadow-banking-scoping-the-issues/.

且数据和信息的收集必须足够频繁，以支持有效的风险监控。并且，监控过程应该是足够灵活的，即各国监管当局应当将定量数据与定性信息相结合，运用多学科专业知识（如政策法律、宏观经济、财务会计）前瞻性和适应性地识别新的影子银行活动，并捕捉到金融体系的重要创新和突变。[①] 与此同时，IMF 也提出数据方面的缺口会妨碍各国监管当局进行可靠和全面的评估，因此在运用宏观审慎方法时，一个关键要素是改善关于影子银行的数据的规模和质量。相应地，各国监管当局可以采用扩大融资数据的报告范围、建立行业性的资金流账户等具体方法。[②]

总之，通过宏观审慎监管框架的建立，各国监管当局可以及时监测影子银行活动的风险状况，并及时调整原有监管以有效应对，而不是像此前一样——迟至影子银行活动已严重突破监管界限之时，才做被动调整。

（二）坚持市场化导向以处置影子银行风险

纵观美国影子银行监管实践，不难发现监管者始终面临着一个两难选择，即金融效率与金融安全的冲突。可以说，这一价值冲突贯穿了整个美国金融发展史，由此美国的金融体制呈现出自然演进和人为构建相结合的特征。应当说，尽管效率和安全都是金融法的价值取向，但是二者之间的逻辑关系却不是任意的，换言之，安全需求服务于效率需求，安全需求是为了保障效率需求，而不是相反的关系。因此，在能够满足基本安全需求的前提下，监管者应当给予效率需求足够的空间，以最大限度实现金融服务实体经济发展的目的。

具体到前述美国影子银行的监管实践，可以很清楚地看出监管者对金融安全保障下的金融效率的推崇，亦即美国监管部门主要是以市场化导向思维来处置影子银行风险的。首先，从体系化影子银行的监管实践来看，实事求是地讲，体系化影子银行——抵押贷款证券化是本轮全球金融危机的“震源”。针对这一“震源”，美国金融监管当局主要采取了提高抵押贷款质

---

① See FSB, *Shadow Banking: Strengthening Oversight and Regulation*, Accessed August 21, 2019. https://www.fsb.org/wp-content/uploads/r_111027a.pdf.

② See IMF, *Global Financial Stability Report: Risk Taking, Liquidity, and Shadow Banking, October* 2014, Accessed August 21, 2019. https://www.imf.org/~/media/Websites/IMF/imported-full-text-pdf/external/pubs/ft/gfsr/2014/02/pdf/_text.ashx.

量、要求信用风险自留以及强化对担保机制和评级机制的监管等手段。应当说,这些措施最大限度地维持了金融创新的原有空间,而这集中体现在对体系化影子银行过度创新这一核心问题的处置上,例如对于再证券化操作,美国金融监管部门并没有直接限制再证券化的层级,而是通过要求信用风险自留的方式来协调参与者之间的激励不一致问题;又如在CDS监管方面,尽管CDS在性质上类似于保险产品,但美国各州在对CDS进行监管时,始终没有将其视为保险产品,而是通过引入中央交易对手方、资本金和保证金要求、强制注册制度等手段予以应对。其次,从个体化影子银行的监管实践来看,美国金融监管部门采用了"去影子性质"和"去银行性质"两种思路来应对个体化影子银行风险。其中,"去银行性质"意味着有关机构不得再从事信用中介活动,而"去影子性质"则意味着在接受监管的前提下继续从事信用中介活动。通过前述第三章的分析可知,美国金融监管部门在应对个体户影子银行风险时主要采用了"去影子性质"的方法,而"去银行性质"仅体现在货币市场基金的部分产品类型中。

应当说,美国金融监管部门之所以能够秉承效率优先原则,坚持市场化导向来处置影子银行风险,与美国高度发达的金融机构体系、金融市场体系是分不开的,亦即丰富的金融产品类别、完善的金融基础设施、发达的双边市场自然需要予以不同的监管应对。因此,可以说,一个发达、成熟的金融体系既丰富了一国金融监管部门的监管手段,又扩展了其监管政策的回旋余地,从而避免了"一刀切"的单一监管选择。

(三)强化金融消费者保护

从一般意义上来讲,消费者保护的理论基础主要体现在两个方面,一是从经济理论上来讲,经营者通常以利润最大化为基本目标,而消费者通常以效用最大化为基本目标。显然地,两类主体追求的目标存在冲突。由此可见,其对经营者会产生这样一种激励,即为了自身利益而损害消费者的利益。二是从法学理论上来讲,随着市场经济的发展,消费者与经营者在信息、经济势力等方面存在着巨大的差距。由此,经营者有能力通过损害消费者的利益而追求自身利益。① 而具体到金融领域,由于金融产品的无形性、

① 参见李昌麒、岳彩申:《经济法学》,法律出版社2013年版,第507页。

结构的复杂性、底层资产的不透明性、创新的快速性以及金融知识的专业性等特点,金融消费者相较于金融机构在产品性质、质量、价格、风险状况等方面存在的信息劣势更为明显。因此,与其他市场领域的消费者相比,金融消费者更加需要受到法律的侧重保护。

通过观察前述美国影子银行的监管实践,可以发现美国金融监管部门在影子银行的各流程中都着力强化了对金融消费者的保护。例如,在抵押贷款发放方面,监管当局明确禁止抵押贷款发起人的有关操纵行为,确立抵押贷款的最低标准,对高风险抵押贷款引入强制财产评估要求,设立住房咨询办公室等;在特殊目的实体的监管方面,为了协调抵押贷款证券投资者与发行人之间的利益冲突,监管当局对发行人施加了“自身利益在其中”的监管要求;在信用评级机构监管方面,监管当局采取多项措施以重点化解评级机构因向债券发行人提供附属服务而导致的利益冲突问题。应当说这些措施都是着眼于金融消费者普遍缺乏金融专业知识、金融产品缺乏透明度、金融从业者逐利性突出等现实问题而提出的。此外,美国金融消费者保护方面更为重大的改革创新是消费者金融保护局的建立。这一专门机构整合了联邦层面各监管机构的消费者金融保护职能,其职权主要包括研究消费者金融产品市场发展状况;收集、处理有关金融产品或服务投诉;开展金融教育以提高消费者的金融决策水平,等等。

总之,强化金融消费者保护绝非权宜之计,其对于金融业的稳定发展具有举足轻重的作用。如前所述,金融消费者保护背后体现出的金融公平需求有效地协调了监管当局在金融效率和金融安全之间的两难选择。并且,从更一般意义上来讲,消费者权利是人权范畴中的生存权的重要组成部分,所以保护消费者权利也是保护人权的需要。

二、完善我国影子银行监管的具体建议

尽管我国影子银行监管的总体策略是“疏堵结合”,但无论是在“疏”的方面,还是在“堵”的方面,仍然存在着一些不足之处。因此,在借鉴国际影子银行监管有益经验的基础上,结合我国国情,宜在以下方面做进一步的完善。

第一,进一步完善我国的宏观审慎管理框架。伴随着国务院金融稳定

发展委员会于2017年11月成立以及2018年3月原中国银监会和中国保监会合并,我国现行的金融管理体制可被归纳为“一委一行两会”的架构,其中“一委”是指国务院金融稳定发展委员会(以下简称金融委),“一行”是指中国人民银行,“两会”即中国银保监会和中国证监会。应当说,这一金融管理体制的变化是对原有分业监管模式的改进,回应了金融领域混业经营日益显著、业务交叉日益复杂的现实,从而有利于减少监管空白、监管套利严重、监管不及时等弊端。[①] 具体来说,根据金融委的定位和中国人民银行的职能配置,我国的宏观审慎管理框架是由中国人民银行牵头,其他金融监管机构参与其中而组成的。其中,金融委扮演着议事协调机构的角色。[②] 据统计,截至2019年8月底,金融委共召开了七次会议,其会议主题主要集中于当前经济金融形势分析、金融监管重大事项统筹协调、系统性风险防范、金融体制深化改革等方面。[③] 从中可以看出,目前我国已经初步建立起了宏观审慎管理与微观审慎监管相结合的金融管理体制,从而有利于更加有效地识别、应对包括影子银行风险在内的各类金融风险。

不过,毋庸讳言,目前我国的宏观审慎管理框架尚处于初步构建阶段,与美国等西方金融发达国家相比,许多具体制度、机制尚不完备。因此,本书认为,接下来需要从以下方面加以完善:第一,金委会的运行目前尚无法可依,接下来应当尽快制定明确的章程规则,至于内容应当包括但不限于提议召开会议的主体、会议召开的年度或季度次数、工作的落实评价机制、问责机制、各专业委员会的设立、独立的数据收集和分析机制等。第二,及时修改《中国人民银行法》,以便将中国人民银行的宏观审慎管理职能法治化。目前,我国金融调控的手段以货币政策和宏观审慎政策为双支柱。但是,《中国人民银行法》自2003年12月修订以来,一直未再进行新的修订。所以,目前央行的宏观审慎管理职能并没有真正法治化。相应地,央行在履行宏观审慎管理职能时,其能够采用的政策工具、所遵循的运作流程都处于

---

① 对此,一个代表性的例子就是2018年4月“资管新规”的发布,标志着金融行业的资产管理业务适用统一的监管标准。

② 参见中国机构编制网:《中国人民银行职能配置、内设机构和人员编制规定》,http://www.gov.cn/zhengce/2019-02/02/content_5363338.htm,最后访问日期:2019年8月23日。

③ 参见中国政府网的相关新闻报道。

不明确、不透明的状态。因此,亟待通过修改《中国人民银行法》,为央行履行这一职能提供法治保障。第三,具体到影子银行的风险应对方面,央行应当借鉴前述国际影子银行监管经验,即建立一个具有系统性广度的监测框架,以获得关于影子银行系统和它对整个金融系统所造成的风险,从而协调各监管机构及时介入以化解风险。

第二,进一步健全微观审慎监管体系。如果把宏观审慎管理比作"主动脉",那么微观审慎监管则可谓"毛细血管"。无论是机构监管,还是行为监管,抑或功能监管,都有赖于具体金融监管机构来执行。其一,监管应当跟上金融业态的演进,做到与时俱进。一直以来,我国的微观审慎监管都是分业监管模式,而分业监管模式是以旧有的分业经营形态为基础的。然而,随着金融行业的演进、发展,不同类型金融机构所从事的金融活动完全可能实现相同的金融功能,由此如果仍然囿于分业监管,则必然会产生监管空白、监管套利等问题。可以说,影子银行问题就是典型代表之一。因此,微观审慎监管应当加强功能监管,即关注金融产品所实现的基本功能,并以此确立相应的监管规则,从而做到"同一功能、同一监管"。其二,加强微观审慎监管机构的独立性。理论上讲,金融监管的目标是维护金融体系的秩序和稳定。但实践中,我国金融监管机构往往同时承担着监管和发展金融行业的双重任务,而这一对任务之间不可避免地会发生冲突,并且结果常常是发展得到重视、监管则被轻视。所以,应当剥离监管机构的发展目标,赋予其单一的监管目标,从而使其能够独立地、专一地开展微观审慎监管活动。其三,监管应当区分情况以对待不同形式的金融创新。美国影子银行存在的一个突出问题是过度创新,但是美国金融监管当局只是采取了相对缓和的手段来强化其各流程的监管,而非直接取缔。这是因为美国式影子银行,尤其是体系化影子银行并不是简单地复制商业银行的信用中介功能,而是通过一系列金融创新将信用中介活动从之前的一张资产负债表中分解出来,交由不同的机构完成各自的角色任务,从而共同实现信用中介功能。因此,美国金融监管当局只需强化对参与机构的监管即可,从而最大限度地鼓励那些确有创新价值的金融创新。与之形成鲜明对比的是,我国的影子银行监管普遍采用的是"去银行性质"的方法,应当说这与我国影子银行体现出的创新程度不高——只是简单复制商业银行的信用中介功能是密不可分的。当然,随着我国金融业的不断发展、创新能力的不断提高,未来很有可能出现类似美国式影子银行的信用中介形式,届时则需要监管机构区分不同情况予以对待。

第三,进一步强化金融消费者保护。党的十九大报告首次强调了消费的基础性作用,由此可见当前我国对消费的重视程度达到了前所未有的新高度。① 而金融消费者作为金融领域的消费者,其投资的受保护程度直接决定了金融行业的融资规模和质量。因此,强化金融消费者保护是促进金融业健康发展的题中之义。首先,按照中国人民银行的职能配置,央行新设了金融消费权益保护局作为其内设机构,主要负责牵头建立金融消费者保护协调机制、监管执法合作和非诉第三方解决机制等。② 接下来,央行应当在其分支机构普遍设立金融消费权益保护部门的基础上,协调当地的银保监会、证监会、地方金融监管部门联合建立金融消费者保护机制,从而便于金融消费者的投诉维权。其次,在金融案件审理方面,鉴于金融案件类型多样、法律关系复杂、社会影响面大等特点,在目前上海金融法院、北京金融法院、江西南昌金融法庭成立的基础上,应当及时总结经验并逐步扩大金融法院、金融法庭的试点区域,从而推动实现金融案件的集中管辖,提高系统性风险防控的主动性。

第四,放松对商业银行的过度管制。我国的影子银行在很大程度上可谓"银行的影子",即商业银行为了规避有关管制而在表外开展的信用中介业务。因此,为了降低这类影子银行活动的系统性风险,除了制定、实施统一的"资管新规"之外,还要适度放松对商业银行的过度管制,即:一是保持宏观经济政策的连续性,避免信贷政策的宽松收缩急转。本轮全球金融危机之后,我国的宏观经济政策、监管政策等变动幅度很大,由此给地方政府、企业造成了很大的融资压力。因此,应当增加宏观经济政策的连贯性,

---

① 参见陈彦斌:《增强消费对经济发展的基础性作用》,载《光明日报》2017 年 12 月 19 日,第 14 版。

② 参见中国机构编制网:《中国人民银行职能配置、内设机构和人员编制规定》,载 http://www.gov.cn/zhengce/2019-02/02/content_5363338.htm,最后访问日期:2019 年 8 月 23 日。

给各类市场主体以稳定的政策预期,而不是“按下葫芦浮起瓢”式的监管。[①] 二是改进产业政策过度依赖银行信贷的实施方式。当前,我国产业政策的实施以银行信贷手段为主,例如对于产能过剩行业直接限制其贷款的资格、条件和额度。这反而刺激了影子银行活动的产生。因此,政府需要有更整体的视角、更合理的政策空间,而不是只通过限制银行的正常商业判断而已。[②] 三是进一步推进银行的商业化改造。鉴于我国金融体制的“银行主导型”特征仍将长期存在的现实,需要适应以银行为主导的现实,推动银行的市场化派生机制改革,其中尤其重要的是完善银行的公司治理结构,改变董事长“一长独大”的现状,同时国家指挥干预国有控股商业银行和国有企业的现象不应再持续。[③]

第五,拓宽小额贷款公司等非银行金融机构的发展空间。小额贷款公司等非银行金融机构之所以会违规从事影子银行活动,与其发展空间有限、盈利相对困难有着莫大的关联。因此,国家主管部门应适度拓宽它们的发展空间。首先应当适度拓宽其融资渠道。地方金融监管部门可以根据不同小额贷款公司的经营状况、合规状况等进行分类监管,允许那些经营规范、实力较强的小额贷款公司根据需要采取增资扩股、开展市场化融资等方式提高自身资金实力。其次,目前小额贷款公司适用的是一般工商企业的税率标准,而同样从事小额信贷业务的农村信用社和村镇银行,要么适用低税率标准,要么可以获得一定的财政补贴。所以,为降低小额贷款公司的经营成本,主管部门可以适度提供类似的财政补贴以降低其税负。[④] 再次,一直以来,小额贷款公司、融资性担保公司都未充分接入央行征信系统,这给其信贷业务造成了极大的不便,不利于控制信贷风险。因此,国家主管部门应尽快安排这类非银行金融机构接入央行征信系统。

第六,加快金融增量改革的进度。尽管我国的金融体制一时难以从

---

① 参见张明、高海红、刘东民等:《透视中国影子银行体系》,中国社会科学出版社 2014 年版,第 228 页。

② 参见郭雳:《中国式影子银行的风险溯源与监管创新》,载《中国法学》2018 年第 3 期。

③ 参见《径山报告》课题组:《中国金融改革路线图:构建现代金融体系》,中信出版社 2019 年版,第 39 ~ 40 页。

④ 参见王绍军、郗群、叶燕文:《甘肃省小额贷款公司发展对策研究》,载《商业经济》2019 年第 9 期。

“银行主导型”过渡到“市场主导型”,但是为了更好地服务于经济发展方式的转变,更好地满足各类企业的融资需求,我国应加快推进金融增量改革,即在国有控股商业银行体系之外,推进其他金融机构、金融市场的发展,从而提高其在全社会融资总量中的占比。其一,加快推进民营银行的设立工作。自 2014 年 12 月深圳前海微众银行获准开业以来,截至 2019 年 8 月我国共有 18 家民营企业获批设立。应当说,我国民营银行的设立仍处于试点阶段,体现为在已设立民营银行的省份中,除广东、浙江拥有两家民营银行之外,其他省份都是各有一家。因此,为发挥民营银行具有的填补区域性金融空缺、扶植本地中小微企业的优势,国家金融管理部门应在稳健的基础上尽可能加快民营银行的设立。其二,继续推进资本市场的均衡全面发展。这方面的重点任务主要包括:以市场化为导向,淡化行政干预色彩,不断完善市场规则和机制,例如注册制的试行;稳步发展衍生品市场,从而改变我国资本市场深度不足的短板,满足不同主体的风险管理需求;积极调整资本市场投资者结构,促进资本市场“去散户化”,例如通过各种优惠措施来引导不具备专业投资知识和风险管理理念的中小投资者依附基金、信托、资产管理等专业机构间接参与资本市场。①

本章小结

实践中,我国影子银行的表现形式主要是银行理财产品、P2P 网络借贷、违规经营的非银行金融机构,以及民间金融机构等。这些融资安排中普遍存在着信用中介活动,因此,不可避免地会产生流动性风险、信用风险以及系统性风险。换言之,之所以我国影子银行会诱发风险,是因为其从事了“不受监管的信用中介活动”。其中,“信用中介”意味着期限转换、信用转换、高杠杆等;“不受监管”意味着与信用中介活动相伴生的风险无法得到抑制。另外,从根源成因上来看,我国相对严重的金融抑制状况使大量的金

① 参见曹远征:《大国大金融:中国金融体制改革 40 年》,广东经济出版社 2018 年版,第 150～151 页。

融需求无法得到满足，从而直接刺激了影子银行的产生以及相伴随的融资风险。

为应对我国影子银行所暴露出的风险，我国金融管理部门出台了一系列措施予以应对。其中，对于正规金融领域的影子银行活动，监管部门主要从限制多层嵌套、禁止资金池操作、限制资产管理产品的投资方向，以及禁止刚性兑付等方面予以应对；对于非正规金融领域的影子银行活动，重中之重是治理P2P网络借贷行业的各种乱象，例如金融管理部门明确P2P网络借贷平台的属性是信息中介，从而不得从事信用中介活动。尤其值得注意的是，我国影子银行监管的总体策略是“疏堵结合”，因此在强化监管的同时，近年来我国金融管理部门还采取了一些“疏导”措施来推进金融供给侧改革，例如适度放松商业银行的监管指标、推进利率市场化。对此，总的来说，我国的影子银行监管既有值得肯定之处，也有一些不足之处。针对这些不足之处，本书给出了完善我国影子银行监管的具体建议。

结　语

信用中介功能的发挥必然伴随着流动性风险、信用风险，乃至系统性风险。所以，传统商业银行在从事信用中介活动时会受到严格的审慎监管。影子银行的出现意味着在传统商业银行之外，有其他的金融机构、金融业务在缺乏有效监管的前提下从事了信用中介活动。由此，影子银行活动蕴含着巨大的风险，并由此成为2008年全球金融危机的“导火索”“火药库”。此外，不仅在国际层面，近十年来我国的影子银行问题也愈演愈烈，成为系统性风险的一大危险源。

应对影子银行问题，首先有赖于廓清影子银行的内涵和外延。尽管国内外影子银行的形式千差万别，但就其本质而言，都是“缺乏监管的信用中介”，其中“缺乏监管”对应于影子银行的“影子性质”，而“信用中介”对应于影子银行的“银行性质”。接下来，在影子银行的外延方面，依据不同的标准，可以进行多种划分。其中，依据运作机制的不同，可以将国际影子银行划分为体系化影子银行和个体化影子银行。就实践层面来讲，个体化影子银行也往往是体系化影子银行业务链条上的参与者。例如，在美国，货币市场基金通过购买高评级的抵押贷款支持证券而参与到抵押贷款证券化流程中，与此同时,“不变资产净值”类型的货币市场基金自身也从事着信用中介活动。具体到我国的影子银行来说,我国的影子银行在运作机制方面基本上都是简单地复制传统商业银行的信用中介功能,并没有发展出类似美国抵押贷款证券化业务链条形式的体系化影子银行,所以,在逻辑分类中,我国的影子银行基本上都属于个体化影子银行的范畴。

在社会科学领域,一个社会问题的衍生必然有其深刻的经济社会背景因素作支撑。影子银行的产生也不例外。综观国内外影子银行的产生动因,大致都可被归纳为宏观经济背景因素、市场需求端因素和机构供给端因素。具体到我国来说,我国影子银行的产生与我国的宏观经济政策、金融抑制状况、金融监管状况等有着密切的关联。简言之,大量金融需求无法得到有效满足直接刺激了影子银行活动的产生。所以,在一定程度上,影子银行活动是变相的利率市场化。正是因为影子银行的产生具有一定的合理性,所以在监管策略方面不能只是简单地强化监管式的“围堵”,而是应当“疏堵结合”,即一方面通过加强监管以降低影子银行风险,另一方面或者采用使影子银行“去影子性质”的方式,或者采用加快金融增量改革的方式,以提升现有金融体系服务实体经济发展的能力,从而使大量合理的金融需求能够得到满足。

与监管策略密切相关的是监管方法。对于影子银行的监管来说,国际影子银行监管实践中普遍是以“去影子性质”为主,“去银行性质”为辅。换言之,对于大多数影子银行活动,美国等西方金融发达国家主要采取了保留其信用中介功能,但同时强化监管的方法。应当说,这主要是由其市场化金融体制决定的。例如,美国的影子银行发展历程已有四十余年,其具有的融资功能已在社会融资中扮演着重要的角色,并且美国的影子银行,尤其是体系化影子银行并不是简单地复制传统银行的信用中介功能,其具有显著的市场化间接融资的创新性质,对于美国经济社会发展有着巨大的价值。相比之下,我国的影子银行基本上属于个体化影子银行,即单纯地复制传统商业银行的信用中介功能,并且在很大程度上是监管套利的产物。例如,P2P网络借贷自产生之日起就一直乱象不断,自身完全没有建立起审慎经营的机制安排。因此,我国的影子银行监管基本上以“去银行性质”为主。

不过,尽管在运作机制方面,我国的影子银行与国际影子银行存在很大的不同，但因其本质属性相同，所以国际影子银行监管实践中的许多经验，比如监管理念、监管方法、监管工具等，可以给我国的影子银行监管以有益的借鉴。具体就我国的影子银行监管实践而言，在 2015 年以前，囿于分业监管的限制，我国的影子银行监管表现出“头痛医头、脚痛医脚”的弊端，换言之，金融监管在形式结构创新不断的影子银行面前始终处于被动局面。随着近年来我国宏观审慎监管架构的初步建立，以央行为主导的金融管理部门开始重视金融领域的系统性风险，于是 P2P 网络借贷在 2015 年之后，金融行业资产管理业务在 2018 年之后分别进入了统一监管时期，由此我国影子银行监管的被动局面才逐步扭转。接下来，我国的影子银行监管应当继续从“疏”和“堵”两个方面弥补现有不足之处。最终，通过影子银行的治理，我国金融体系的市场化改革与有效金融监管框架的构建得以结合，从而满足我国经济结构转型的融资需求。

参考文献

一、著作

（一）中文著作

［1］卞志村主编：《金融监管学》，人民出版社 2011 年版。

［2］曹远征：《大国大金融：中国金融体制改革 40 年》，广东经济出版社 2018 年版。

［3］曾筱清、杨益：《金融安全网法律制度研究》，中国经济出版社 2005 年版。

［4］陈元、黄益平主编：《中国金融四十人看四十年》，中信出版社 2018 年版。

［5］邓晓芒、赵林：《西方哲学史》，高等教育出版社 2005 年版。

［6］丁邦开、周仲飞主编：《金融监管学原理》，北京大学出版社 2004 年版。

［7］段育文：《借贷危机》，电子工业出版社 2013 年版。

［8］鄂振辉：《自然法学》，法律出版社 2005 年版。

［9］范恒森：《金融制度学探索》，中国金融出版社 2000 年版。

[10]冯科:《金融脱媒之殇》,北京大学出版社 2015 年版。

[11]付子堂主编:《法理学进阶》,法律出版社 2010 年版。

[12]国家发展和改革委员会宏观经济研究院编:《中国经济社会发展若干问题研究(2011 年度)》,中国计划出版社 2013 年版。

[13]韩龙主编:《金融法》,清华大学出版社、北京交通大学出版社 2008 年版。

[14]何小锋:《资产证券化:中国的模式》,北京大学出版社 2002 年版。

[15]胡滨主编:《中国金融监管报告(2014)》,社会科学文献出版社 2014 年版。

[16]胡喆、陈府申主编:《图解资产证券化:法律实务操作要点与难点》,法律出版社 2017 年版。

[17]黄达主编:《金融学》(第 3 版),中国人民大学出版社 2012 年版。

[18]黄金老:《金融自由化与金融脆弱性》,中国城市出版社 2001 年版。

[19]贾根良主编:《发展经济学》,南开大学出版社 2004 年版。

[20]黎晓静:《次贷危机同步解析——来自风暴前沿的研究报告》,中国金融出版社 2009 年版。

[21]黎友焕:《揭秘地下钱庄》,经济日报出版社 2010 年版。

[22]李昌麒、岳彩申:《经济法学》,法律出版社 2013 年版。

[23]李昌麒:《经济法理念研究》,法律出版社 2009 年版。

[24]李凤云:《金融危机深度解读》,人民邮电出版社 2009 年版。

[25]李建军、徐赛兰、田光宁主编:《中国影子金融体系研究报告》,知识产权出版社 2012 年版。

[26]李溦、黄小军、赵艳洁、李勇:《别了,雷曼兄弟》,中信出版社 2009 年版。

[27]林毅夫:《解读中国经济》(第 3 版),北京大学出版社 2018 年版。

[28]刘志云:《国际经济法律自由化原理研究》(增订版),法律出版社 2015 年版。

[29]刘志云主编:《银行法学》,厦门大学出版社 2013 年版。

[30]卢现祥:《西方新制度经济学》(修订版),中国发展出版社 2003

年版。

[31]马克思、恩格斯:《马克思恩格斯选集》(第4卷),人民出版社1995年版。

[32]彭冰:《资产证券化的法律解释》,北京大学出版社2001年版。

[33]彭兴韵:《金融学原理》(第5版),格致出版社2013年版。

[34]彭漪涟:《逻辑学基础教程》(修订版),华东师范大学出版社2009年版。

[35]漆多俊:《经济法学》,复旦大学出版社2010年版。

[36]钱满素:《美国文明》,中国社会科学出版社2001年版。

[37]钱满素:《美国自由主义的历史变迁》,生活·读书·新知三联书店2006年版。

[38]邱本:《经济法研究》(上卷),中国人民大学出版社2008年版。

[39]隋平:《逍遥法外:金融危机后的影子银行监管》,中国政法大学出版社2012年版。

[40]唐红娟:《影子银行体系:功能、脆弱性与监管改革》,知识产权出版社2012年版。

[41]唐红娟:《影子银行体系金融创新功能研究》,中国社会科学出版社2014年版。

[42]王保树:《经济法原理》,社会科学文献出版社2004年版。

[43]王广谦主编:《金融中介学》(第2版),高等教育出版社2011年版。

[44]王国刚:《资本市场导论》(第2版),社会科学文献出版社2014年版。

[45]王曙光:《金融发展理论》,中国发展出版社2010年版。

[46]王卫国、李东方:《经济法学》,中国政法大学出版社2008年版。

[47]王振山:《金融效率论:金融资源优化配置的理论与实践》,经济管理出版社2000年版。

[48]吴晓灵主编:《中国金融政策报告(2014)》,中国金融出版社2014年版。

[49]吴晓求:《金融危机启示录》,中国人民大学出版社2009年版。

[50]习近平:《决胜全面建成小康社会 夺取新时代中国特色社会主义伟大胜利》,人民出版社2017年版。

[51]夏丹阳主编:《货币银行学》(第2版),经济管理出版社2013年版。

[52]辛乔利:《影子银行》,中国经济出版社2010年版。

[53]徐孟洲、孟雁北:《竞争法》,中国人民大学出版社2014年版。

[54]阎庆民、李建华:《中国影子银行监管研究》,中国人民大学出版社2014年版。

[55]姚洋:《发展经济学》(第2版),北京大学出版社2018年版。

[56]叶文庆:《金融业宏观审慎监管法律问题研究》,法律出版社2015年版。

[57]易阳平:《行为金融论》,上海财经大学出版社2005年版。

[58]殷剑峰、王增武主编:《影子银行与银行的影子——中国理财产品市场发展与评价(2010~2012)》,社会科学文献出版社2013年版。

[59]殷剑峰、吴建伟、王增武主编:《钱去哪了:大资管框架下的资金流向和机制——中国理财产品市场发展与评价(2013~2017)》,社会科学文献出版社2017年版。

[60]殷剑峰主编:《2004~2009中国理财产品市场发展与评价》,中国财政经济出版社2010年版。

[61]臧慧萍:《美国金融监管制度的历史演进》,经济管理出版社2007年版。

[62]张明、高海红、刘东民等:《透视中国影子银行体系》,中国社会科学出版社2014年版。

[63]张思峰等编:《公共经济学》,西安交通大学出版社2008年版。

[64]张文显主编:《法理学》,高等教育出版社、北京大学出版社2011年版。

[65]张亦春、郑振龙、林海主编:《金融市场学》,高等教育出版社2013年版。

[66]赵林:《西方哲学史讲演录》,高等教育出版社2009年版。

[67]郑联盛、何德旭:《宏观审慎管理与中国金融安全》,社会科学文献

出版社 2012 年版。

[68]郑鸣:《金融脆弱性论》,中国金融出版社 2007 年版。

[69]朱大旗:《金融法》(第 3 版),中国人民大学出版社 2015 年版。

[70]邹辉霞:《现代商业银行监管》,中央民族大学出版社 2000 年版。

[71]《径山报告》课题组:《中国金融改革路线图:构建现代金融体系》,中信出版社 2019 年版。

[72]智信资产管理研究院:《中国信托业发展报告(2013)——大资产管理时代的信托业》,社会科学文献出版社 2013 年版。

[73]中国人民银行金融稳定分析小组:《中国金融稳定报告(2011)》,中国金融出版社 2011 年版。

[74]中国人民银行金融稳定分析小组:《中国金融稳定报告(2017)》,中国金融出版社 2017 年版。

[75]中建投信托研究中心、中国建投投资研究院:《中国信托业研究报告(2013)》,社会科学文献出版社 2013 年版。

[76]中央财经大学金融学院课题组:《中国民间金融发展研究报告》,知识产权出版社 2013 年版。

(二)中文译著

[1][德]伯恩·魏德士:《法理学》,丁小春、吴越译,法律出版社 2003 年版。

[2][德]路德维希·艾哈德:《来自竞争的繁荣》,祝世康、穆家骥译,商务印书馆 1983 年版。

[3][德]于尔根·科卡:《资本主义简史》,徐庆译,文汇出版社 2017 年版。

[4][美]Robert Cooter, Thomas Ulen:《法律经济学》,温丽琪、顾慕尧译,华泰文化事业股份有限公司 2013 年版。

[5][美]R. I. 麦金农:《经济发展中的货币与资本》,卢骢译,生活·读书·新知三联书店 1988 年版。

[6][美]爱德华·肖:《经济发展中的金融深化》,邵伏军、许晓明、宋先平译,格致出版社 2014 年版。

[7][美]安德鲁·罗斯·索尔金:《大而不倒》,巴曙松、陈剑等译,中

国人民大学出版社 2010 年版。

[8][美]保罗·克鲁格曼:《萧条经济学的回归和 2008 年经济危机》,刘波译,中信出版社 2009 年版。

[9][美]本·伯南克:《行动的勇气:金融危机及其余波回忆录》,蒋宗强译,中信出版社 2016 年版。

[10][美]蒂莫西·F. 盖特纳:《压力测试:对金融危机的反思》,益智译,中信出版社 2015 年版。

[11][美]范瑞尔·阿查里亚:《监管华尔街:〈多德-弗兰克法案〉与全球金融新架构》,梅世云、盛文军译,中国金融出版社 2012 年版。

[12][美]弗雷德里克·S·米什金:《货币金融学》(第 9 版),郑艳文、荆国勇译,中国人民大学出版社 2011 年版。

[13][美]亨利·保尔森:《峭壁边缘:拯救世界金融之路》,乔江涛等译,中信出版社 2010 年版。

[14][美]扈企平:《资产证券化:理论与实务》,李健译,中国人民大学出版社 2008 年版。

[15][美]罗伯特·席勒:《非理性繁荣与金融危机》,何正云、束宇译,中信出版社 2014 年版。

[16][美]迈克尔·刘易斯:《大空头》,何正云译,中信出版社 2011 年版。

[17][美]美国金融与经济危机起因调查委员会:《金融危机调查报告》,王欣红、刘洪峰、肖艳译,社会科学文献出版社 2013 年版。

[18][美]斯蒂格利茨:《政府为什么干预经济》,郑秉文译,中国物资出版社 1998 年版。

[19][美]维拉尔·V. 阿查亚:《政府担保,福兮祸兮?——房利美、房地美及抵押金融的崩溃》,车丽娟、李悦译,东北财经大学出版社 2014 年版。

[20][美]希拉·贝尔:《直面危机:拯救华尔街从这里开始》,刘声峰、李泊言译,电子工业出版社 2014 年版。

[21][美]约翰·C. 科菲:《看门人机制:市场中介与公司治理》,黄辉等译,北京大学出版社 2011 年版。

[22][美]约翰·亨利·梅利曼:《大陆法系》(第2版),顾培东、禄正平译,法律出版社2004年版。

[23][美]约翰·卡西迪:《市场是怎么失败的》,刘晓锋、季晓峰译,机械工业出版社2011年版。

[24][美]詹姆斯·R. 巴斯:《金融守护人:监管机构如何捍卫公共利益》,杨农等译,生活·读书·新知三联书店2014年版。

[25][意]D. 奈尔肯:《比较法律文化论》,高鸿钧等译,清华大学出版社2003年版。

[26][英]安东尼·奥格斯:《规制:法律形式与经济学理论》,骆梅英译,中国人民大学出版社2008年版。

[27][英]弗里德利希·冯·哈耶克:《法律、立法与自由》(第1卷),邓正来译,中国大百科全书出版社2000年版。

[28][英]哈特:《法律的概念》,许家馨、李冠宜译,法律出版社2006年版。

[29][英]哈耶克:《自由秩序原理》(上),邓正来译,生活·读书·新知三联书店1997年版。

[30][英]约翰·伊特韦尔、默里·米尔盖特、彼得·纽曼:《新帕尔格雷夫经济学大辞典》(第4卷),经济科学出版社1996年版。

(三)英文著作

[1] David Harvey, *A Brief History of Neoliberalism*, Oxford University Press, 2005.

[2] Helena Morrissey, *International Securitisation*, IFR Publishing, 1992.

[3] Hyman P. Minsky, *The Financial-Instability Hypothesis: Capitalist Processes and the Behavior of the Economy*, Charles P. Kindleberger, Jean Pierre Laffargue, *Financial Crises: Theory, History, and Policy*, Cambridge University Press, 1982.

[4] JohnGeanakoplos, *The Leverage Cycle*, Daron Acemoglu, Kenneth Rogoff, Michael Woodford, *NBER Macroeconomics Annual* 2009, University of Chicago Press, 2010.

[5] Paul R. Krugman, *The Return of Depression Economics and the Crisis*

of 2008, W. W. Norton & Company Inc., 2009.

[6] PhilipArestis, Peter Mooslechner, Karin Wagner, *Housing Market Challenges in Europe and the United States*, Palgrave Macmillan UK, 2009.

[7] The Financial Crisis Inquiry Commission, *The Financial Crisis Inquiry Report*, U. S. Government Printing Office, 2011.

二、论文

(一)中文论文

[1]安麟、庞业军:《美国三方回购市场:改革与启示》,载《金融市场研究》2015 年第 12 期。

[2]巴曙松:《加强对影子银行系统的监管》,载《中国金融》2009 年第 14 期。

[3]曾刚:《监管套利与中国式"影子银行"》,载《新金融评论》2013 年第 2 期。

[4]戴国强、陈晨:《金融消费者保护与金融危机——基于全球 142 个经济体的实证研究》,载《财经研究》2015 年第 3 期。

[5]杜亚斌、顾海宁:《影子银行体系与金融危机》,载《审计与经济研究》2010 年第 1 期。

[6]范希文:《资产证券化的应用与滥用》,载《金融博览》2017 年第 9 期。

[7]冯果:《金融法的"三足定理"及中国金融法制的变革》,载《法学》2011 年第 9 期。

[8]葛丰:《防信贷风险重在"去政府干预"》,载《中国经济周刊》2013 年第 16 期。

[9]郭雳、关涵之:《信用担保领域的典型案例、行业发展与法律规范》,载《金融监管研究》2013 年第 8 期。

[10]郭雳:《中国式影子银行的风险溯源与监管创新》,载《中国法学》2018 年第 3 期。

[11]何德旭、郑联盛:《影子银行体系与金融体系稳定性》,载《经济管理》2009 年第 11 期。

[12]胡光志:《经济法学“市场失灵”论的人性追溯》,载吴志攀主编:《经济法学家》,北京大学出版社 2012 年版。

[13]蒋学跃:《上市公司影子董事制度研究》,载张育军、徐明主编:《证券法苑》第五卷,法律出版社 2011 年版。

[14]黎四奇:《对后危机时代影子银行监管的冷思考》,载《暨南学报》2014 年第 8 期。

[15]李建军、田光宁:《影子银行体系监管改革的顶层设计问题探析》,载《宏观经济研究》2011 年第 8 期。

[16]林海涛:《金融自由化背景下商业银行的风险与风险管理》,南京大学 2011 年博士学位论文。

[17]刘明彦:《存款保险制度的美国实践及其局限性》,载《银行家》2015 年第 1 期。

[18]刘志云、刘盛:《金融科技法律规制的创新——监管沙盒的发展趋势及本土化思考》,载《厦门大学学报》2019 年第 2 期。

[19]楼建波:《从“CDS 第一案”看金融衍生品创新的异化》,载王保树主编:《商事法论集》,法律出版社 2010 年版。

[20]吕劲松:《关于中小企业融资难、融资贵问题的思考》,载《金融研究》2015 年第 11 期。

[21]潘静:《中国影子银行体系监管的路径选择与制度构建》,西南财经大学 2014 年博士学位论文。

[22]王绍军、郗群、叶燕文:《甘肃省小额贷款公司发展对策研究》,载《商业经济》2019 年第 9 期。

[23]吴晶妹、王涛、闵素芹:《基于财务分析的美国五大投资银行风险实证研究》,载《江苏社会科学》2010 年第 4 期。

[24]夏戴乐:《中国影子银行概念的重构——基于监管目的的分析与调整》,北京大学 2016 年博士学位论文。

[25]邢会强:《金融危机治乱循环与金融法的改进路径——金融法中“三足定理”的提出》,载《法学评论》2010 年第 5 期。

[26]徐诺金:《我国影子银行的界定与监管思路》,载《清华金融评论》2014 年第 6 期。

[27]许一涌:《我国非金融企业杠杆率问题研究》,载《金融与经济》2014 年第 10 期。

[28]易宪容:《影子银行体系信贷危机的金融分析》,载《江海学刊》2009 年第 3 期。

[29]张量:《反思与重构:影子银行监管的域外经验及中国路径》,载杨慧主编:《中财法律评论》第九卷,中国法制出版社 2017 年版。

[30]钟雯彬:《经济法律责任社会性研究》,载《四川大学学报》2004 年第 1 期。

[31]周莉萍:《银行业监管:一般理论及实践发展》,载《金融评论》2016 年第 5 期。

[32][美]卡塔琳娜·皮斯托、许成钢:《不完备法律——一种概念性分析框架及其在金融市场监管发展中的应用》(上),载吴敬琏主编:《比较》(第 3 辑),中信出版社 2002 年版。

[33][美]卡塔琳娜·皮斯托、许成钢:《不完备法律之挑战与不同法律制度之应对》,载吴敬琏、江平主编:《洪范评论》(第 2 卷第 1 辑),中国政法大学出版社 2005 年版。

（二）英文论文

[1] Arthur E. Wilmarth, *The Dodd-Frank Act: A Flawed and Inadequate Response to the Too-Big-To-Fail Problem*, Oregon Law Review, 89 (3) (2011).

[2] Claire A. Hill, *Limits of Dodd-Frank's Rating Agency Reform*, Chapman Law Review, 15(1)(2011).

[3] Collins C. Ajibo, *Shadow Banking, MMF Runs Risk Regulation, and a Case for Regulatory Harmonization*, International Company and Commercial Law Review, 26(12)(2015).

[4] DanielSchwarcz, Steven L. Schwarcz, *Regulating Systemic Risk in Insurance*, The University of Chicago Law Review, 81(4)(2014).

[5] DonatoMasciandaro, Francesco Passarelli, *Financial Systemic Risk: Taxation or Regulation?*, Journal of Banking & Finance, 37(2)(2011).

[6] Elizabeth F. Brown, *Will the Federal Insurance Office Improve*

Insurance Regulation, University of Cincinnati Law Review, 81(2)(2013).

[7] Eric D. Chason, *Taxing Systemic Risk*, University of New Hampshire Law Review, 16(1)(2017).

[8] George G. Kaufman, Kenneth E. Scott, *What is Systemic Risk, and Do Bank Regulators Retard or Contribute to it?*, The Independent Review, 7(3)(2003).

[9] Gorton Gary, AndrewMetrick, *Regulating the Shadow Banking System*, Brookings Papers on Economic Activity, (fall)(2010).

[10] James Crotty, *Structural Causes of the Global Financial Crisis: a Critical Assessment of the "New Financial Architecture"*, Cambridge Journal of Economics, 33(4)(2009).

[11] Joseph A. Grundfest, A. C. Pritchard, *Statutes with Multiple Personality Disorders: The Value of Ambiguity in Statutory Design and Interpretation*, Stanford Law Review, 54(4)(2002).

[12] Lawrence J. White, *The Credit Rating Agencies*, Journal of Economic Perspectives, 24(2)(2010).

[13] Lucian A. Bebchuk, Alma Cohen, Holger Spamann, *The Wages of Failure: Executive Compensation at Bear Stearns and Lehman* 2000 – 2008, Yale Journal on Regulation, 27(2)(2010).

[14] Luiz CarlosBresser-Pereira, *The* 2008 *Financial Crisis and Neoclassical Economics*, Brazilian Journal of political Economy, 30(1)(2010).

[15] MartinBratrsovsky, *Development of Structured Financial Products during the Crisis*, Doctoral dissertation, Charles University, 2013.

[16] Michael Keen, *Rethinking the Taxation of the Financial Sector*, Cesifo Economic Studies, 57(1)(2011).

[17] MichaelSimkovic, *Competition and Crisis in Mortgage Securitization*, Indiana Law Journal, 88(1)(2013).

[18] PaulCalem, Christopher Henderson, Jonathan Liles, "*Cherry Picking*" *in Subprime Mortgage Securitizations: which Subprime Mortgage Loans were Sold by Depository Institutions Prior to the Crisis of* 2007?, Journal of Housing

Economics,(20)(2011).

[19] Robert J Bianchi, Michael E Drew, *Hedge Fund Regulation and Systemic Risk*, Griffith Law Review, 19(1)(2010).

[20] Robert S. Bloink, *Does the Dodd-Frank Wall Street Reform Act Rein In Credit Default Swaps? An EU Comparative Analysis*, Nebraska Law Review, 89(4)(2010).

[21] Steven L. Schwarcz, *Regulating Shadow Banking*, Review of Banking and Financial Law, 31(2)(2011).

[22] Steven L. Schwarcz, *Securitization, Structured Finance, and Covered Bonds*, The Journal of Corporation Law, 39(1)(2013).

[23] Viral V. Acharya, Philipp Schnabl, Gustavo Suarez, *Securitization without Risk Transfer*, Journal of Financial Economics, 107(3)(2013).

[24] YuliyaDemyanyk, Otto Van Hemert, *Understanding the Subprime Mortgage Crisis*, The Review of Financial Studies, 24(6)(2011).

三、网络文献

[1]程俊:《中国正式进入"负利率"时代》,载 http://wallstreetcn.com/node/225136,最后访问日期:2015 年 11 月 15 日。

[2]方迎定:《监管之外》,载 http://www.ennweekly.com/2011/0905/3409.html,最后访问日期:2013 年 4 月 11 日。

[3]何小锋:《绝不能用不良资产搞资产证券化》,载 http://www.securitization.com.cn/node/114,最后访问日期:2016 年 9 月 21 日。

[4]刘西友:《影子银行体系与地方政府的隐性融资风险》,载 http://www.audit.gov.cn/n1992130/n1992210/n1994456/3352092.html,最后访问日期:2014 年 4 月 30 日。

[5]伍戈:《三个角度谈影子银行:宜疏不宜堵》,载 http://www.cf40.org.cn/plus/view.php? aid=13665,最后访问日期:2019 年 8 月 18 日。

[6]张雪囡:《36 家 P2P 资金存管后仍问题频出 波及 15 家银行》,载 http://www.stcn.com/2018/0503/14197396.shtml,最后访问日期:2019 年 8 月 1 日。

[7]国家统计局:《2014 年国民经济和社会发展统计公报》,载 http://www. stats. gov. cn/tjsj/zxfb/201502/t20150226_685799. html,最后访问日期:2015 年 7 月 11 日。

[8]国务院:《国务院关于印发推进普惠金融发展规划(2016—2020年)的通知》,载 http://www. gov. cn/zhengce/content/2016 - 01/15/content_10602. htm,最后访问日期:2016 年 2 月 2 日。

[9]网贷之家:《P2P 网贷行业 2018 年年报正式发布》,载 https://www. wdzj. com/news/yc/3652157. html,最后访问日期:2019 年 7 月 26 日。

[10]新华社:《四川重拳整顿小贷行业 处罚 71 家公司》,载 http://www. sc. gov. cn/10462/10464/10797/2018/6/6/10452513. shtml,最后访问日期:2019 年 8 月 13 日。

[11]佚名:《130 家 P2P 上半年数据画像:七成平台客群收缩 6 月代偿金额大幅回落》,载 https://news. p2peye. com/article - 548194 - 1. html,最后访问日期:2019 年 8 月 16 日。

[12]佚名:《李克强谈金融风险:总体可控 维持高资本充足率为求稳定》,载 http://economy. caijing. com. cn/2014 - 03 - 13/114005025. html,最后访问日期:2014 年 12 月 7 日。

[13]佚名:《理财产品违约潮或到来 你准备好了吗?》,载 http://news. jstv. com/a/20180110/1515551637553. shtml? bsh_bid = 1919742593,最后访问日期:2019 年 5 月 4 日。

[14]佚名:《深度解析金融通道业务》,载 http://www. sohu. com/a/160104483_509953,最后访问日期:2019 年 8 月 20 日。

[15]佚名:《资管新规下资金池业务判断与解析》,载 https://www. sohu. com/a/231365048_467322,最后访问日期:2018 年 6 月 17 日。

[16]中国共产党新闻网:《中国共产党历次全国代表大会数据库》,载 http://cpc. people. com. cn/GB/64162/64168/415039/index. html,最后访问日期:2017 年 12 月 7 日。

[17]中国机构编制网:《中国人民银行职能配置、内设机构和人员编制规定》,http://www. gov. cn/zhengce/2019 - 02/02/content_5363338. htm,最后访问日期:2019 年 8 月 23 日。

[18]中国人民银行:《2018年末金融业机构总资产294万亿元》,http://www.pbc.gov.cn/goutongjiaoliu/113456/113469/3806559/index.html,最后访问日期:2019年8月10日。

[19]中国证监会:《直接融资和间接融资的国际比较》,载 http://www.csrc.gov.cn/pub/newsite/yjzx/sjdjt/zbsczdjcyj/201505/t20150514_276935.html,最后访问日期:2019年8月20日。

[20] Aaron Klein, *A primer on Dodd-Frank's Orderly Liquidation Authority*, Accessed January 2, 2018. https://www.brookings.edu/blog/up-front/2017/06/05/a-primer-on-dodd-franks-orderly-liquidation-authority/.

[21] AMF, *Analysis of Subprime RMBS Ratings in the USA*, Accessed November 22, 2016. http://www.amf-france.org/technique/multimedia?docId = workspace:/SpacesStore/5cbbf096 – 2211 – 486b – 9381 – f88193be656b_en_1.0_rendition.

[22] Andrew Ang, Sergiy Gorovyy, Gregory B. van Inwegen, *Hedge Fund Leverage*, Accessed October 11, 2017. http://www.nber.org/papers/w16801.

[23] Ben Lord, *Monoline Insurers-what's going on?*, Accessed October 17, 2016. https://www.bondvigilantes.com/blog/2008/02/01/monoline-insurers-whats-going-on/.

[24] Ben S. Bernanke, *Financial Reform to Address Systemic Risk*, Accessed January 19, 2018. https://www.federalreserve.gov/newsevents/speech/bernanke20090310a.htm.

[25] Ben S. Bernanke, *Some Reflections on the Crisis and the Policy Response*, Accessed May 6, 2013. http://www.federalreserve.gov/newsevents/speech/bernanke20120413a.htm#pagetop.

[26] Ben S. Bernanke, *The Economic Outlook*, Accessed September 16, 2016. https://www.federalreserve.gov/newsevents/testimony/bernanke20070328a.htm.

[27] Cambridge Dictionary, *central counterparty*, Accessed March 20, 2017. https://dictionary.cambridge.org/dictionary/english/central-counterparty.

[28] CFTC, SEC, *Reporting by Investment Advisers to Private Funds and*

Certain Commodity Pool Operators and Commodity Trading Advisors on Form PF, Accessed January 2, 2018. https://www.sec.gov/rules/final/2011/ia-3308.pdf.

[29] Consumer Financial Protection Bureau, *Ability to Repay and QualifiedMortgage Standards Under the Truth in Lending Act (Regulation Z)*, Accessed November 14, 2016. https://files.consumerfinance.gov/f/201301_cfpb_final-rule_ability-to-repay.pdf.

[30] Consumer Financial Protection Bureau, *High cost mortgages (HOEPA)*, Accessed November 20, 2016. https://www.consumerfinance.gov/policy-compliance/guidance/mortgage-resources/high-cost-mortgages/.

[31] Deloitte, *The Deloitte Shadow Banking Index: Shedding Light on Banking's Shadows*, Accessed March 6, 2014. http://corporatecontrol.de/app/download/5784745558/US_FSI_The_Deloitte_Shadow_Banking_052912.pdf.

[32] Department of Financial Services, *Circular Letter No.* 19 (2008), Accessed March 17, 2017. https://www.dfs.ny.gov/insurance/circltr/2008/cl08_19.htm.

[33] ElenaHolodny, *Chinese Households don't Have Much Invested in the Wild Chinese Stock Market*, Accessed August 21, 2015. http://www.businessinsider.com/chinese-households-invest-little-in-stocks-2015-7.

[34] EricDinallo, *Testimony of the New York State Insurance Department*, Accessed October 15, 2016. http://www.naic.org/documents/testimony_0802_dinallo.pdf.

[35] European Parliament, *European Parliament Resolution of* 20 *November* 2012 *on Shadow Banking*, Accessed May 27, 2013. http://www.europarl.europa.eu/sides/getDoc.do? type=TA&language=EN&reference=P7-TA-2012-427.

[36] Executive Office of the President, *Delivering Government Solutions in the 21stCentury: Reform Plan and Reorganization Recommendations*, Accessed August 10, 2018. https://www.whitehouse.gov/wp-content/uploads/2018/06/Government-Reform-and-Reorg-Plan.pdf.

[37] FASB, *Statement of Financial Accounting Standards No. 166: Accounting for Transfers of Financial Assets-an amendment of FASB Statement No. 140*, Accessed March 15, 2017. https://www.fasb.org/jsp/FASB/Document_C/DocumentPage?cid=1176159257306&acceptedDisclaimer=true.

[38] FASB, *Statement of Financial Accounting Standards No. 167: Amendments to FASB Interpretation No. 46 (R)*, Accessed March 15, 2017. https://www.fasb.org/jsp/FASB/Document_C/DocumentPage?cid=1176159257357&acceptedDisclaimer=true.

[39] Federal Insurance Office, *How to Modernize and Improve the System of Insurance Regulation in the United States*, Accessed March 19, 2017. https://www.treasury.gov/initiatives/fio/reports-and-notices/Documents/How%20to%20Modernize%20and%20Improve%20the%20System%20of%20Insurance%20Regulation%20in%20the%20United%20States.pdf.

[40] Federal Open Market Committee, *Meeting of the Federal Open Market Committee on March 20 – 21, 2007*, Accessed September 16, 2016. https://www.federalreserve.gov/monetarypolicy/files/FOMC20070321meeting.pdf.

[41] Federal Register, *Credit Risk Retention*, Accessed March 10, 2017. https://www.gpo.gov/fdsys/pkg/FR-2014-12-24/pdf/2014-29256.pdf.

[42] Federal Reserve Board, *Enhanced Prudential Standards and Early Remediation Requirements for Covered Companies; Proposed Rule*, Accessed January 2, 2018. https://www.gpo.gov/fdsys/pkg/FR-2012-01-05/pdf/2011-33364.pdf.

[43] Federal Reserve Board, *Enhanced Prudential Standards for Bank Holding Companies and Foreign Banking Organizations*, Accessed October 29, 2017. https://www.gpo.gov/fdsys/pkg/FR-2014-03-27/pdf/2014-05699.pdf.

[44] Financial Crisis Inquiry Commission, *Shadow Banking and Financial Crisis*, Accessed April 21, 2013. http://fcic-static.law.stanford.edu/cdn_

media/fcic-reports/2010 – 0505 – Shadow-Banking. pdf.

[45] FrankPartnoy, *Overdependence on Credit Ratings was a Primary Cause of the Crisis*, Accessed October 20, 2017. https://ssrn. com/abstract = 1430653.

[46] FSB, *Shadow Banking Monitoring Dataset* 2015, Accessed December 2, 2015. http://www. fsb. org/2015/11/global-shadow-banking-monitoring-report – 2015/.

[47] FSB, *Shadow Banking: Scoping the Issues*, Accessed April 9, 2013. http://www. financialstabilityboard. org/2011/04/shadow-banking-scoping-the-issues/.

[48] FSB, *Shadow Banking: Strengthening Oversight and Regulation*, Accessed August 21, 2019. https://www. fsb. org/wp-content/uploads/r_111027a. pdf.

[49] FSOC, *Authority to Require Supervision and Regulation of Certain Nonbank Financial Companies*, Accessed December 16, 2017. https://www. treasury. gov/initiatives/fsoc/rulemaking/Documents/Authority%20to%20Require%20Supervision%20and%20Regulation%20of%20Certain%20Nonbank%20Financial%20Companies. pdf.

[50] GAO, *Mortgage Reform: Potential Impacts of Provisions in the Dodd-Frank Act on Homebuyers and the Mortgage Market*, Accessed January 5, 2017. https://www. gao. gov/assets/330/321168. pdf.

[51] Gary B. Gorton, *The Panic of* 2007, Accessed September 19, 2016. https://www. nber. org/papers/w14358. pdf.

[52] GPO, *Risk-Based Capital Guidelines; Capital Adequacy Guidelines; Capital Maintenance: Regulatory Capital; Impact of Modifications to Generally Accepted Accounting Principles; Consolidation of Asset-Backed Commercial Paper Programs; and Other Related Issues*, Accessed March 15, 2017. https://www. gpo. gov/fdsys/pkg/FR – 2010 – 01 – 28/pdf/2010 – 825. pdf.

[53] IMF, FSB, BIS, *Guidance to Assess the Systemic Importance of Financial Institutions, Markets and Instruments: Initial Considerations*, Accessed

January 16,2018. https://www. imf. org/external/np/g20/pdf/100109. pdf.

[54] IMF, *Global Financial Stability Report* 2009, Accessed November 22, 2016. https://www. imf. org/external/pubs/ft/gfsr/2009/01/.

[55] IMF, *Global Financial Stability Report: Risk Taking, Liquidity, and Shadow Banking, October* 2014, Accessed August 21,2019. https://www. imf. org/ ~/media/Websites/IMF/imported-full-text-pdf/external/pubs/ft/gfsr/2014/02/pdf/_text. ashx.

[56] IOSCO, *Money Market Fund Systemic Risk Analysis and Reform Options*, Accessed October 11,2015. http://www. iosco. org/library/pubdocs/pdf/IOSCOPD379. pdf.

[57] Jaime Caruana, *Systemic Risk: how to Deal with it?*, Accessed January 16,2018. https://www. bis. org/publ/othp08. htm.

[58] Jean-Pierre Landau, *Procyclicality-what it Means and what could be done*, Accessed May 30,2013. http://www. bis. org/review/r090805d. pdf.

[59] Jeff LaFrance, *An Examination of Regulation, Performance, and the Future for Nationally Recognized Statistical Rating Organizations*, Accessed November 9, 2016. https://papers. ssrn. com/sol3/papers. cfm? abstract_id = 1418153.

[60] John D. Martin, *A Primer on the Role of Securitization in the Credit Market Crisis of* 2007, Accessed June 17,2014. http://papers. ssrn. com/sol3/papers. cfm? abstract_id = 1324349.

[61] KatharinaPistor, Chenggang Xu, *Incomplete Law-A Conceptual and Analytical Framework and its Application to the Evolution of Financial Market Regulation*, Accessed December 29, 2015. http://papers. ssrn. com/sol3/papers. cfm? abstract_id = 310588.

[62] MonicaBillio, Andrew W. Lo, Mila Getmansky Sherman, Loriana Pelizzon, *Econometric Measures of Connectedness and Systemic Risk in the Finance and Insurance Sectors*, Accessed October 25, 2017. https://papers. ssrn. com/sol3/papers. cfm? abstract_id = 1963216.

[63] Moody ' s Investors Service, *The Fundamentals of Asset-Backed*

Commercial Paper, Accessed September 20, 2016. http://pages. stern. nyu. edu/ ~ igiddy/ABS/moodysabcp. pdf.

[64] OCC, Board, FDIC, SEC, *Prohibitions and Restrictions on Proprietary Trading and Certain Interests in, and Relationships with, Hedge Funds and Private Equity Funds*, Accessed December 10, 2017. https://www. sec. gov/ rules/final/2013/bhca – 1. pdf.

[65] OICU-IOSCO, *The Role of Credit Rating Agencies in Structured Finance Markets*, Accessed November 21, 2016. http://www. iosco. org/ library/pubdocs/pdf/IOSCOPD270. pdf.

[66] Omni Calculator, *What is a Basis Point?*, Accessed November 20, 2016. https://www. omnicalculator. com/finance/basis-point#what-is-a-basis-point.

[67] Paul McCulley, *Teton Reflections*, Accessed December 10, 2012. http://www. pimco. com/en/insights/pages/gcbf% 20august – % 20septem ber% 202007. aspx.

[68] Paul Tucker, *Shadow Banking, Financing Markets and Financial Stability*, Accessed September 21, 2013. http://www. bankofengland. co. uk/ archive/Documents/historicpubs/speeches/2010/speech420. pdf.

[69] Rebecca Lake, *What Is a Balloon Payment for a Loan?*, Accessed May 9, 2020. https://loans. usnews. com/articles/what-is-a-balloon-payment-for-a-loan.

[70] SEC, *Asset-Backed Securities Disclosure and Registration*, Accessed December 9, 2017. https://www. sec. gov/rules/final/2014/33 – 9638. pdf.

[71] SEC, *Credit Rating Agency Independence Study*, Accessed April 7, 2017. https://www. sec. gov/news/studies/2013/credit-rating-agency-indepen dence-study – 2013. pdf.

[72] SEC, *Money Market Fund Reform; Amendments to Form PF*, Accessed November 15, 2017. http://www. sec. gov/rules/final/2014/33 – 9616. pdf.

[73] SEC, *Money Market Fund Reform*, Accessed November 15, 2017.

https://www.sec.gov/rules/final/2010/ic－29132.pdf.

[74] SEC, *Nationally Recognized Statistical Rating Organizations*, Accessed April 7, 2017. https://www.sec.gov/rules/final/2014/34－72936.pdf.

[75] SEC, *Removal of Certain References to Credit Ratings and Amendment to the Issuer Diversification Requirement in the Money Market Fund Rule*, Accessed December 10, 2017. https://www.sec.gov/rules/final/2015/ic－31828.pdf.

[76] SEC, *Removal of Certain References to Credit Ratings Under the Securities Exchange Act of* 1934, Accessed December 9, 2017. https://www.sec.gov/rules/final/2013/34－71194.pdf.

[77] SEC, *Report to Congress on Assigned Credit Ratings*, Accessed June 2, 2017. https://www.sec.gov/news/studies/2012/assigned-credit-ratings-study.pdf.

[78] Technical Committee of the International Organization of Securities Commissions, *Money Market Fund Systemic Risk Analysis and Reform Options* (*Consultation Report*), Accessed April 6, 2014. http://www.iosco.org/library/pubdocs/pdf/IOSCOPD379.pdf.

[79] Technical Committee of the International Organization of Securities Commissions, *Report on the Subprime Crisis*, Accessed September 21, 2016. https://www.iosco.org/library/pubdocs/pdf/IOSCOPD273.pdf.

[80] The Balance, *How to Calculate Annual Percentage Rate* (*APR*), Accessed November 20, 2016. https://www.thebalance.com/annual-percentage-rate-apr－315533.

[81] The Department of the Treasury, United States Department of Housing and Urban Development, *Reforming America's Housing Finance Market*, Accessed October 26, 2017. https://www.treasury.gov/initiatives/Documents/Reforming%20America%27s%20Housing%20Finance%20Market.pdf.

[82] The Joint Forum, *Report on Asset Securitisation Incentives*, Accessed January 20, 2016. http://www.bis.org/publ/joint26.pdf.

[83] The Joint Forum, *Report on Special Purpose Entities*, Accessed

September 23,2016. https://www.bis.org/publ/joint23.pdf.

[84] Tobias Adrian, Hyun Song Shin, *Liquidity and Leverage*, Accessed September 5, 2017. https://www.newyorkfed.org/medialibrary/media/research/staff_reports/sr328.pdf.

[85] Tobias Adrian, Hyun Song Shin, *The Shadow Banking System: Implications for Financial Regulation*, Accessed April 16, 2013. https://www.newyorkfed.org/research/staff_reports/sr382.html.

[86] United States Securities and Exchange Commission, *Summary Report of Issues Identified in the Commission Staff's Examinations of Select Credit Rating Agencies*, Accessed November 9, 2016. https://www.sec.gov/files/craexamination070808.pdf.

[87] Viral V. Acharya, etc, *A Tax on Systemic Risk*, Accessed January 6, 2018. https://vlab.stern.nyu.edu/public/static/SR-tax-nber.pdf.

[88] Viral V. Acharya, etc, *On the Financial Regulation of Insurance Companies*, Accessed October 17, 2016. http://web-docs.stern.nyu.edu/salomon/docs/whitepaper.pdf.

[89] World Bank, *Informal Financial Markets and Financial Intermediation in Four African Countries*, Accessed April 19, 2014. https://openknowledge.worldbank.org/bitstream/handle/10986/9945/570510BRI0Find10Box353745B01PUBLIC1.pdf? sequence = 1&isAllowed = y.

[90] ZoltanPozsar, Tobias Adrian, Adam Ashcraft, Hayley Boesky, *Shadow Banking*, Accessed February 3, 2014. http://www.newyorkfed.org/research/staff_reports/sr458_July_2010_version.pdf.

四、报纸文章

[1]曹金玲:《对负利率说“不”？存款“逃离”银行》,载《第一财经日报》2011 年 5 月 13 日。

[2]陈彦斌:《增强消费对经济发展的基础性作用》,载《光明日报》2017 年 12 月 19 日。

[3]程婕:《36 家机构上报逃废债名单》,载《北京青年报》2019 年 8 月

9日。

[4]范晓东:《发改委表示万亿新增中央投资有四大来源》,载《中国证券报》2009年5月22日。

[5]雷薇:《"影子银行"规范与监管改革》,载《上海证券报》2014年2月28日。

[6]梁达:《增加居民财产性收入为扩内需打实基础》,载《上海证券报》2013年3月7日。

[7]廖政军等:《从混业经营到强化监管——"沃尔克规则"影响超越华尔街》,载《人民日报》2014年1月20日。

[8]王龙云:《美国想用"沃尔克规则"管住谁》,载《经济参考报》2013年12月12日。

[9]王蔚祺:《瑞银三季度亏损超预期》,载《第一财经日报》2007年10月31日。

[10]张文:《小额贷款公司　严管才有未来》,载《人民日报》2018年6月25日。

[11]佚名:《全国人大常委会关于修改〈中华人民共和国商业银行法〉的决定》,载《人民日报》2015年8月30日。

五、常用官方网站

[1]国际证监会网站(http://www.iosco.org/)

[2]美国国会图书馆网站(http://www.loc.gov/)

[3]美国金融业监管局网站(http://www.finra.org/)

[4]美国纽约证券交易所网站(https://nyse.nyx.com/)

[5]美国证券交易委员会网站(http://www.sec.gov/)

[6]美国政府印刷局网站(http://www.gpo.gov/)

[7]美联储网站(http://www.federalreserve.gov/)

[8]欧盟委员会网站(http://ec.europa.eu/index_en.htm)

[9]英国金融服务局网站(http://www.fsa.gov.uk/)

[10]英国金融审慎监管局网站(http://www.selaw.com.tw/otherlink.asp)

[11]英国金融市场行为管理局网站(http://www.fca.org.uk/)
[12]中国人民银行网站(http://www.pbc.gov.cn/)
[13]中国银保监会网站(http://www.cbirc.gov.cn/cn/index.html)
[14]中国政府网站(http://www.gov.cn/)
[15]中国证监会网站(http://www.csrc.gov.cn/pub/newsite/)
[16]中国证券业协会网站(http://www.sac.net.cn/)

后　记

本书是在笔者博士学位论文的基础上修改而成的。回想此前的博士论文写作,真可谓一场充满着无数纠结的旅程。写论文,的确不是一件容易的事情。

首先感谢我的导师林秀芹教授。感谢林老师将我招至门下,使我有机会在厦大这座美丽的校园里结识这么多优秀的老师和同学。在与大家的一次次互动交流中,我自己也慢慢地发生了一些积极的变化。我自知天资愚钝,在校的这几年里给林老师增添了许多烦扰。感谢林老师一直以来对我的宽容、谅解和帮助。

在厦大的这几年里,能够有机会聆听刘志云老师的教导是我的一大幸运。感谢刘老师一直以来对我的关心、鼓励和帮助,让我有信心地走过每一天。我需要好好努力,争取有一天能够像刘老师一样,彰显专业之美,拥有人情之美,阅尽自然风光之美。

此外,在博士一年级的时候,许多睿智、热情的老师都给我们上过课。感谢各位老师的辛勤付出和宝贵经验分享。

感谢了各位老师之后,接下来我要感谢诸位同学,谢谢大家对我的关心和帮助。谢谢杨春娇、郭俊芳、梁家全、陈智鹏等同学，可以说没有你们的陪伴，我不可能坚持下来。当然，我需要感谢的朋友还有很多很多，都在我的心里啦！

最后，感谢我的父母。

孟翔韬

2021 年 8 月